한·중 수량 한정(量限) 표현 대조

한·중
수량 한정(量限)
표현 대조

후효단(侯曉丹) 지음

역락

머리말

이 책에서는 한·중 언어의 수량 한정 표현에 대하여 대조 연구를 하였다. 수량 한정 표현을 직접적 상대량 표현과 참조적 상대량 표현, 그리고 전량 표현으로 나누었다.

직접적 상대량 표현은 사람의 주관적 인식에서의 '소량'과 '대량'을 표시하는 표현이다. 그 가운데 소량 표현으로는 '조금'과 '一点儿'을, 대량 표현으로는 '많다/많이'와 '多'를, 불확정한 표현으로는 '얼마'와 '多少'를 선정하여 이들 단어가 실제 쓰임에서 작용하는 의미와 용법을 밝히고 해당 구문에서 어떻게 대응하는지 밝혔다.

소량 표현 '조금'과 '一点儿'의 대조 부분에서는 '조금'과 '一点儿'이 동사 표현과 명사 표현, 형용사나 부사 표현 및 기타 표현과 함께 쓰인 경우에서의 대응으로 나눠서 각각 분석하였다. 대량 표현 '많다/많이'와 '多'의 대조 부분에서는 '많다/많이'와 '多'가 동사 표현과 명사 표현, 수사나 분류사 표현 및 형용사나 부사 표현과 함께 쓰인 경우에서의 대응으로 나눠서 각각 분석하였다. 불확정한 표현 '얼마'와 '多少'에 대한 대조 부분에서는 '얼마'와 '多少'가 의문사로서의 용법과 비의문사로서의 용법으로 나누어서 검토하였다. 의문사로서의 용법은 주로 물량(物量)과 공간량(空间量), 시간량(时间量)과 행위량(行为量), 그리고 정도량(程度量)에 해당하는 '얼마'와 '多少'의 쓰임의 공통점과 차이점을 밝혔다. 비의문사로서의 용법에 관해서는 주로 '얼마' 구문과 '多少' 구문이 '수량이 적음', '수량이 많음', '수량이 불확정함'의 의미와 구체적 수량 표현에 있어 그 쓰임과 대응을 분석하였다.

참조적 상대량 표현은 주로 어떤 구체적인 참조 수치를 기준으로 하여 이 수치보다 많거나 적음을 표시하는 표현이다. 이 책에서는 주로 그 중의 동사 은유 표현과 공간 은유 표현을 분석하고 대조하였다.

동사 은유 표현의 대조 부분에서는 인지언어학의 '몸과 관련된 운동'에 기초하고 '원점-경로-목적지 모식'에 따라서 한·중 언어의 상대량 표현 중의 동사 은유 표현을 연구하였다. 즉 '참조 수치에 달하는 표현'과 '참조 수치에 미달하거나 초과하는 표현' 중의 '인간 자신의 동작에 기초하는 표현'과 '다른 것을 통해 감지하는 동작에 기초하는 표현'이 각각 무엇인지, 서로 어떻게 대응하는지를 밝혔다. '인간 자신의 동작에 기초하는 표현'에서 주로 운동 방향, 속도, 방식, 결과 등 요소에 따른 한·중 언어의 비슷한 표현과 각자 특이성을 보이는 표현을 고찰하였다. '다른 것을 통해 감지하는 동작에 기초하는 표현'에서 주로 원래 사용 영역과 동작 방식 등에 따른 한·중 언어의 같거나 부동한 표현을 살펴보았다. 그리고 중국 사람과 한국 사람의 인지적 선택과 언어 접속으로 이런 같은 표현과 특유한 표현이 생기는 원인도 밝혔다.

공간 은유 표현의 대조 부분에서는 주로 '기준 수량보다 많거나 적은 경우'와 '기준 수량보다 많든 적든 불확정한 경우'의 그릇 도식 표현과 방향 도식 표현의 공통점과 차이점을 찾아보았다. '기준 수량보다 많거나 적은 경우'와 관련된 그릇 도식 표현은 그릇 외부와 내부와 관련된 표현과 그릇 경계에 미치거나 못 미치는 경우와 관련된 표현으로 나누어 분석하였다. 방향 도식 표현 대조 부분에서는 주로 '이상/이하'와 '以上/以下', '위/아래'와 '上/下' 등 표현이 물량, 공간량, 시간량, 행위량, 등급량 표현과 함께 쓰인 경우에서의 공통점과 차이점을 밝혔다. 기준 수량보다 많든 적든 불확정한 경우에서의 대조 부분에서는 '위와 아래', '앞과 뒤', '오른쪽과 왼쪽' 등을 표시하는 방향 도식 표현의 쓰임을 분석하고 대조하였다.

이 책에서는 '양의 전부'를 표시하는 전량 표현을 임의적 전량 표현과 배분적 전량 표현, 종합적 전량 표현으로 나눴다. 그 가운데 전형적인 임의적 전량 표현으로는 '아무'와 '任何'를, 배분적 전량 표현으로는 '각/매/마다'와 '各/每'를, 종합적 전량 표현으로는 '다/모두'와 '都/全'을 선정하였다. 따라서 주로 이들의 구문에서의 의미와 용법을 분석하고 구문에서의 대응을 밝혔다.

임의적 전량 표현에 대한 대조 연구 부분에서는 실제 언어 자료에 대한 분석을 바탕으로 '아무'를 포함한 구문을 '아무+N', '아무+N+(이)나/아무나', '아무+N+도/아무도', '아무+N+라도/아무라도', '아무+N+든지/아무든지'로 나누고, '任何'를 포함한 구문을 '任何+名词/名词短语+也……'와 '任何+名词/名词短语+都……', 그리고 '任何+名词/名词短语'로 나누었다. 이런 구문들을 Haspelmath(1997)에서 제시한 개념 공간적 분포에 비추어 특정 맥락에서의 구체적 기능을 분석하였다. 그리고 '任何'와 '아무'가 각 기능에서의 의미적 공통점과 차이점을 분석함으로써 각 기능 간의 의미적 연관성을 도출하였다. 이상의 분석을 바탕으로 하여 Haspelmath(1997)에서 제시한 개념 공간의 구성에 의문을 제기하고 개념 공간을 재구성하고자 하였다. 배분적 전량 표현 '각/매

/-마다'와 '各/每'에 대한 대조 부분에서는 '각'과 '各'가 명사, 수사나 분류사, 그리고 동사와 함께 쓰인 경우를 살펴보았다. 한편, '매/-마다' 와 '每'가 명사, 수사나 분류사, 그리고 동사와 함께 쓰인 경우도 함께 고찰하였다. '다/모두'와 '都/全'에 대한 대조 부분에서는 '다/모두'와 '都/全'이 물량(物量), 공간량(空间量), 시간량(时间量), 동작량(动作量), 등급량 (级次量)을 양화할 때 명사 표현과 함께 쓰인 경우를 염두에 두어 논의 를 펼쳤다. 그 외에 대명사 표현과 부사 표현, 그리고 부정 표현과 함 께 쓰인 경우, 그들의 용법상의 공통점과 차이점을 밝히고 아울러 그 대응 양상을 명시적으로 보여주고자 하였다.

차례

제5장   마무리 · 233

표 목차

그림 목차

제 1 장

들어가기

들어가기

1.1 연구 대상 및 방법

이 책의 연구 대상은 한·중 언어의 수량 한정 표현(量限表达)이다. 수량 한정 표현은 수사나 분류사 표현과 달리, 분량의 소량(小量)과 대량(大量), 그리고 분량의 전부를 표시하는 표현이다. 그 중에서 어떤 구체적인 참조 수치보다 '양이 적음'과 '양이 많음'을 표시하는 표현은 참조적 상대량 표현이고 참조 수치가 명확하지 않고 그냥 주관적 인식에서의 '소량'과 '대량'을 표시하는 표현은 직접적 상대량 표현이며 '양의 전부'를 표시하는 표현은 '전량' 표현이다. 참조적 상대량과 직접적 상대량, 그리고 전량의 관계는 <그림 1.1-1>로 도식화할 수 있다.

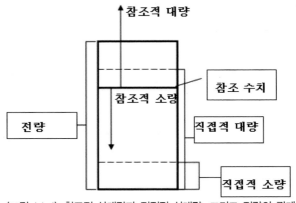

〈그림 1.1-1〉 참조적 상대량과 직접적 상대량, 그리고 전량의 관계

<그림 1.1-1>에서 보는 바와 같이, 어떤 범위의 전체를 참조 대상으로 하면 사람의 주관적인 인식에서 '직접적 대량'과 '직접적 소량', '전량'을 판단할 수 있다. 어떤 참조 수치를 참조 대상으로 하면 이 참조 수치에 기초하는 '참조적 대량'과 '참조적 소량' 같은 개념이 생긴다.

한·중 언어에서의 모든 상대량 표현과 전량 표현을 찾아 분석하는 것은 필자의 능력 밖의 일이다. 따라서 이 책에서는 이들 중 전형적인 직접적 상대량 표현과 참조적 상대량 표현, 전량 표현을 선정하여 대조 연구를 하고자 한다. 세부적으로 직접적 상대량 표현 가운데 전형적인 대량 표현으로는 '많다/많이'와 '多'를 선정하고, 전형적인 소량 표현으로는 '조금'과 '一点儿'을 선정하며, 전형적인 불확정한 표현으로는 '얼마'와 '多少'를 선정한다. 참조적 상대량 표현은 주로 관련된 동사 은유 표현과 공간 은유 표현을 통해 밝히겠다. 전량 표현은 임의적 전량 표현과 배분적 전량 표현, 종합적 전량 표현으로 대별할 수 있는데, 그 가운데 전형적인 임의적 전량 표현으로는 '아무'와 '任何'를

선정하고, 전형적인 배분적 전량 표현으로는 '각/매/-마다'와 '各/每'를 선정하며, 전형적인 종합적 전량 표현으로는 '다/모두'와 '都/全'을 선정한다. 이 책에서는 이런 표현들의 의미와 용법, 이런 표현들의 구문[1]에서의 대응 양상에 대해 살펴볼 것이다. 그리고 대응하는 경우를 두 언어의 공통적인 양상으로, 대응하지 않는 경우를 두 언어의 개별적인 양상으로 한다. 이러한 작업을 통해, 관련된 수량 한정 표현의 특징과 두 언어 간의 공통점과 차이점을 밝히고자 한다.

연구 방법은 미시적 방법과 거시적 방법으로 나눌 수 있다. 미시적 방법은 다음과 같다. 먼저 한·중 언어에서 전형적인 단어를 선정하고, 그 다음으로는 선정된 단어의 구문에서의 의미적 특징과 통사적 특징을 집중적으로 분석하고, 두 표현이 구문에서의 대응 규칙을 도출하여 대조 연구를 한다. 거시적 방법은 아래와 같다. 이 책에서 인지언어학의 은유 이론과 구문 문법을 바탕으로 하여 대조법과 분류법, 분석법 등 다양한 연구 방법을 종합적으로 사용한다.

자료를 수집은 다음과 같이 세 단계의 과정을 통해 이루어졌다. 첫 번째 단계는 연구 대상에 따라 자료를 초보적으로 수집하고 정리하는 것이다. 주로 중국어 사전 『現代汉语词典』(2012)과 한국어 사전 『표준국어대사전』(1999), 『연세 한국어사전』(1998), 『고려대 한국어대사전』(2008)을 참조하여 수량 한정 표현과 관련된 표현을 선정한다. 그 이외에 『한중 사전』(2002), 『한중 대사전』(2004), 『한중 대사전』(2007), 『한중 대사

---

1   이 책에서 쓰인 '구문'이라는 술어는 Adele E. Goldberg(1995)에서 제안한 '구문문법' 중의 '구문'(construction)과 달리, 단어와 단어가 결합해서 이룬 문장 구조를 가리키는 것이다. 이 '구문'은 '구문문법' 중의 '구문'을 포함하고 '구문문법' 중의 '구문'보다 가리키는 대상이 더 많다.

전』(이용묵, 2007) 등도 경우에 따라 참조한다. 두 번째 단계는 수집한 언어 자료를 바탕으로 각 연구 부분에서의 전형적인 표현을 선정하는 것이다. 세 번째 단계는 연구 대상을 선정한 후 특정한 연구 대상과 관련된 언어 자료를 집중적으로 수집하는 것이다. 범위를 넓히고 언어 연구를 더 깊이 있게 논의하기 위하여 인터넷으로 관련된 표현을 검색한다. 분석에 필요한 예문들은 대부분 한국의 국립국어원 21세기 세종 계획 말뭉치[2]와 중국의 북경대학교 CCL 말뭉치[3]에서 추출하였으며, 가급적 의미 표현이 명확한 문장들만 선택하여 분석의 효과를 높이고자 하였다.

1.2 선행 연구

이 부분에서는 주로 양에 대한 선행 연구를 밝히고자 한다. 직접적 상대량 표현에 대한 선행 연구와 참조적 상대량 표현에 대한 선행 연구, 그리고 전량 표현에 대한 선행 연구는 본문의 각 절에서 자세히 밝히고자 한다.

한국어 학계에서 양에 대한 연구가 주로 '수량사'와 '양화사'에 대한 연구에 집중되어 있다. '수량사'에 대한 연구가 주로 박호관(2003), 김영희(1976), 김영근(1993), 김광희(1994), 고영근(1996)과 시정곤(2000) 등이 있다. '양화사'에 대한 연구가 주로 전량 양화사에 집중되어 있다. 예를 들어, 김영희(1983), 채완(1983), 노대규(1988), 이익섭(1994), 김영근(2000),

---

2   https://ithub.korean.go.kr/user/main.do
3   http://ccl.pku.edu.cn:8080/ccl_corpus/index.jsp?dir=gudai

엄정호(1996), 최재희(2005), 이성범(2005, 2007), 김현주・정연주(2011) 등이 있다. 한지만 '수량 한정 표현'에 대하여 집중적으로 한 연구가 아직도 찾지 못하였다.

이에 비해 중국어 학계에서는 양에 대한 연구가 주로 다양한 '양 범주'에 대한 연구와 '수량 한정 범주'에 집중되어 있다. '양 범주'에 대한 연구는 주로 李宇明(1999), 吳春相(2013), 黃健秦(2013) 등이 있다. 李宇明(2000 : 30)에 따르면 객관적인 세계의 양은 물량(物量), 공간량(空间量), 시간량(时间量), 동작량(动作量), 등급량(级次量), 태도강도량(语势) 등 범주로 구성된다고 밝혔다. 吳春相(2013)과 黃健秦(2013)에서는 각각 현대 중국어의 시간량(时间量)과 공간량(空间量) 범주에 대하여 체계적인 연구를 하였다.

'수량 한정 범주'에 대한 연구는 주로 陈宗明(1992)과 曹秀玲(2005)이 있다. 陈宗明(1992)에서는 논리학과 중국어의 언어 현상을 결합시켜 처음으로 중국어의 '수량 한정 표현'(量限表达)이라는 개념을 제안하였다. '수량 한정 표현'을 '전량 수량 한정 표현'(全指量限表达)과 '존재 수량 한정 표현'(存在量限表达式), 그리고 '상대적 수량 한정 표현'(相对量限表达)으로 나눴다. 하지만 陈宗明(1992)에서는 제안하는 데 그치고 전면적이고 체계적으로 연구하지 않았다. 이 아쉬운 점을 보완하여 曹秀玲(2005)에서는 陈宗明(1992)에서 밝힌 이 세 가지의 수량 한정 표현에 대하여 전면적으로 연구하였다.

曹秀玲(2005)에서는 먼저 '수량 한정 표현식'(量限表达式)에 대하여 밝혔다. 사람들이 어떤 명제를 표현할 때 흔히 서술된 대상에 대하여 일정한 양적 범위를 준다. 이 양적 범위를 '수량 한정'이라고 한다. 이 양적 범위를 표시하는 표현식은 '수량 한정 표현식'이라고 한다. 그리고 중국어의 수량 한정 표현을 '전량 수량 한정 표현'(全指量限表达)과 '존재 수량 한정 표현'(存在量限表达式), 그리고 '상대적 수량 한정 표현'(相对量限表达)으로 나눴다. 주로 구조주의(结构主义)의 기술 방법(描写方法)으로 이 세 가지 수량 한정 표현과 관련된 단어나 구가 구문에서 어떤 성분과 공기할 수 있는지, 무슨 의미를 표시할 수 있는지에 대하여 자세히 밝혔다. '전량 수량 한정 표현'(全指量限表达) 부분에서는 주로 '一切'와 '任何', '全' 등 단어와 '(连)X都/也Y' 등 구문의 용법을 밝히고 '존재 수량 한정 표현'(存在量限表达式) 부분에서는 주로 '一量名', '有'와 관련된 구문의 용법을 밝혔으며 '상대적 수량 한정 표현'(相对量限表达) 부분에서는 주로 '半', '多', '少' 등 단어의 용법을 밝혔다.

하지만 지금까지 한·중 언어 대조 학계에서는 '수량 한정 표현'에 대한 대조 연구가 아직도 발견되지 않았다. 이 책에서는 이러한 점을 보완하여 한·중 언어의 '수량 한정 표현'에 대하여 대조 연구를 하고자 한다.

논의의 편리를 위하여 각 연구 대상에 대한 선행 연구는 관련된 장·절에서 따로 다룰 것이다.

1.3 연구 필요성

한·중 언어의 수량 한정 표현에 대하여 대조 연구를 할 필요성이 있다고 판단한 이유는 두 개가 있다. 첫째 주지하다시피 '수량 한정 표현'은 한·중 언어에서 모두 존재하는 중요한 언어 범주로서 관련된 표현의 사용 빈도도 높고 사용 범위도 넓다. 하지만 한국어 학계에서는 양에 대한 연구가 주로 '수량사'와 '양화사'에 대한 연구에 집중되어 있고 '수량 한정 표현'이라는 언어 범주에 대한 연구가 미비한 실정이다. 중국어 학계에서는 曹秀玲(2005)에서 처음으로 '수량 한정 표현식'(量限表达式)에 대하여 체계적이고 전면적으로 밝혔다. 한·중 혹은 중·한 언어 대조 학계에서는 어느 특정한 수량 한정 표현에 대한 대조 연구가 보일 수 있지만 수량 한정 표현에 대하여 전면적이고 체계적으로 한 대조 연구가 아직도 발견되지 않았다. 이 책에서는 이러한 점을 고려하여 한·중 언어의 수량 한정 표현에 대하여 체계적인 대조 연구를 할 필요성이 있다고 본다.

둘째 겉으로 보기에는 서로 대응하는 한·중 언어의 수량 한정 표현이 실제 언어 사용에서 서로 대응하는 경우도 있고 대응하지 않는 경우도 있다. 이 때문에 한국어 교수와 학습, 중국어 교수와 학습에서 혼란이 자주 생겼다. 한·중 언어의 관련된 수량 한정 표현에 대하여 대조 연구를 하면 한·중 언어가 제2 언어로서의 교육에 도움이 될 수도 있고, 더 나아가 한·중 양국의 사고방식의 공통점과 차이점도 조금이라도 밝힐 것이다. 이에 따라 연구 목적도 응용적 목적과 이론적 목적으로 나눌 수 있다.

응용적 목적은 다시 두 가지로 나눌 수 있다. 첫째 한·중 언어의 수량 한정 표현을 체계적으로 정리하여 한·중 언어 학습자로 하여금 이 범주에 대해 더 전반적으로 인식할 수 있게 함으로써 제2 언어 교육과 번역에 도움이 될 수 있을 것으로 기대된다. 둘째 사전이나 책을 편찬하는 데 참고할 가치가 있을 것이다.

이론적 목적도 두 가지가 있다. 첫째, 이 책을 통해서 한·중 언어의 수량 한정 범주에 대하여 더 깊이 있게 인식할 수 있고, 여기서 한 걸음 더 나아가 한·중 언어의 수량 한정 표현의 보편적인 특징과 개별적인 특징을 살펴볼 수 있다. 즉 이 책에서는 선정된 직접적 상대량 표현과 참조적 상대량 표현, 전량 표현들의 구문에서의 의미와 용법을 분석하고 이런 표현들의 구문에서의 대응 양상에 대해 살펴볼 것이다. 그리고 대응하는 경우를 두 언어의 공통적인 양상으로, 대응하지 않는 경우를 두 언어의 개별적인 양상으로 한다. 둘째, 참조적 상대량 표현 중의 공간 은유 대조 연구와 동사 은유 대조 연구를 통해 한·중 양국의 사고방식의 공통점과 차이점을 밝힐 것이다.

1.4 이론적 바탕

이 책에서 주로 Lakoff, George & Johnson, Mark(2003: 9)에서 제안한 은유 이론을 참조하고자 한다. Lakoff, George & Johnson, Mark(2003: 9)에 의하면 '은유의 본질이란 인간이 다른 사물을 통하여 어떤 사물을 이해하고 체험하는 것이다'라고 한다. 은유는 흔히 동사 은유와 공간 은유로 나눌 수 있다. 동사 은유는 인간이 감지하거나 체험할 수 있는 동작을 통하여 다른 영역의 사물을 이해하고 체험하는 것이고 공간 은유는 인간이 공간 위치를 통해서 다른 영역의 사물을 이해하고 체험하는 것이라고 할 수 있다. 이에 따라 상대량 범주 중의 동사 은유 표현은 인간이 감지하거나 체험할 수 있는 동작에 관한 동사로 상대량 범주의 개념을 표현하는 것이고 공간 은유 표현은 공간 위치 표현으로 다른 영역의 개념을 표현하는 것이다.

먼저 수량 한정 표현 중의 동사 은유를 보겠다. Lakoff, George & Johnson, Mark(1999)에 따르면 '인간이 동작을 할 수 있는 능력과 다른 것의 동작을 추적할 수 있는 능력은 동작으로 하여금 인간의 개념적 시스템에서 중요한 역할을 하게 한다'고 하였다. 여기서 보듯이 '인간이 할 수 있는 동작'과 '추적할 수 있는 다른 것의 동작'[4]은 동사 은유에서 중요한 역할을 한다. 이 책에서 이 두 가지의 동작을 '몸과 관련된 동작'(bodily movements)으로 한다. 동사 은유 대조 부분에서는 주로 한·중 언어에서 이 두 가지의 '몸과 관련된 동작'이 수량 한정 표현에 적용되는 데 그 공통점과 차이점을 밝히겠다. 즉 한·중 언어의 '참조 수치에 달하는 동사 표현'과 '참조 수치에 미달하거나 초과하는 표현' 중의 '인간 자신의 동작에 기초하는 표현'과 '다른 것을 통해 감지하는 동작에 기초하는 표현'이 각각 무엇인지, 서로 어떻게 대응하는지를 밝힐 것이다.

그 다음으로 수량 한정 표현 중의 공간 은유를 보겠다. 앞에서 살펴봤듯이 공간 은유 표현이란 공간 위치의 개념으로 다른 영역의 개념을 표현하는 은유 표현이라 할 수 있다. 이런 은유 표현은 공간과 관련된 영상 도식의 사용으로 나타낼 수 있다. 임지룡(1997)에서는 6가지의 영상 도식(image schema)을 언급하였다. 즉 부분-전체 도식(part-whole

---

4   의미를 더 명확하게 표현하기 위하여 이 책에서는 '추적할 수 있는 다른 것의 동작'을 '다른 것을 통해서 감지하는 동작'이라고 한다.

schema), 중심-주변 도식(center-periphery schema), 연결 도식(link schema), 그릇 도식(container schema), 균형 도식(balance schema), 방향 도식(orientational schema)이다. 그 중에서 상대량 표현의 공간 은유 표현과 밀접한 관련이 있는 도식은 '그릇 도식'과 '방향 도식'이 있다. '그릇 도식'은 '안'과 '밖', 그리고 '경계'의 구조로 이루어진 영상 도식이고 '방향 도식'은 '위-아래, 앞-뒤, 오른쪽-왼쪽' 등의 방향과 관련된 영상 도식이다.[5] 이 책에서는 한·중 언어 상대량 표현에서 그릇 도식과 방향 도식의 사용에 있어 무슨 공통점과 차이점이 있는지 밝힐 것이다.

---

5   '부분-전체 도식'은 부분과 전체의 구조로 이루어진 영상 도식이고 '중심-주변 도식'은
     중심과 주변의 구조로 이루어진 영상 도식이며 '연결 도식'은 두 개체의 연결 구조에
     의한 영상 도식이다. '균형 도식'은 균형과 불균형의 대립적 영상 도식이다.

제 2 장

직접적 상대량 표현의 대조

직접적 상대량 표현의 대조

    직접적 상대량 표현이란 사람의 주관적인 인식에 기초하여 수량이 많음이나 적음을 표시하는 표현이다. 직접적 상대량 표현은 소량(小量) 표현과 대량(大量) 표현, 그리고 불확정한 수량 표현으로 나눌 수 있다. 그 중에서 불확정한 수량 표현은 대량인지, 소량인지 확실하게 단정할 수 없는 표현이다. 이 책의 소량 표현 대조 부분에서는 한·중 언어의 전형적인 소량 표현인 '조금'과 '一点儿'을, 대량 표현 대조 부분에서는 한·중 언어의 전형적인 대량 표현인 '많다/많이'와 '多'를, 불확정한 수량 표현 대조 부분에서는 전형적인 불확정한 수량 표현인 '얼마'와 '多少'를 연구 대상으로 삼고 대조 연구를 진행하고자 한다.

2.1 소량(小量) 표현 '조금'과 '一点儿'의 대조

소량(少量, Small Quantity)표현[1]은 양화 대상의 양이 적음을 표시하는 것이다. 언어에서 소량 표현은 흔히 구체적인 숫자로 나타내는 것이 아니라 특정한 단어나 구로 나타낸다. 한국어에서 흔히 쓰이는 소량 표현은 '조금'과 '좀'이 있으며 중국어에서 흔히 쓰이는 소량 표현은 '一点儿'과 '点儿' 등이 있다.[2] 『现代汉语词典』에서는 '一点儿'과 '点儿'을 모두 '수량이 적다'는 것으로 해석하고, 『표준국어대사전』과 『연세 한국어사전』에서는 '조금'과 '좀'을 모두 '수량이 적거나 정도가 낮다'는 것으로 해석한다. 그렇다면 '조금'과 '좀', '一点儿'과 '点儿' 중에서 어느 것이 더 전형적인 소량 표현인지, 그들의 대응 여부는 어떠한지에 대한 의문이 제기된다. 다음의 예문을 보자.

(1) ㄱ. 비가 <u>조금</u>/*<u>좀</u> 왔는데도 길이 많이 미끄럽다.
　　ㄴ. 哪怕是下<u>一点儿</u>/*<u>点儿</u>雨，路就很滑。

(2) ㄱ. 그 사람이 장사를 해서 돈 <u>좀</u>/*<u>조금</u> 벌어 서울에서 집 한 채를 샀다.
　　ㄴ. 他靠做生意，赚了<u>点儿</u>/*<u>一点儿</u>钱，在首尔买了套新房子。

1　'소량' 표현은 양화 대상의 양이 적음을 나타내는 표현으로서 중국어로는 '少量'이나 '小量'으로 모두 표시할 수 있다. 그 중에서 '小量'은 '少量'에 비해 물건의 양뿐만 아니라 '정도'의 양도 나타낼 수 있으므로 연구 대상의 명확성을 기하기 위해 이 책에서의 '소량'은 '小量'에만 해당하는 것으로 한정시키고자 한다.

2　『现代汉语词典』에서는 '点儿'을 '点'과 똑같이 인정하고 '一点儿'을 하나의 표제어로 표시하여 해석해 주고 있지만, '一点'을 하나의 표제어로 따로 해석하지는 않는다. 이에 따라 이 책에서는 '点', '一点' 대신에 '点儿'과 '一点儿'을 쓰고자 한다. 『现代汉语八百词』에서도 '一点儿' 중의 '儿'이 필수적인 것임을 밝히고 있다.

위 예문 (1ㄱ)과 (1ㄴ)에서 보듯이 '소량'을 강조하는 경우에는 한국어의 '조금'은 쓸 수 있지만 '좀'은 쓸 수 없으며, 중국어의 '一点儿'을 쓸 수는 있지만 역시 '点儿'은 쓸 수가 없다. 그리고 예문 (2ㄱ)과 (2ㄴ)에서 보듯이 '대량'을 표시하는 경우에는 한국어의 '좀'은 쓸 수 있는데 반해 '조금'은 쓸 수 없으며, 중국어 경우 '点儿'은 쓸 수 있는데, '一点儿'은 쓸 수 없다. 이런 분석을 통해서 '조금'과 '一点儿'이 '좀'과 '点儿'에 비해 '소량'의 의미가 더 강하고 '조금'과 '一点儿', '좀'과 '点儿'의 대응 경향이 더 강하다는 것을 알 수 있다.

그러므로 이 책에서는 '소량'의 뜻이 좀 더 짙은 '조금'과 '一点儿'을 보다 전형적인 소량 표현으로 보고 '조금'과 '一点儿'의 용법에 대하여 대조 연구를 하고자 한다.

'조금'과 '一点儿'은 한·중 언어의 전형적인 소량 표현이지만 구체적인 언어 사용에서는 용법이 같은 경우도 있고 다른 경우도 있다. 예를 들면 다음과 같다.

(3) ㄱ. 중학생이 되어 영어를 <u>조금</u> 배웠다.
    ㄴ. 成了中学生, 学了<u>一点儿</u>英语。

(4) ㄱ. <u>조금</u> 전에 그 걸 다시 찾아 봤는데 역시 없었더라.
    ㄴ. <u>不久之前</u>/<u>*一点儿之前</u>, 我又找过那东西, 还是没有。

위의 예문 (3ㄱ)과 (3ㄴ)에서는 '조금'과 '一点儿'이 모두 쓰일 수 있고, 물량의 소량을 표시할 수 있다. (4ㄱ)에서는 '조금'이 쓰여 시간량의 소량을 표시할 수 있지만, (4ㄴ)에서는 '一点儿'이 쓰일 수 없다.

이러한 현상을 해석하려면 '조금'과 '一点儿'의 대응 여부 및 그 양화 대상과의 관련성 여부, 또한 '조금'과 '一点儿'의 대응 규칙의 도출 등을 밝히는 작업이 우선되어야 한다. 이러한 작업은 일차적으로는 제 2 언어로서의 한국어나 중국어의 학습과 교수, 그리고 한·중 언어 간의 번역에 도움이 될 것은 물론이거니와 한·중 언어의 유형적 특성의 차이를 밝히는 작업에도 일조하게 될 것이다. 그러므로 본 절의 주된 목적은 상술한 문제들을 조명하고 밝히는데 있다고 할 수 있다.

본 절에서는 먼저 '조금'과 '一点儿'의 양화 대상이 무엇인지를 밝히고, 그 다음에는 '조금'과 '一点儿'이 동사, 명사, 형용사나 부사 및 기타 표현과 함께 쓰여 다양한 양화 대상의 소량을 표시할 때 구성된 구문들의 대응 여부를 밝힐 것이다.

2.1.1 '조금'과 '一点儿'에 대한 선행 연구

여기에서는 '조금'과 '一点儿'의 의미와 용법에 관한 선행 연구에 대하여 알아보겠다.

2.1.1.1 '조금'에 대한 선행 연구

한국어 사전들 중 '조금'에 관한 해석은 『표준국어대사전』(1999)과 『연세 한국어사전』(1998), 그리고 『고려대 한국어대사전』(2008)에서 찾아볼 수 있다.[3]

---

3   이하 기술에서 논의의 편의를 위하여 『표준국어대사전』(1999), 『연세한국어사전』 (1998), 『고려대 한국어대사전』(2008)은 각각 『표준』, 『연세』, 『고려』로 명명한다.

(1) 『표준』

조금 [Ⅰ]명사. ① 적은 정도나 분량. ¶아버지께 받은 용돈은 조금이었
다./남아 있는 음식이 조금밖에 없다./그 어떤 말에도 조
금의 미동도 없는 그의 모습에 적잖이 놀랐다. ② 짧은
동안. ¶그는 급한 성격에 조금을 못 기다리고 가버렸다./
그는 조금도 머뭇거리지 않고 말하며 나를 쳐다보았다./
그 여자가 안방으로 들어간 지 조금 뒤에 옥주가 나왔다.

[Ⅱ] 부사. ① 정도나 분량이 적게. ¶음식에 소금을 조금 넣어 먹어
라./잠을 자고 나니 기분이 조금 좋아졌다./진통제를 있
는 대로 가져다 먹고 기다리니 정오가 다 될 무렵에야
통증이 조금 가셨다./ 몇 초 동안의 침묵이 지난 뒤에 내
게도 조금은 귀 익은 듯한 여자의 목소리가 흘러나오기
시작했다. ② 시간적으로 짧게.¶ 조금 있다가 오십시오./
조금 기다려 주세요.

(2) 『연세』

조금 [Ⅰ]명사. ① 적은 분량이나 정도. ¶계집아이는 조금의 부끄러움이
나 거리낌이 없었다./색시가 두레박을 들어 올리고 그가
한 모금 청하자, 그녀는 조금을 물통에 붓고는 나머지를
그에게 조용히 건네주었다. ② 짧은 시간. ¶ 그곳은 조금
전에 목욕을 했던 그 개울가였다./조금 후에 웬 사내 한
사람이 집안으로 뛰어 들어왔다.

[Ⅱ] 부사. ① 적은 분량이나 정도로. ¶ 그게 늘 찜찜하고 몸이 조금
만 이상해도 신경이 쓰인단 말이야./밤이 되면서 눈보라
는 조금 누그러든 것 같았다. ② 시간적으로 짧게, 얼마
간. ¶ 그 남학생은 점심을 먹고 조금 쉬다가 그냥 돌려보
냈습니다./조금 있다가 권태섭이 나타났다. ③ ['조금도'
의 꼴로, '아니다, 없다, 못하다' 앞에 쓰이어] 전혀. ¶ 찬
찬히 바라보니 초등학교는 내가 입학하던 날 그 모습과
조금도 다름이 없다./그 남자는 한 시간이나 앉아 있으면
서도 조금도 움직이지 않았다.

(3) 『고려』

조금 [Ⅰ]명사. ① 정도나 분량이 적게. ¶조금 작게 말해라./ 이번 일만
          잘 처리하면 숨통이 조금 트일 거야./내 사정은 너와는
          조금 다르다./이 나이에 다시 학업을 시작한다는 것이 조
          금 쑥스럽고 두렵지만 한번 열심히 해 볼 겁니다. ② 시
          간적으로 짧게. ¶조금 있으면 선생님이 오시겠지./ 나는
          약속 장소에서 조금 기다리다가 그냥 돌아왔다.
      [Ⅱ] 부사. ① 불과 얼마 안 되는 적은 정도나 분량. ¶ 우리 선생님
          은 조금의 실수도 용납하지 않으신다./순규는 가진 돈이
          조금밖에 안 된다며 삼 만원을 내놓았다./그들이 부엌을
          뒤지다시피 해서 찾은 것은 겨우 식은 보리밥 조금뿐이
          었다. ② 짧은 동안. ¶쉬었다가 조금 후에 다시 시작하자.

이상의 사전들을 살펴보면, '조금'은 명사나 부사로 쓰일 때 주로 분
량(물량)과 정도량, 그리고 시간량의 소량을 표시하는 것임을 알 수 있다.

최홍렬(1999)에서는 '조금'이 분량, 정도량, 시간량의 소량뿐만 아니
라 공간량의 소량도 표시할 수 있다고 밝혔다. 즉 '크기의 작음, 모양
의 작음'이나 '크기가 작게, 모양이 작게'라는 의미를 표시할 수 있다
고 밝혔다.

이와 달리, 유현경(2014)에서는 '조금'의 품사를 밝히는 데 중점을 두
었다. 『표준』에서 명사의 용례로 제시한 예문을 중심으로 격조사와 결
합한 경우, 보조사와 결합한 경우, 조사가 결합되지 않은 경우, '조금'
이 부사인지, 명사인지에 대해 분석하였다. '조금을 못 기다리고 가 버
렸다'에서 보듯이 조사와 결합하는 경우와 '남아 있는 음식이 조금밖
에 없다'에서 보듯이 보조사와 결합하는 경우, 그리고 '조금 뒤에 옥주
가 나왔다'에서 보듯이 방향 명사와 결합하는 경우에는 '조금'은 명사

가 아니라 부사로 작용한다고 밝혔다.

이세영(1998)에서는 '조금'의 통사적 특성을 전면적으로 밝혔다. 이세영은 '조금'이 수식할 수 있는 용언을 주로 '조금 예쁘다'와 같은 상태성 용언, '조금 먹다/조금 가다'와 같은 동작성 용언, '조금 있다/조금 없다'와 같은 존재성 용언, 그리고 '조금 기뻐하다'와 같은 사고성 용언 등으로 나누었다. 또한 '조금'이 수식할 수 있는 체언은 주로 '바보, 미인, 부자' 등 정도성을 지니는 것으로 분석했다. 그리고 '조금'이 정도부사로서 관형사나 모양부사도 수식할 수 있다고 밝혔는데, 예를 들면 '조금 샌 모자, 조금 일찍 잤다' 등과 같다. 뿐만 아니라 '조금'은 정도 부사의 수식을 받을 수도 있다고 하면서 '밥을 아주 조금 먹었다'와 같은 예를 들어 설명하고 있다.

한편, 주경희(2000)와 조민정(2015)에서는 '조금'과 '좀'에 대하여 대조 연구를 하였다. 주경희(2000)에서는 '좀'과 '조금' 사이에는 큰 차이점이 있으며, 동일한 범주로 처리하기에는 공통 영역이 그리 많지 않다고 밝혔다. 즉 '조금'은 동일한 범주 내의 다른 어휘들과 등급을 이루며, '한정된 적은 분량이나 정도'를 나타내고, 어느 문맥에서나 비교적 일정한 의미를 실현한다. 이에 반해, '좀'은 다양한 의미와 기능을 나타낸다고 하였다. 특히 비교적 많은 양이나 정도를 나타내거나 기능어로 뚜렷한 의미 실현 없이 사용되는 경우에는 '조금'과 변별된다고 밝혔다. 반면, 조민정(2015)에서는 '조금'과 '좀'을 대조함으로써 '좀'의 의미와 기능을 분석하는 데 목적을 두었지만 분석 과정을 통해 '조금'의 의미와 기능을 엿볼 수 있다. '조금'의 기본 의미는 '적은 양이나 정도'를 표시하지만 대화에서는 '이건 사실은 조금 어려운 사항이다'에서 볼 수 있듯이 '조금'은 소량을 표시함으로써 거절한다는 담화적 기능을 표시한다. 즉 '담화'에서 소량의 의미를 표시함으로써 공손이나 거절을 표시한다고 하였다.

임유종(1995)과 목정수(2003)에서는 '조금'과 '좀'의 연관성을 밝혔다. 임유종(1995)에서는 '조금'은 처음에는 수사였고 나중에 정도부사 '조금'이 되었다고 적고 있다. 그리고 정도부사 '조금(jogeum)'은 사용되다가 점점 발음이 더 간단한 '좀(jom)'으로 형성되고, 여기서 더 나아가 '강조'나 '부정', '예의' 등을 강조하는 용법이 파생되었다고 밝혔다. 목정수(2003)에서는 '좀'은 담화 표지인 한정사로서의 '좀2'가 아닌, 부사로서의 '좀1'인 경우에는 부사 '조금'과 대치가 가능하다고 밝혔다.

이상의 선행 연구를 살펴보면, '조금'은 '좀'에 비해 소량을 표시하는 전형적인 단어로서 분량(물량), 정도량, 시간량, 공간량의 소량을 표시할 수 있다는 것을 알 수 있다.

2.1.1.2 '一点儿'에 대한 선행 연구

현대 중국어의 『现代汉语八百词』(1980)와 『现代汉语词典』(2012)에서는 '一点儿'의 의미와 용법에 대해 다음과 같이 적고 있다.

『现代汉语八百词』(1980)에서는 '一点儿'과 '点儿'을 똑같은 단어로 삼고 '点'이라는 표제어 밑에 '一点儿'과 '点儿'의 의미와 용법을 아래와 같이 설명하였다. 소량 표현 '一点儿'은 '点'의 두 번째 의미와 세 번째 의미를 가진다.

点: 2. 소량을 표시한다. 뒤에 반드시 '0'이 붙어야 한다. 구어에서는 '一'
　　가 흔히 생략된다. 주로 동사 뒤에 쓰인다.(예: 多做一点儿工作,出
　　了一点儿毛病。) 부정문에서는 흔히 동사나 형용사 앞에 나타난
　　다.(예: 这本书我一点儿还没看呢！/一点儿一点儿地挖，别碰伤了树
　　根。)

　3. 정도나 분량이 약간 증가하거나 감소됨을 나타낸다. 앞에 수사
　　'一'가 생략될 수 있다. (a)동사/형용사+(一)+点儿(예: 节省一点儿,
　　简单一点儿). (b)형용사+(一)+点儿+명사=형용사+명사+(一)+点儿. 형
　　용사는 '大'나 '小'만 쓰이고 명사는 '声'만 쓰인다. 명령문에 쓰일
　　수 있다.(예: 大点儿声=大声一点儿, 小点儿声=小声一点儿).(c)(一)+
　　点儿+동사/형용사. 주로 부정문에서 쓰인다.(예: 一点儿没考虑/我
　　的表一点儿也不快)

　　『现代汉语词典』(2012)에서는 '一点儿'의 품사를 수량사로 정하고 의미
와 용법을 두 가지로 나눴다. '我信纸用完了./你先给我一点儿吧。'와 같이
'불확정한 적은 분량'과 '只有这麽一点儿, 够用吗？/几年过去了, 他的毛病
一点儿都没改。'와 같은 '아주 적거나 작다'는 의미이다.

　　기존의 많은 논문에서 '一点儿'에 대하여 다양한 방면에서 분석하고
연구하였다. 修美丽(2002)에서는 '一点儿'이 명사 표현, 동사 표현, 형용
사 표현과의 위치 관계 및 이들 표현과 함께 쓰일 때의 의미에 대하여
전면적으로 밝혔다. 즉 '一点儿'이 명사 표현, 동사 표현, 형용사 표현
의 앞이나 뒤에 모두 쓰일 수 있다. 그리고 명사 표현의 앞에 나타나
면 '最后的一点儿粮食也吃完了。'와 같이 물량의 소량을 표시하고, 명사
표현 뒤에 나타나면 '学校外边一点儿, 有个小作坊。'과 같이 흔히 공간량
의 소량을 표시한다. 또한 '一点儿'이 동사 표현의 앞에 나타나면 주로
부정문에서 쓰이고 '강조'의 의미를 표시한다. 즉 '我一点儿没有感觉到

我的眼泪又溢出了眼眶。'과 같이 최소량을 부정함으로써 완전 부정의 의미를 표시한다. 그리고 동사 표현의 뒤에 나타나면 양의 소량을 표시한다. 동사 표현이 하나의 동사라면 '他说他帮过人, 懂一点儿。'과 같이 '一点儿'이 동작의 변화의 소량을 표시하기도 한다. 또한 동사 표현이 동사구라면 '二狗的气消下去一点儿。'과 같이 '一点儿'이 동사구와 관련된 양의 소량을 표시한다. 한편, '一点儿'이 형용사 표현의 앞에 나타나면 '一点儿也不尴尬。'와 같이 주로 부정문에서 쓰이고 '강조'의 의미를 표시하며, 형용사 표현의 뒤에 나타나면 '动作要刚劲一点儿。'과 같이 정도량의 소량을 표시한다.

杨从杰(1988), 李莺(2001)에서는 '一点儿'이 서로 다른 중국어 표현을 나타내는 것을 대조함으로써 '一点儿'의 의미와 용법을 밝혔다. 먼저 杨从杰(1988)에서는 '点', '一点', '有点'의 용법을 밝혔다. '前几天商店里进了点儿货。'와 '前几天商店里(只)进了一点儿货。'라는 문장에서 '点儿'과 '一点儿'은 서로 바꾸어 쓸 수 없으며, 이를 통해 '点儿'과 '一点儿'이 표시하는 수량이 같지 않다는 결론을 도출하였다. 즉 '一点儿'이 표시하는 수량이 '点儿'보다 적다고 하였다. 그리고 '我有了点儿钱,才能给家里买一点儿地。'라는 문장에서의 '点儿'과 '一点儿' 역시 서로 바꾸어 쓸 수 없다는 것을 통해 '一点儿'이 '点儿'보다 '수량이 적음'을 강조하는 의미가 강하다고 하였다. 즉 '一点儿'이 '点儿'에 비해 전형적인 소량 표현에 적합하다는 것이다.

한편, 李莺(2001)에서는 '一点儿'과 '有点儿'의 의미와 용법을 대조하였는데, '一点儿'이 동사나 형용사 앞에 나타나는 경우에는 직접 동사나 형용사를 수식할 수 없고 그들의 부정 형식만 수식할 수 있다고 했다. 이에 비해 '有点儿'은 동사나 형용사의 긍정 형식을 수식할 수 있을 뿐만 아니라 그들의 부정 형식도 수식할 수 있다고 하였다. 다만 동사는 그 내부 분류의 제한을 받고 형용사는 그 의미의 제한을 받는다고 적고 있다.

张保胜(1988)과 卢华岩(2007)에서는 '一点儿'과 관련된 구조에 대하여 밝혔다. 张保胜(1988)에서는 'A一点儿'과 'A了一点儿'의 의미와 용법에 대하여 대조 연구를 진행하였다. 그 중에서 'A一点儿'은 비교의 의미가 있고 화자의 객관적인 기술의 의미가 더 크며, 'A了一点儿'은 비교의 의미가 있고 화자의 객관적인 기술의 의미뿐만 아니라 주관적인 감정을 표시할 수도 있다고 밝혔다.

卢华岩(2007)에서는 『现代汉语八百词』(吕叔湘, 1991)에서 밝힌 '点儿'이 '一点儿'의 생략 형식으로 정도나 분량이 약간 증가하거나 감소함을 표시한다는 관점을 바탕으로 하여 '点儿'이 문장 끝에 나타나는 경우의 구조와 의미를 분석하였다. 첫째, '동사/형용사+(一)点儿' 구조이다. '点儿'은 '节约一点儿!'과 같이 '청탁, 권유, 명령' 등의 의미를 표시할 수 있다. 둘째, '동사+了+点儿+목적어' 구조이다. 이 구조는 '吃了点儿饭。'과 같이 '点儿'이 '소량'의 의미를 표시한다. 셋째, '형용사+(了)+点儿' 구조이다. 여기에서 '点儿'은 '我的表快了点儿。'과 같이 객관적인 표준과 어긋나는 불확정한 정도를 표시한다. 넷째, '형용사+(了)+点儿' 구조이다. 여기서 '点儿'은 '这件衣服短了点儿。'과 같이 주관적인 표준과 어긋나는 불확정한 정도를 표시한다. 다섯째, '형용사+(了)+点儿' 구조이다. 이 구조에서는 '你妹妹好像比你高一点儿。'과 같이 두 주체가 대조하는 불확정한 정도를 표시한다.

이 밖에도 구경숙·최성은(2011)과 金鉉哲·李知恩(2015)에서는 중국어의 '(一)点儿'과 한국어의 '조금(jogeum)' 및 '좀(jom)'을 대조 분석하고 연구하였다.

구경숙·최성은(2011)에서는 '一点儿'이 명령문에 쓰인 경우의 의미와 용법에 중점을 두고 연구를 진행하였는데, '一点儿'은 단순히 정도나 수량을 나타내지 않고 '명령문'의 의미 실현 양상도 나타낸다고 밝혔다. 또한 '一点儿'과 '좀'의 담화 기능에 초점을 두고 대조연구를 진행하였다.

한편, 金鉉哲·李知恩(2015)에서는 소량 표현인 '(一)点儿'과 '一下'가 동사, 형용사, 명사류의 표현과 함께 쓰인 경우, '조금1', '조금2', '좀1', '좀2'로 나누어 대응 규칙을 고찰하였다. 그 중에서 '조금1'은 '명사'로서 '적은 정도나 적은 분량, 짧은 시간'을 표시하며, '조금2'는 '부사'로서 '적은 정도나 적은 분량, 짧은 시간'을 표시한다고 적고 있다. 또한 '좀1'은 '조금2'와 똑같이 '부사'로서 '작은 정도나 적은 분량, 짧은 시간'을 표시한다고 했다. 그리고 '좀2'는 청탁을 할 때 쓰는 담화 표지라고 하였다.

그리고 刘辰洁(2002)에서는 한국 학생들이 '一点儿'과 '有点儿'을 공부할 때 저지른 잘못을 몇 유형으로 정리하고 학생들이 잘못을 저지른 이유도 분석하였다.

이상 기존의 연구를 살펴보면 '一点儿'은 '点儿'에 비해 소량을 표시하는 전형적인 표현이고 물량의 소량(분량이 적다)과 정도량의 소량(정도가 낮다)을 표시할 수 있음을 알 수 있다.[4]

---

4   물건의 분량(물량), 정도량, 시간량의 소량을 표시하는 '조금'과 물건의 분량(물량), 정

2.1.2 '조금'과 '一点儿'이 구문에서의 대조

李宇明(2000:30)에 따르면 객관적인 세계의 양은 물량(物量), 공간량(空間量), 시간량(时间量), 동작량(动作量), 등급량(级次量), 태도강도량(语势) 등[5]으로 구성된다. 그 중에서 물량(物量)은 주로 물건의 분량을, 공간량은 공간의 크기를, 시간량은 일반 시간과 연령을, 동작량은 동작의 폭도나 횟수 등을, 정도량은 정도의 높음과 낮음을, 태도강도량은 화자의 태도를 나타낸다. 이 중에서 물량, 공간량, 시간량, 동작량, 등급량은 모두 단어로 표시할 수 있지만 태도강도량은 화용론의 측면에서 연구해야 하기 때문에 여기에서는 '조금'과 '一点儿'이 태도강도량 이외에 물량, 공간량, 시간량, 동작량, 등급량의 소량을 표시하는 용법에만 집중하여 분석하고자 한다.

우선, '조금'은 물량, 공간량, 시간량, 동작량, 등급량 중에서 어느 양을 표시하는지 판단하는 기준을 대응 표현 대체 방법으로 아래와 같이 정하고자 한다.

'조금'은 '몇 개', '몇 킬로그램' 같은 물량 표현으로 바꿀 수 있으면 물량을 표시하는 것으로 본다. 그리고 '몇 분', '며칠' 같은 시간 표현으로 바꿀 수 있으면 시간량을, '몇 미터' 같은 공간 표현으로 바꿀 수

도량의 소량을 표시하는 '一点儿'이 공간량과 행위량의 소량도 표시할 수 있는지의 문제와 물량, 공간량, 시간량, 행위량, 정도량의 소량을 표시할 경우의 대응 여부 등과 같은 문제는 여전히 해결해야 할 과제로 남는다.

5 　李宇明(2000)은 물량이란 사물(인간과 동물 포함)의 수량을 표시하는 양이고, 공간량이란 사물의 길이, 너비, 높이, 길이, 면적, 체적, 사물 간의 거리를 표시하는 양이며, 시간량은 시점과 기간을 표시하는 양이라고 하였다. 여기서 동작량이란 동작의 범위, 횟수, 동작 폭도 등을 표시하는 양이고, 등급량이란 여러 등급을 표시하는 양이며, 태도강도량이란 화자의 태도를 표시하는 추상적 양이라고 하였다.

있으면 공간량을 표시하는 것으로 본다. 또한 '살짝' 같은 동작 표현으로 바꿀 수 있으면 동작량을 표시하는 것으로 보고, '아주' 같은 정도 표현으로 바꿀 수 있으면 정도량을 표시하는 것으로 본다.

여기에서는 '조금'과 '一点儿'이 동사 표현과 함께 쓰인 경우에서의 대응과 명사 표현과 함께 쓰인 경우에서의 대응, 형용사나 부사 표현과 함께 쓰인 경우에서의 대응, 기타 표현과 함께 쓰인 경우에서의 대응으로 나누어서 서술하고자 한다.[6]

2.1.2.1 동사 표현과 함께 쓰인 경우에서의 대응[7]

동사 표현은 주로 타동사와 자동사로 나눌 수 있다. '조금'은 타동사와 함께 쓰일 때 '목적어+조금+타동사'라는 구문으로 구성되고, '一点儿'은 타동사와 함께 쓰일 때 '타동사+一点儿+목적어'라는 구문으로 구성된다.[8] '조금'은 자동사와 함께 쓰일 때 '조금+자동사'라는 구문으로 구성되고, '一点儿'은 자동사와 함께 쓰일 때 '자동사+一点儿'라는 구문으로 구성된다.

6　이 책에서는 명사와 명사구를 통틀어 명사 표현으로, 동사와 동사구를 동사 표현으로, 형용사나 형용사구를, 부사나 부사구를 각각 형용사 표현과 부사 표현으로 부르고자 한다.

7　'조금'은 부정문에서 동사나 형용사, 부사 등의 표현과 함께 쓰인 경우에는 문장의 의미가 부정 요소의 영향과 문장 전체 구성의 영향을 받기 때문에 '조금'의 의미를 분석하기에 혼란을 야기할 수 있다. 그러므로 이 책에서는 부정문에 해당하는 경우는 논외로 한다.

8　물론 목적어가 생략된 구문도볼 수 있지만 이 책에서는 목적어가 생략되지 않은 전형적인 구문만을 대상으로 연구를 진행하고자 한다.

(1) 타동사와 함께 쓰인 경우에서의 대응

앞에서 언급했듯이 '조금'과 '一点儿'이 타동사와 함께 쓰인 경우에는 '목적어+조금+타동사'와 '타동사+一点儿+목적어'라는 구문으로 구성된다. 타동사와 함께 쓰일 때 목적어에서 나타나는 명사나 명사구가 표시하는 것은 덩치가 큰 개체가 아니라 덩치가 작은 개체나 비개체이다. 예를 들면 다음과 같다.

(5) ㄱ. 초등학교 때 영어를 <u>조금</u> 배웠다.
ㄴ. 小学时学了<u>一点儿</u>英语。

(6) ㄱ. 기차를 탈 때마다 옆에 있는 사람과 거리를 <u>조금</u> 두고 싶다.
ㄴ. 每次坐火车的时候，都想和旁边的人保持<u>一点儿</u>距离。

(7) a. ㄱ. 시간을 <u>조금</u> 낭비했지만 목적을 달성하였다.
ㄴ. 虽然浪费了<u>一点儿</u>时间，但是达到了目的。
b. ㄱ. 어제 기차역에서 그 사람을 <u>조금</u> 기다렸다.
ㄴ. 昨天在火车站<u>稍微</u>等他<u>一下</u>了。

(8) ㄱ. 손발을 <u>조금</u> 움직여도 온 몸이 아프다.
ㄴ. 哪怕<u>稍微</u>移动一下手脚，浑身都疼。

(9) ㄱ. 나는 그 사람을 <u>조금</u> 안다.
ㄴ. 我<u>稍微</u>了解那个人<u>一点儿</u>。

'조금'은 예문(5)에서는 '몇 마디'로, 예문(6)에서는 '몇 센티미터'로, 예문(7a)와 (7b)에서는 '몇 분'으로, 예문(8)에서는 '살짝'으로, 그리고 예문(9)에서는 '약간'으로 바꿀 수 있기 때문에 각각 물량, 공간량, 시간량, 동작량, 정도량을 표시하는 것으로 본다. 예문 (5ㄱ)과 (5ㄴ), (6ㄱ)과 (6ㄴ)에서 보듯이 물량, 공간량의 소량을 표시하는 경우에는 '조금'은 '一点儿'과 대응할 수 있고, '명사 표현+조금+타동사'는 '타동사+一点儿+명사 표현'과 대응할 수 있다. 예문 (7aㄱ)과 (7aㄴ)에서 보듯이 '시간'이라는 단어가 목적어에서 나타나는 경우에는 '조금'은 '一点儿'과 대응할 수 있고, '명사 표현+조금+타동사'는 '타동사+一点儿+명사 표현'과 대응할 수 있다. (7bㄱ)과 (7bㄴ)에서와 같이 '시간'이라는 단어가 목적어에서 나타나지 않고 '조금'이 그 자체로 짧은 시간만을 표시하면 '稍微……一下'와 대응할 수 있고, '명사 표현+조금+타동사'는 '稍微+타동사+명사 표현+一下'와 대응할 수 있다. 예문(8ㄱ)과 (8ㄴ)에서 보듯이 동작량의 소량을 표시하는 '조금'은 중국어의 '稍微……一下'와 대응하고, '명사 표현+조금+타동사'는 '稍微+타동사+一下+명사 표현'과 대응한다. 예문(9ㄱ)과 (9ㄴ)와 같이 정도량의 소량을 표시하는 경우에는 '조금'은 '稍微……一点儿'와 대응하고, '명사 표현+조금+타동사'는 '稍微+타동사+명사 표현+一点儿'과 대응한다. 이들 대응 규칙을 정리해 보면 아래 표와 같다.

〈표 2.1-1〉 '조금'과 '一点儿'이 타동사와 함께 쓰인 경우에서의 대응

양화 대상		'조금'의 용법	'一点儿'의 용법
물량		명사 표현+조금 +타동사	타동사+一点儿+명사 표현
공간량			
시간량	목적어에 '시간'이 있음		
	목적어에 '시간'이 없음		稍微+타동사+명사 표현+一下
행위량			稍微+타동사+一下+명사 표현
정도량			稍微+타동사+명사 표현+一点儿

(2) 자동사와 함께 쓰인 경우에서의 대응

앞에서 언급했듯이 '조금'과 '一点儿'이 자동사와 함께 쓰인 경우에는 '조금+자동사'와 '자동사+一点儿'라는 구문으로 구성된다. 다음으로 '조금+자동사'와 '자동사+一点儿'이라는 구문의 대응을 살펴보면 다음과 같다.

(10) ㄱ. 이제 명예에 대해 욕심이 <u>조금</u> 생겼다.
    ㄴ. 现在对名誉生出了<u>一点儿</u>贪欲。

(11) ㄱ. <u>조금</u> 올라가면 저 별에 닿을 수 있으리라.
    ㄴ. 往上走<u>一点儿</u>的话, 就能够着那个星星了。

(12) ㄱ. <u>조금</u> 지나면 나는 이곳을 떠난다.
    ㄴ. <u>过一会儿</u>/*稍微过一点儿时间, 我就离开这个地方。

(13) ㄱ. 내 말을 듣고 그 사람이 아무 말도 하지 않고 그저 <u>조금</u> 웃을 뿐이었다.
    ㄴ. 听完我的话, 他什么话都没说, 只是<u>稍微</u>笑了<u>一下</u>。

(14) ㄱ. 살림 형편이 <u>조금</u> 나아졌다 해서 흥청망청 하다가 물질적 축적을 까먹었다.
    ㄴ. 生活条件<u>稍微</u>好转了一点儿, 就铺张浪费, 忘了要进行物质积累。
    ㄷ. 生活条件<u>稍微有一点儿</u>好转, 就铺张浪费, 忘了要进行物质积累。

위의 예문(10ㄱ)과 (10ㄴ)에서 보듯이 '조금'과 '一点儿'이 물량 명사와 함께 쓰여서 물량의 소량을 표시할 수 있다. '조금'은 '一点儿'과 대응하고 '명사 표현+조금+자동사'는 '자동사+一点儿+명사 표현'과 대응한다. (11)의 예문들은 '조금'과 '一点儿' 그 자체가 공간량의 소량을 표시하는 예문인데, (11ㄱ)과 (11ㄴ)에서 보듯이 '조금'은 '一点儿'과 대응할 수 있다. '조금'과 함께 쓰이는 동사는 '올라가다', '직진하다', '가다' 등의 이동 동사이다. 그리고 예문(12ㄱ)과 (12ㄴ)은 시간량의 소량을 표시하는 예문이다. (12ㄱ)과 (12ㄴ)에서 보듯이 '조금'은 그 자체가 시간량의 소량을 표시할 수 있고, 중국어의 '一点儿时间'보다는 '一会儿' 같은 표현과 대응하는 경향성이 더 강하다. '조금'과 함께 쓰이는 동사는 주로 '기다리다', '머무르다', '망설이다'와 같은 연속성이 있는 동사이다. 또한 (13ㄱ)과 (13ㄴ)은 동작량의 소량을 표시하는 예문인데, (13ㄱ)과 (13ㄴ)에서 보듯이 동작량의 소량을 표시하는 경우에는 '조금'은 '稍微……一下'와 대응할 수 있다. 한편, (14ㄱ)과 (14ㄴ)은 정도량의 소량을 표시하는 예문으로 (14ㄱ)과 (14ㄴ)에서 보듯이 정도량의 소량을 표시하는 경우에는 '조금'은 '稍微……一点儿'과 대응하고 '조금+자동사'라는 구문은 '稍微+자동사一点儿'이나 '稍微+有一点儿+자동사'와 대응할 수 있다.[9] 이들의 대응 규칙을 정리해 보면 아래 표와 같다.

〈표 2.1-2〉 '조금'과 '一点儿'이 자동사와 함께 쓰인 경우에서의 대응

양화 대상	'조금'의 용법	'一点儿'의 용법
물량	명사/명사구+조금+자동사	자동사+一点儿+명사/명사구
공간량	조금+이동 동사	이동 동사+一点儿
시간량	조금+자동사(지나다 등)	자동사+一会儿 등

9　정도량의 소량을 표시하는 '조금'이 수식할 수 있는 자동사는 주로 심리 동사나 변화를 표시하는 자동사이다. 이 외에도 한국어에서 존재 동사 '있다'와 '없다'도 '조금'과 함께 쓰일 수 있다. 예를 들어 '조금 있어 보이다', '조금 없어 보이다'. 그렇지만 이런 경우에는 '있다'와 '없다'는 '존재'라는 의미와 거리가 멀고 '부유하다'나 '가난하다'와 같은 형용사의 의미와 비슷해서 이 책의 연구 대상에서는 제외시킨다.

행위량	조금+동작 동사	稍微+동작 동사+一下
정도량	조금+자동사(심리 동사 등)	稍微+자동사+一点儿/稍微+有一点儿+자동사

2.1.2.2 명사 표현과 함께 쓰인 경우에서의 대응

'조금'과 '一点儿'이 명사 표현과 함께 쓰인 경우에는 모두 세 가지의 구문으로 구성될 수 있다. 첫째, '조금'과 '一点儿'가 명사 표현 앞에 나타나는 '조금+의+명사 표현'과 '一点儿(+的)+명사 표현'이라는 구문이다. 둘째, '조금+명사 표현'과 '一点儿+명사 표현'이라는 구문이다. 셋째, '조금'과 '一点儿'가 명사 표현 뒤에 나타나는 '명사 표현+조금'과 '명사 표현+一点儿'라는 구문이다.[10]

(1) '조금+의+명사 표현'과 '一点儿+的+명사 표현'의 대응

'조금'과 '一点儿'이 명사 표현 앞에 나타나면 '조금+의+명사/명사구'와 '一点儿(+的)+명사/명사구'라는 구문으로 구성될 수 있다.

(15) ㄱ. <u>조금</u>의 공통점이라도 있으면 서로의 대화가 가능하다.
　　　 ㄴ. 哪怕有<u>一点儿(的)</u>共同点，彼此间就能进行对话。

(16) ㄱ. <u>조금</u>의 공간이 확보되었다.
　　　 ㄴ. 确保了<u>一点儿(的)</u>空间。

(17) ㄱ. <u>조금</u>의 시간도 충분히 이용해야 한다.

10　'一点儿'은 '작다'라는 의미를 표시할 수도 있다. 예를 들어, '别为一点儿小事费心!'과 같은 의미를 가진 '一点儿'은 한국어의 '조금'이 아니라 '조그마하다'와 대응되기에 연구 대상에서 제외시킨다.

ㄴ. 哪怕是<u>一点儿(的)</u>时间也要充分利用。

(18) ㄱ. 그 사람들 사이에는 <u>조금</u>의 대화와 양보라도 있으면 이렇게 심
하게 싸우지 않았을 것이다.
ㄴ. 他们之间哪怕有<u>一点儿(的)</u>对话和让步, 也不会打得这么厉害了。

위 예문(15)-(18)에서 보듯이 '조금'과 '一点儿'이 '조금+의+명사/명사
구'와 '一点儿+的+명사/명사구'라는 구문에 쓰여서 물량, 공간량, 시간
량, 행위량의 소량을 표시할 수 있다. 그렇지만 '조금'과 '一点儿'이 이
런 구문에서 정도량의 소량을 표시할 수는 없다.

(2) '조금+명사 표현'과 '명사 표현+一点儿'의 대응

'조금+명사 표현'과 '명사 표현+一点儿'이라는 구문은 '조금+의+명
사 표현'과 '一点儿(+的)+명사 표현'이라는 구문과 달리 그 가운데에
'의'와 '的'가 나타날 수 없다. 이런 구문은 '조금'과 '一点儿'이 방향 표
현과 함께 쓰인 구문과 '조금'과 '一点儿'이 명사 표현을 수식하는 구
문으로 나눌 수 있다.

(i) 방향 표현과 함께 쓰인 경우에서의 대응

'조금'과 '一点儿'이 방향 표현과 함께 쓰이면 시간량의 소량과 공간
량의 소량을 표시할 수 있다. 예를 들면 아래와 같다.

(19) ㄱ. 그 지갑은 <u>조금</u> 전에 집에서 찾아보니 집에 없었어요.
ㄴ. 那个钱包, 我<u>不久</u>前在家里找过, 家里没有。

(20) ㄱ. <u>조금</u> 위에는 '제 1 고분군'이라고 쓰여진 돌기둥이 서 있었다.

ㄴ. 往上一点儿, 立着一个写着'第一墓区'的石柱子。

위 (19)의 예문들은 시간량의 소량을 표시하는 예문이고, (20)의 예문들은 공간량의 소량을 표시하는 예문이다. 예문(19ㄱ)과 (19ㄴ)에서 보듯이 '조금'은 그 자체로 시간량의 소량을 표시할 때 '전', '후' 등의 방향 명사와 함께 쓰여서 '一点儿'과 대응할 수 없고 '不久', '短时间' 등의 표현과 대응할 수 있다. 또한 예문(20ㄱ)과 (20ㄴ)에서 보듯이 '조금'은 공간량의 소량을 표시할 때 '위', '아래', '오른쪽', '왼쪽' 등의 방향 명사와 함께 쓰여서 '一点儿'과 대응할 수 있으며, '조금+방향 명사'는 '방향 표현+一点儿'과 대응할 수 있다.

(ii) 명사 표현을 수식하는 경우에서의 대응

'조금'은 '一点儿'과 달리, 명사를 직접 수식하여 '정도가 낮음'을 표시할 수 있다. '조금'이 수식할 수 있는 명사는 '바보, 미인, 부자' 등과 같이 그 자체가 정도성을 지닌 것들이다. 예를 들면 다음과 같다.

(21) ㄱ. 그 사람은 조금 부자이다.
ㄴ. 那个人稍微算个富人。

위 예문(21ㄱ)에서 보듯이 '부자' 앞에 나타나는 '조금'은 '얼마만큼'인가 하는 정도성을 나타낼 수 있는 것이므로 정도 부사의 역할을 한다. 하지만 중국어의 '一点儿'은 정도 부사로서 명사를 수식하는 용법이 없다. 예문(21ㄱ)과 (21ㄴ)에서 알 수 있듯이 '조금'이 정도 부사로서 명사와 함께 구성된 '조금+명사'라는 구문을 중국어의 '稍微算个+명사'라는 구문과 대응시키는 것이 더 적당하다.

(iii) '명사 표현+조금'과 '명사 표현+一点儿'의 대응

'조금'과 '一点儿'이 명사 표현 뒤에 쓰이는 구문은 주로 '명사 표현+조금'과 '명사 표현+一点儿'이다. 여기에서는 '조금'과 '一点儿'이 모두 문말에 나타난다. '조금'과 '一点儿'이 이 두 가지 구문에서 물량, 공간량, 시간량, 동작량, 정도량의 소량을 모두 표시할 수 있는지에 대하여 살펴보도록 하겠다. 아래 예문을 보자.

(22) ㄱ. 초등 학교 때 배운 영어는 <u>조금</u>이었다.
　　 ㄴ. 小学时学的英语只有<u>一点儿</u>。

(23) ㄱ. 기차 속에 공간이 너무 작아서 서로 간의 거리가 <u>조금</u>이다.
　　 ㄴ. 火车里的空间太小, 彼此间的距离只有<u>一点儿</u>。

(24) ㄱ. 낭비한 시간이 <u>조금</u>이라서 다행이다.
　　 ㄴ. 浪费的时间只是<u>一会儿</u>/*<u>一点儿</u>, 真是万幸啊。

(25) ㄱ. *손발을 움직이는 동작이 <u>조금</u>이다.
　　 ㄴ. *移动手脚的动作只有<u>一点儿</u>。

(26) ㄱ. *나는 그 사람을 아는 정도가 <u>조금</u>이다.
　　 ㄴ. *我了解他的程度只有<u>一点儿</u>。

위 예문(22)-(26)에서 보듯이 '명사 표현+조금'과 '명사 표현+一点儿'은 각각 '조금'과 '一点儿'이 문장 끝에 나타나는 경우를 가리키는 것이다. '조금'은 단독으로 문장 끝에 나타날 수 있는 데 반해, '一点儿'은 단독으로 문장 끝에 쓰일 수 없고, 그 앞에 강조 표현인 '只有' '才' '就'가 나와야 한다. 또한(22)-(26)의 예문들은 각각 '조금'과 '一点儿'이 물량, 공간량, 시간량, 행위량, 정도량의 소량을 표시하는 예문이다. 예문 (22ㄱ)과 (22ㄴ), (23ㄱ)과 (23ㄴ)에서 보듯이 '명사 표현+조금'과 '명사 표현+只有一点儿'이 서로 대응해서 물량, 공간량의 소량을 표시할 수 있다. 하지만 (24ㄱ)과 (24ㄴ)에서 보듯이 시간량의 소량을 표시하는 '조금'은 문장 말에 나타나서 '시간 표현+조금'으로 구성될 수 있지만 이 구문은 '시간 표현+只有一点儿' 대신에 '시간 표현+只有一会儿'이라는 구문과 대응하는 게 더 자연스럽다. 예문(25ㄱ)과 (25ㄴ), (26ㄱ)과 (26ㄴ)에서 보듯이 행위량과 정도량의 소량을 표시하는 '조금'과 '一点儿'이 문장 말에 나타날 수 없다.

〈표 2.1-3〉 '조금'과 '一点儿'이 명사 표현과 함께 쓰인 경우에서의 대응

구문	양화 대상	'조금'의 용법	'一点儿'의 용법
'조금+의+명사 표현'과 '一点儿+的+명사 표현'	물량	조금+의+명사 표현	一点儿(+的)+명사 표현
	공간량		
	시간량		
	행위량		
	정도량	*	*
'조금+명사 표현'과 '명사 표현+一点儿'	물량	*	*
	공간량	조금+방향 명사	방향 명사+一点儿
	시간량	조금+방향 명사	不久/短时间+방향 명사
	행위량	*	*
	정도량	조금+명사 표현	*
'명사 표현+조금'와 '명사 표현+一点儿'	물량	명사 표현+조금이다	명사 표현+ 只有一点儿
	공간량		
	시간량		명사 표현+ 只有一会儿
	행위량	*	*
	정도량	*	*

2.1.2.3 형용사나 부사 표현과 함께 쓰인 경우에서의 대응

'조금'과 '一点儿'이 모두 형용사나 부사 표현과 함께 쓰여서 정도량의 소량을 표시할 수 있다. 여기에서는 '조금'과 '一点儿'이 형용사나 부사 표현과 함께 쓰일 때의 대응 여부와 그 대응 규칙에 대해 살펴보겠다.[11]

(1) 형용사 표현과 함께 쓰인 경우에서의 대응

'조금'은 형용사와 함께 쓰여서 '조금+형용사'라는 구문을 구성할 수 있고, '一点儿'은 형용사와 함께 쓰여서 '형용사+一点儿'라는 구문을 구성할 수 있다. 그렇지만 '조금+형용사'는 '有点儿+형용사'라는 구문이나 '형용사+一点儿'이라는 구문과 모두 대응할 수 있다. 그렇다면 어떤 경우에 '有点儿+형용사'와 대응하고 어떤 경우에 '형용사+一点儿'와 대응하는지 아래 예문을 통해 살펴보자.

(27) ㄱ. 이 문제가 <u>조금</u> 어렵다.
ㄴ. 这个问题<u>有点儿</u>难。

(28) ㄱ. 영어는 처음 배우기에는 <u>조금</u> 쉽지만 배우면 배울수록 어렵다.
ㄴ. 英语虽然在刚开始学的时候简单<u>一点儿</u>, 但是越学越难。

---

11 '조금'은 부정문에서 형용사와 함께 쓰이면 문장의 의미에 다의성을 야기할 수 있다. 예를 들어, '조금 덥지 않다'는 '조금 춥다'나 '매우 덥다'로 모두 해석할 수 있다. 이런 중의성분석은 '조금과 一点儿'의 기본 의미 분석에 혼선을 야기할 수 있으므로 이 책에서는 부정문에서 쓰인 경우를 밝히지 않을 것이다. 또 '稍微+太+AP/A+一点儿'이라는 구문에는 '太'가 있기 때문에 '稍微+AP/A+一点儿'이라는 구문의 의미와 다르게 되기 때문에 이 책에서는 이런 구문을 연구에서 제외시키고자 한다.

(29) ㄱ. 이런 춤을 출 때 동작이 <u>조금</u> 가볍고 부드러워야 한다.

ㄴ. 跳这种舞蹈的时候, 动作要轻柔<u>一点儿</u>。

(30) ㄱ. <u>*조금/좀</u> 조용해!

ㄴ. 安静<u>一点儿</u>！

    위 예문(27)에서 보듯이 문장에 비교의 의미가 없고, 어떤 사물의 성질이나 특성을 평가하는 경우에는 '조금+형용사'는 중국어의 '有点儿+형용사'와 대응한다. 그렇지만 예문(28)과 같이 문장에 비교의 의미가 있게 되면, '조금+형용사'는 '형용사+一点儿'과 대응한다. 또 예문(29)에서 보듯이 권유, 당위성 등의 의미를 표시할 때 '조금+형용사'는 '형용사+一点儿'과 대응한다. 한편, 예문(30)과 같이 일부 형용사는 명령문에서 '조금' 대신 '좀'과 함께 쓰이는 게 더 자연스러운데, 이 경우에는 '좀+형용사'가 '형용사+一点儿'과 대응한다.

(2) 부사 표현과 함께 쓰인 경우에서의 대응

    '조금'은 부사 표현과 함께 쓰여서 '조금+부사 표현'과 '부사 표현+조금'이라는 구문으로 구성될 수 있고, '一点儿'은 부사 표현과 함께 쓰여 '부사 표현+一点儿'이라는 구문으로 구성될 수 있다.[12] 여기에서는 '조금+부사 표현'과 '부사 표현+一点儿'의 대응, 그리고 '부사 표현+조금'과 '부사 표현+一点儿'의 대응으로 나누어서 분석하고자 한다.

---

12   중국어의 부사는 형태적 특성이 뚜렷한 한국어의 부사와 달리 형용사와 구분하기 어렵다. 그러므로 그 품사적 성격은 해당 문맥에서의 구체적 의미에 따라 달리 나뉜다.

(i) '조금+부사 표현'과 '부사 표현+一点儿'의 대응

'조금+부사 표현'은 '稍微+부사 표현'이나 '형용사 표현+一点儿'이라는 구문과 모두 대응할 수 있는데, 그렇다면 어떤 경우에 '稍微+부사 표현'과 대응하고 어떤 경우에 '형용사 표현+一点儿'과 대응하는지 아래 예문을 통해 살펴보자.

(31) ㄱ. 밤에 배고픈 애들한테 우유를 <u>조금</u> <u>짙게</u> 타 주면 된다.
　　 ㄴ. 晚上给饿了的孩子们喝牛奶时, 可以把牛奶给冲得<u>浓一点儿</u>。

(32) ㄱ. 이 문제들이 <u>조금 복잡하게</u> 얽혀 있다.
　　 ㄴ. 这些问题<u>稍微</u>复杂地纠缠在了一起。

(33) ㄱ. <u>조금 적극적으로</u> 응답하면 바로 호감을 살 수 있다.
　　 ㄴ. <u>积极一点儿</u>地回应的话, 马上就能赢得好感。

(34) ㄱ. <u>조금 길게</u> 말해라.
　　 ㄴ. 说得<u>长一点儿</u>!

위 예문(31)에서 보듯이 '조금+부사 표현' 중의 '부사'가 동작의 결과를 강조하면 '조금+부사+동사'는 중국어의 '동사+得+형용사+一点儿'과 대응한다. 그리고 예문(32)와 같이 상태의 정도를 강조하는 경우에는 '조금+부사'는 중국어의 '稍微+부사'와 대응한다. 또한 예문(33)에서 보듯이 권유, 당위성 등의 의미를 표시할 때 '조금+부사'는 '부사+一点儿'과 대응한다. 한편, 예문(34)과 같이 명령문에서 '조금+부사+동사'는 '동사+得+형용사+一点儿'과 대응한다.

지금까지 분석했듯이 '형용사/부사+一点儿'은 비교의 의미를 표시하는 문장에서 많이 쓰인다. 한국어에서 비교의 의미를 가진 구문은 주로 '조금'이 '어떤 기준보다 정도가 심하게'라는 의미를 가진 '더'나 '어떤 기준이나 정도가 약하게'라는 의미를 가진 '덜'과 함께 쓰인 '조금+더/덜+형용사/부사'식을 구성한다. 이제는 '조금+더/덜+형용사/부사'가 '형용사/부사+一点儿'와 어떻게 대응하는지 살펴보자. 예를 들면 다음과 같다.

(35) a. ㄱ. 이 것은 저 것보다 <u>조금 더 비싸다</u>.
　　　　ㄴ. 这个东西比那个东西<u>更贵一点儿</u>。
　　 b. ㄱ. <u>조금 더 일찍</u> 깨워 줬으면 좋았을 텐데.
　　　　ㄴ. <u>再早一点儿</u>叫醒我就好了。

(36) a. ㄱ. 물론 결정론에는 <u>조금 덜 독단적인</u> 유형이 있다.
　　　　ㄴ. 当然, 决定论中有<u>稍微不独断</u>的类型。
　　 b. ㄱ. 사진이 <u>조금 덜 예쁘게</u> 나왔어요.
　　　　ㄴ. 照片照得<u>稍微有点儿不漂亮</u>。

　위 예문(35a)와 (35b)에서 보듯이 '조금+더+형용사/부사'는 중국어의 '更/再+형용사/부사+一点儿'과 대응한다. 그리고 예문(36a)와 같이 '조금+덜+형용사/부사'는 중국어의 '稍微+不+형용사/부사'와 대응하고, 예문(36b)에서 보듯이 '조금+덜+부사+형용사/부사'는 중국어의 '동사+得+稍微+有点儿+不+형용사/부사'와 대응한다.

　이 밖에도 '조금'은 시간 부사 '아까'와 함께 쓰일 수 있지만 중국어 '一点儿'은 시간 부사와 함께 쓰일 수 없는데, 예를 들면 아래와 같다.

(37) ㄱ. <u>조금 아까</u> 리얼리즘과 모더니즘에 대한 이야기도 잠깐 나왔는데.

ㄴ. <u>就在刚才</u>，关于现实主义和现代主义的话题出现了一会儿。

위 예문(37)에서 보듯이 '조금'은 '아까'와 함께 쓰여서 강조의 의미를 표시하지만 '一点儿'은 시간 부사와 함께 쓰일 수 없다. 그 강조의 의미는 흔히 '就在+시간 표현'으로 표시된다.

(ii) '부사 표현+조금'과 '부사 표현+一点儿'의 대응

'조금'은 '아주', '매우' 같은 정도 부사의 수식을 받을 수 있다. 여기서 '아주', '매우' 같은 정도 부사는 '조금'을 강조하는 역할을 한다. 그렇지만 중국어의 '一点儿'은 정도 부사의 수식을 받을 수 없다. 예를 들면 다음과 같다.

(38) ㄱ. 그녀는 밥을 <u>아주 조금</u> 먹었다.
　　ㄴ. 她饭吃得<u>非常少</u>。

(39) ㄱ. 아직도 <u>아주 조금</u>의 거리를 유지하고 있다.
　　ㄴ. 直到现在还维持着<u>非常小</u>的距离。

(40) ㄱ. <u>아주 조금</u> 뒤에 나는 그를 떠났다.
　　ㄴ. <u>非常短的时间/一小会</u>之后，我就离开了他。

(41) ㄱ. <u>아주 조금</u>만 광고해도 장사가 번창할 터인데.
　　ㄴ. 稍微做<u>一下</u>广告，生意就能红火。

(42) ㄱ. 그의 검은 머리는 <u>아주 조금</u> 희끗희끗했다.
　　ㄴ. 他的黑头发<u>稍微</u>白了<u>一点儿</u>。

위 예문(38ㄱ)-(42ㄱ)에서의 '조금'은 각각 물량, 공간량, 시간량, 행위량, 정도량의 소량을 표시하는 것이다. 그리고 예문(38ㄱ), (41ㄱ), (42ㄱ)에서의 '조금'은 부사로, 예문(39ㄱ)과 (40ㄱ)에서의 '조금'은 명사로 쓰였다. 이에 따라 '조금'의 품사나 용법을 불문하고 '조금'이 쓰일 수 있는 경우라면 그 앞에 '아주' 등 정도 부사도 붙어서 쓰일 수 있다는 결론을 도출할 수 있다. 위 예문 (38ㄴ)-(40ㄴ)에서 보듯이 '조금'이 물량, 공간량, 시간량의 소량을 표시할 때 '아주 조금'은 '非常+少/小/短'라는 구문과 대응하며, 예문(41ㄴ)에서 보듯이 '조금'이 행위량의 소량을 표시할 때는 '아주 조금'은 '稍微贩贩贩一下'라는 구문과 대응하고, 예문(42)에서 보듯이 '조금'이 정도량의 소량을 표시할 때 '아주 조금'은 '稍微贩贩贩一点儿'이라는 구문과 대응한다.

2.1.2.4 기타 표현과 함께 쓰인 경우에서의 대응

'조금'은 '-도'나 '-라도' 등의 조사와 함께 쓰인 경우도 흔히 볼 수 있다. 특히 '도'와 함께 쓰일 때 흔히 '조금도+부정 표현'이라는 부정 구문으로 구성되는데, 예를 들면 아래와 같다.

(43) ㄱ. 물/공간/시간이 <u>조금도</u> 없어.
ㄴ. <u>一点儿水</u>/空间/时间也没有。

(44) ㄱ. 손발을 <u>조금도</u> 안 움직인다.
ㄴ. 手脚<u>一动也不动</u>。

(45) ㄱ. <u>조금도</u> 안 피곤하다.

ㄴ. 一点儿也不疲惫。

위 예문(43ㄴ)에서 보듯이 물량, 공간량, 시간량을 지닌 명사 뒤에는 '조금도 없다'가 붙어서 부정 구문을 구성할 수 있다. 이런 경우에는 '명사 표현+조금도 없다'는 중국어의 '一点儿+명사 표현+也+没有'와 대응한다. 예문 (44ㄱ)과 (44ㄴ)에서 보듯이 '조금도'가 동사의 부정 표현과 함께 쓰인 경우에는 중국어의 '一+동사+也不+동사'와 대응한다. 그리고 예문(45ㄱ)과 (45ㄴ)에서 보듯이 '조금도'가 형용사의 부정 표현과 함께 쓰인 경우에는 중국어의 '一点儿+也不+형용사'와 대응한다. 한편, '조금'은 관형사나 접속사와 함께 쓰일 수도 있는데, 아래 예와 같다.

(46) ㄱ. <u>조금</u> 샌 물건을 버리기가 아깝다.
　　　ㄴ. 把<u>(稍微)有点儿</u>新的东西丢掉, 有点可惜。

(47) ㄱ. 고향은 <u>조금씩</u> 변하고 있다.
　　　ㄴ. 故乡在<u>一点儿一点儿</u>地变化。

위 예문(46)에서 보듯이 '조금+관형사'는 중국어의 '(稍微)有点儿+형용사'와 대응하고, 예문(47)에서 보듯이 '조금'은 접미사 '-씩'과 함께 쓰일 때 중국어의 '一点儿一点儿'과 대응함을 알 수 있다.

2.2 대량(大量) 표현 '많다/많이'와 '多'의 대조

대량(大量, Large Quantity)표현[13]은 양화 대상의 양이 많음을 표시하는 것이다. 언어에서 양이 많음을 표시할 때에는 흔히 구체적인 숫자로 나타내는 것이 아니라 특정한 단어나 구로 나타낸다. 영어의 경우에는 대량 표현으로 'many'와 'much'이 있고 한국어 가운데는 '많다'와 '많이' 등이 있으며 중국어에서 흔히 쓰이는 대량 표현으로 '多' 등이 있다.[14] 한·중 대량 표현인 '많다/많이'와 '多'는 여러 한중 사전과 중한 사전에서 서로 대응되는 해석을 보인다. 예를 들어, 『한중사전』(2004)에서는 '많다/많이'를 '多'로 해석하고 『중한 대사전』(1995)에서는 '多'를 '많다/많이'로 해석한다. 하지만 똑같이 '대량'(大量)의 의미를 표시하는 '많다/많이'와 '多'는 언어 사용에서 대응하는 경우도 있고 대응하지 않는 경우도 존재한다. 실제 언어 사용에서 '많다/많이' 구문과 '多' 구문의 대응 규칙은 아주 복잡하다. 이 때문에 한국어 및 중국어 학습자들은 '많다/많이'와 '多'를 배울 때 어려움을 겪고 오류를 범하기 쉽다. 다음의 예를 보겠다.

---

13   양화 대상의 양이 많음을 나타내는 표현으로서 한국어로는 '대량'이나 '다량'으로 표현할 수 있지만 중국어에서는 '大量'이 더 자연스러운 표현이다. 그래서 이 책에서는 '大量'과 '대량'이라는 술어를 쓰고자 한다.

14   '많다'와 '많이'는 모두 동일한 어근 '많-'로부터 파생된 단어이다. 문장에서 서술어로 쓰이면 '많다'로, 관형어로 쓰이면 '많은'으로, 부사어로 쓰이면 '많이'로 나타난다. 이 책에서는 '많은'은 '많다'의 변형으로, 그리고 '많다, 많은, 많이'는 '많다/많이'라고 칭한다. 그리고 '多'는 관형어나 보어(补语)로 쓰일 때, 중국어 단어의 이음절화 경향의 영향을 받아 '许多', '很多' 등 이음절 단어로 더 자주 쓰인다. 그러므로 이 책에서는 이런 단어들을 '多'가 단음절 부사와 함께 쓰인 단어로 보고 '多'라는 틀 아래에서 논술하고자 한다.

(48) ㄱ. 선생님, 과일을 <u>많이</u> 사셨네요.

　　　ㄴ. 老师, 您买了<u>很多</u>水果啊。/*老师, 您水果买<u>多</u>了。/ *老师, 您<u>多</u>买水果啊。

(49) ㄱ. 오늘 <u>많이</u> 춥죠?

　　　ㄴ. 今天<u>很</u>冷吧？/*今天<u>多</u>冷吧？

　(48ㄴ)에서의 세 문장들을 하나씩 보면 다 정확한 문장이지만 (48ㄱ)과 대응되는 문장은 하나밖에 없다. 이처럼 (48ㄱ)과 (48ㄴ)에서 보아낼 수 있듯이 '많이'가 타동사와 함께 쓰이면서 '목적어+많이+타동사'라는 구문만으로 구성될 수 있지만 '多'는 타동사와 함께 쓰이면서 문맥에 따라 '목적어+동사+得+多', '목적어+동사+多+了', '多+동사+목적어' 등 여러 구문으로 구성될 수 있다.[15] 또한 예문(49ㄱ)과 (49ㄴ)에서 보여주듯이 한국어에서는 '많이'가 성질·상태 형용사와 함께 쓰여서 정도의 대량을 표시할 수 있지만 '多'에는 이런 용법이 없다. 이는 바로 '많다/많이' 구문과 '多' 구문의 이런 복잡한 대응 규칙 때문에 한국어 교수와 학습, 중국어 교수와 학습에서 혼란이 자주 생겼다고 본다. 그럼 '많다/많이'와 '多'가 각각 어떤 구문으로 구성될 수 있는가? 이 구문들은 각각 어떻게 대응되는 것인가? 어떠한 대응 규칙을 도출할 수 있는가? 이 책에서는 이 질문들을 밝힘으로써 '많다/많이'와 '多'의 대조 연구를 진행하고자 한다.

　이 책에서는 먼저 '많다/많이'와 '多'가 동사 표현, 명사 표현, 수사 및 분류사, 형용사나 부사 표현[16]과 함께 쓰여서 구성된 구문이 어떤

15　이 책에서는 한국어의 '목적어'와 중국어 '빈어(賓語)'를 모두 '목적어'로 명명하기로 한다.

구문인지 밝히고 그 다음에는 '많다/많이' 구문과 '多' 구문이 어떻게 대응하는지에 대하여 밝히고자 한다. '많다/많이' 구문과 '多' 구문이 대응되는 경우를 '많다/많이'와 '多'의 쓰임이 같은 경우로 보고 '많다/많이' 구문과 '多' 구문이 대응되지 않는 경우를 '많다/많이'와 '多'의 쓰임이 다른 경우로 보겠다.

2.2.1 '많다/많이'와 '多'에 대한 선행 연구

지금까지 '많다/많이'와 '多'의 관련 사전 해석 및 여러 논저에서의 의미와 용법에 대해 살펴보기로 한다.

2.2.1.1 '많다/많이'에 대한 선행 연구

'많다/많이'가 한국어 사전에서 어떻게 기술되어 있는지 『표준국어대사전』(1999), 『고려대 한국어대사전』(2008), 『연세 한국어사전』(1998)을 중심으로 살펴보기로 하겠다.

> (50) 『표준』
> 많다: 형용사. 수효나 분량, 정도 따위가 일정한 기준을 넘다. ¶ 경험이 많다/사람이 많다/자식이 많다/한이 많다/그 많던 돈을 다 써 버렸다./너와 헤어지고 난 후 그동안 많은 일이 있었다./정승 죽은 장례도 아닌데 이렇게 조객과 만장이 많기는 전례 없는 일이었다.
> 많이: 부사. 수효나 분량, 정도 따위가 일정한 기준보다 넘게. ¶밥을 너

---

16 이 책에서는 명사와 명사구를 통틀어 명사 표현으로, 동사와 동사구를 동사 표현으로, 형용사나 형용사구를, 부사나 부사구를 각각 형용사 표현과 부사 표현으로 명명하고자 한다.

무 많이 먹어서 배가 부르다./병원으로 경찰서로 뛰어다니느라 형태도 그동안 많이 수척해져서 튀어나온 광대뼈 옆으로 눈 밑이 거무스름했다.

(51) 『고려대』

많다: 형용사. ① (사물이나 그 수효, 분량이) 일정한 기준치보다 위에 있다. ¶꽃이 많다 / 인환이는 숨겨 놓은 돈이 엄청 많다. /물 한 방울에도 엄청나게 많은 수의 원자들이 존재한다. ② (일이나 상태의 정도가) 일정 수준보다 더하다.¶ 그녀는 참 인정이 많은 사람이었다./추운 날씨에 고생이 많으십니다.

많이: 부사 ① 수효나 분량이 일정한 기준치보다 위에 있게. ¶하늘에 별이 많이 떠 있다. / 연설장에는 청중들이 많이 모였다. ② 일이나 상태의 정도가 일정 수준보다 더하게.¶ 좋은 글을 쓰려면 경험을 많이 쌓아야 한다./ 요즘 경제에 대한 관심이 많이 높아지고 있다. / 제가 회사를 지금의 상태로 꾸려 오기까지 어려움이 많이 있다.

(52) 『연세』

많다: 형용사. ① (사물의 수나 양이) 일정한 기준을 넘어서 아주 여럿이든가 아주 크다. 적지 않다. ¶지금은 옛날에 비해 장수하는 사람이 많습니다./책상 위에 먼지가 많아 방이 매우 지저분해 보였다. ② (어디에 있는 것의 양이나 수가) 일정한 수준 이상이다. 적지 않다. ¶그는 가장으로서 할 일이 많았습니다. ③ (정도가) 어느 수준보다 더하다.¶ 그들은 재치가 있었으며 호기심이 많았었다. / 사람에 따라 감수성에 많은 차이가 있다.

많이: 부사. ① (양이나 수효가) 어떤 기준을 넘어 더. 큰 정도로. ¶ 특히 신문 기사에 불필요한 외국어가 많이 나타난다./사람들은 책을 많이 읽는 사이에 생소한 단어를 자연스럽게 배운다. ② (정도가) 어느 수준보다 더, 상당히.¶ 그 동안 날이 많이 밝아져서 주위에 훤한 새벽빛이 깃들었다./형도 많이 늙었습니다.

이상의 사전들에서는 '많다/많이'의 의미 분석에 치중하고 있다.『표준』에서는 '많다/많이'가 '수효나 분량, 정도 따위'의 대량을 표시하는 것이라고 해석함과 더불어『연세』에서는 '많다'를 '사물의 수나 양'의 대량과 '어디에 있는 것의 양이나 수'의 대량, 그리고 '정도'의 대량을 표시하는 것이라고 하고 '많이'를 '정도'의 대량을 표시하는 것이라고 하였다.『고려대』에서는 '많다/많이'를 '사물이나 그 수효, 분량'의 대량과 '일이나 상태의 정도'의 대량을 표시하는 것이라고 하였다.

이와 달리, 박철우·남승호(2004)에서는 '명사/명사구-이 많다'라는 구문에서 '많다'의 양화 대상이 되는 '명사/명사구'의 종류를 두 가지로 나눴다. 하나는 '많다' 뒤에는 나타날 수 있지만 '크다' 뒤에는 잘 나타나지 않는 명사류인데 구체물류(예: 분, 이, 사람 등), 수/수량류(예: 양, 분량 등), 액수류(예: 재물, 세금 등), 시간류(예: 여가, 날 등), 비용류(예: 노력, 투자, 지원 등), 범위류(예: 경험, 광고 등), 정보류(예: 분야, 사례 등), 말류(예: 말, 논의, 비판 등), 힘/능력류(예: 제약, 자유 등)게 이에 속한다. 또 하나는 '크다'와 '많다'의 뒤에 공통적으로 잘 나타나는 명사류로서 구체물류(예: 나라, 나무 등), 수/수량류, 액수류(예: 돈, 이익 등), 범위(예: 변화, 차이 등), 심리적 느낌류(예: 관심, 사랑 등), 평가류(예: 문제, 인기 등)를 망라한다.

기존의 선행 연구를 살펴보면 '많다/많이'가 수효나 분량, 정도 따위의 대량을 표시할 수 있다는 것을 알 수 있다.

2.2.1.2 '多'에 대한 선행 연구

중국어의 대표적인 사전인『现代汉语八百词』(1980)과『现代汉语词典』

(2012)에 기술된 '多'의 의미와 용법을 보겠다. 『现代汉语八百词』(1980)에 따르면 '多'의 용법은 '多1'에 해당하는 '직접적 대량의 용법'과 '多2'에 해당하는 '참조적 대량의 용법'으로 나눌 수 있다.[17]

> 多1: 형용사. 수량이 적지 않다. a. 명사를 수식한다. 일반적으로 앞에 수식어가 꼭 있어야 한다. ¶ 很多人/好多缺点. b. 단독적으로 명사를 수식하는 것은 소수의 고정된 경우에만 한한다. ¶ 多民族国家/多年的老朋友. c. 문장에서 서술어와 보어로 작용한다. 예: 人多力量大/鲁迅的著作很多. d. 동사를 수식한다. 중첩해서 쓰이는 경우도 있다.¶ 明年一定多种棉花/请多多指教.
>
> 多2: 형용사. ① 원래의 수량을 넘는다. a. 多+동사+수량사. ¶ 多吃了一碗 b. 동사의 뒤에 쓰여 행동의 결과를 표시한다. ¶ 钱找多了 ② 비교할 때 정도가 큼을 표시한다. '形+多+了','形+得+多'구조에서 쓰인다. ¶ 好多了/好得多
>
> 동사. 원래의 수량이나 한도, 혹은 있어야 하는 수량이나 한도를 초과한다. a. '多' 뒤에 수량 표현이 따라오면서 초과하는 수량을 표시한다. ¶ 多了三个/多了一倍 b. '多' 뒤에 '事,话,嘴,心' 등 말이 따라오면서 어떤 행위가 일정한 한도를 초과했음을 가리킨다.(숙어에 많이 쓰인다). ¶ 你干嘛又多事/别多话了. c. 자연 현상과 관련된 명사와 같이 쓰인다. ¶ 这里的气候, 春天多风,夏天多雨. d. 뒤에 따라오는 방향 표현과 함께 쓰인다. ¶ 多上/多出/多出来

『现代汉语词典』(2012)에 따르면 '多'의 용법도 역시 '多1'에 해당하는 '직접적 대량의 용법'과 '多2'에 해당하는 '참조적 대량의 용법'으로 나눌 수 있다. '多1'은 형용사로서 수량이 많음을 의미한다.(예: 多年, 多种多样) '多2'는 아래와 같이 네 가지 용법을 지닌다. 첫째는 동사로서 원래

17 　'참조적 대량'이란 어느 특정한 수량보다 많음을 표시하는 것이다. 특정한 수량과의 비교의 의미가 강하다. 예를 들어, '比以前好多了', '多了三个'.

의 수량이나 마땅히 있어야 되는 수량을 넘음을 나타낸다.(예: 这句话多了一个字。/你的钱给多了, 还你吧。) 둘째는 형용사로서 불필요하다는 뜻을 나타낸다.(예: 多心, 多嘴) 셋째는 수사로서 수사나 분류사 뒤에 쓰여 일정한 수량을 조금 넘는, 우수리의 의미를 나타낸다.(예: 五十多岁, 三年多) 넷째는 정도가 큼을 의미한다.(他比我强多了。)

이와 달리, '多'에 대한 선행 연구는 '多'와 관련된 구문에 중점을 둔 것이 대부분이다. 예를 들어, 洪淼(2001)에서는 형용사 '多'가 자유형태소로서 명사의 앞에 붙어서 이룬 '多+N'라는 구문을 연구 대상으로 삼았다. '多+N'라는 구문의 'N' 자리에 올 수 있는 것이 중국어에서 NN이라는 단어로 구성될 수 있는 단음절 명사나 명사 형태소라고 밝혔다. 李珠(1988), 黄晓红(2001), 辛永芬(2006)에서는 '多'가 'V'과 결합해서 이룬 구문을 위주로 다루었다. 李珠(1988)에서는 '多(V+N)'라는 구문에서 '多'가 'V'와 'N'의 의미적 관련을 밝혔다. 즉 '多穿衣服' 같은 구문에서의 명사 앞에 '一些' 등 수량 표현을 붙일 수 있으면 '多'가 'N'의 대량을 표시할 수 있고 '多晒太阳' 같은 구문에서의 명사 앞에 '几次' 등 횟수 표현을 붙일 수 있으면 '多'가 'V'의 대량을, '多读书', '多烧开水' 같은 구문에서의 명사 앞에 '一些'나 '几次' 등 수량 표현을 모두 붙일 수 있으면 '多'가 'N'과 'V'의 대량을 모두 표시할 수 있다고 밝혔다. 黄晓红(2001)에서는 '多+V'과 'V+多'라는 구문의 형태와 의미, 그리고 용법상의 차이점을 상세하게 밝혔다. 'V+多'는 주로 'V+多+了'라는 구문에서, '多+V'는 주로 '多+V+(了)+数量', '多+V', '多+V+了' 등 구문에서 나타난다. 그리고 'V+多'와 '多+V'는 주로 '일정한 수량에 달한다'는 뜻과 '일정한 수량을 넘는다'는 뜻을 가진다고 밝혔다. 辛永芬(2006)에서는

'多+V' 구문과 'V+多' 구문에서 '多'가 표시할 수 있는 양의 종류, 'V' 자리에 들어갈 수 있는 동사 등 측면에서 '多+V' 구문과 'V+多' 구문을 대조하였다. 왕혜경(2011)에서는 '직접적 대량의 용법'을 표시하는 '多'가 謂語, 定语, 状语나 朴语로서 한국어의 '많다/많이'로 옮길 수 있는 경우의 조건을 밝혔다.

기존의 연구를 살펴보면 '多'가 '직접적 대량'과 '참조적 대량'이라는 의미를 가지고 있다는 것을 알 수 있다. '직접적 대량'의 의미를 표시할 때에는 직접적으로 수효나 분량의 대량을 표시하고 '참조적 대량'의 의미를 표시할 때에는 일정한 수량을 넘는다는 비교의 의미를 표시한다. 이 책에서는 '多'의 기본 의미는 '직접적 대량'이라고 보고 '참조적 대량'이라는 의미는 '직접적 대량'이라는 의미가 특정한 구문 구조와 함께 작용해서 표현되는 것이라고 본다. 이에 이 책에서는 '비교적 대량'과 '참조적 대량'이라는 의미를 구분하지 않고 구문을 중심으로 어떤 구문에서 '많다/많이'와 '多'가 대응될 수 있고 어떤 구문에서 '많다/많이'와 '多'가 대응될 수 없는지를 밝히고자 한다.

2.2.2 '많다/많이'와 '多'가 구문에서의 대응

본 절에서는 '많다/많이'와 '多'가 동사 표현과 함께 쓰인 경우에서의 대응과 명사 표현과 함께 쓰인 경우에서의 대응, 수사 및 분류사와 함께 쓰인 경우에서의 대응, 형용사나 부사 표현과 함께 쓰인 경우에서의 대응으로 나누어서 연구하고자 한다.

2.2.2.1 동사 표현과 함께 쓰인 경우에서의 대응

동사 표현은 주로 타동사와 자동사로 나눌 수 있다. '많다/많이'는 주로 부사어 '많이'라는 식으로 동사 표현과 함께 쓰인다. '많이'가 타동사와 함께 쓰일 때에는 '많이+타동사'라는 한 가지 구문으로 구성되지만 '多'가 타동사와 함께 쓰일 때에는 '多'와 타동사의 위치 관계에 따라 '多+타동사' 구문과 '타동사+多' 구문으로 구성될 수 있다. 여기서 더 나아가 '多'가 타동사의 앞에 나타나는 '多+타동사' 구문은 '多+타동사+목적어'라는 구문으로 구성되고 '多'가 타동사의 뒤에 나타나는 '타동사+多' 구문은 '목적어+타동사+得+多', '목적어+타동사+多+了', '타동사+多+목적어+了' 등 구문으로 구성될 수 있다. 그리고 '많이'가 자동사와 함께 쓰일 때에는 '많이+자동사'라는 하나의 구문으로 구성되지만 '多'가 자동사와 함께 쓰일 때에는 '多'가 자동사와의 위치 관계에 따라 '多+자동사' 구문과 '자동사+多' 구문으로 구성될 수 있다. '多+자동사' 구문이 명사 표현과 함께 쓰이면서 '多+자동사+수량 표현'으로, 그리고 '자동사+多' 구문이 명사 표현과 함께 쓰이면서 '자동사+許多/很多+명사 표현', '명사 표현+자동사+許多/很多'라는 구문으로 구성될 수 있다. 본 절에서는 '많이'와 '多'가 타동사와 함께 쓰인 경우에서의 대응과 자동사와 함께 쓰인 경우에서의 대응으로 나눠서 밝히고자 한다.

(1) 타동사와 함께 쓰인 경우에서의 대응

본 절에서는 '많이+타동사'라는 구문이 '多+타동사'라는 구문과 '타동사+多'라는 구문과 각각 어떻게 대응하는지에 대해 밝히고자 한다.[18]

(i) '많이+타동사' 구문과 '多+타동사' 구문의 대응

'많이+타동사' 구문과 '多+타동사' 구문이 목적어와 함께 쓰이면서 '목적어+많이+타동사'와 '多+타동사+목적어'라는 구문으로 구성될 수 있다. 목적어가 수량 표현인지, 아니면 일반 명사 표현인지에 따라서 '목적어+많이+타동사'와 '多+타동사+목적어'라는 구문의 대응이 다르다.

먼저 목적어가 수량 표현이 아닌 일반 명사 표현인 경우를 살펴보면 다음과 같다.

(53) ㄱ. 다이어트를 제대로 하려면 <u>채소와 과일을 많이</u> 먹는 게 좋다.
　　 ㄴ. 要想正确减肥的话, 最好要<u>多吃蔬菜和水果</u>。

(54) ㄱ. 여러분들께서 <u>학술 대회를 많이</u> 참여해 주시기를 바랍니다.
　　 ㄴ. 希望各位能<u>多参学术会议</u>。

예문(53)은 화자가 어떤 행위의 당위성을 강조하여 권유의 의미를 표시하는 것이고 예문(54)는 화자의 명령이나 부탁의 의미를 표시하는 것이다. 이처럼 화자가 권유나 명령, 부탁의 의미를 표시할 때 '목적어+많이+타동사'라는 구문과 '多+타동사+목적어'라는 구문이 대응된다.

하지만 타동사가 심리 동사나 그 자체가 '동작 폭도'라는 의미 자질을 지닌 타동사인 경우에는 '목적어+많이+타동사'와 '多+타동사+목적어'라는 구문은 대응될 수 없다.

18　　물론 목적어가 생략된 구문도 볼 수 있지만 이 책에서는 목적어가 생략되지 않은 전형적인 구문을 연구하고자 한다.

(55) ㄱ. 나는 그 스타를 <u>많이</u> 좋아한다.

ㄴ. 我<u>很喜欢</u>那个明星。

(56) ㄱ. 이 방법을 통해 그는 중국어 실력을 <u>많이</u> 향상시켰다.

ㄴ. 通过这个方法他<u>大大提高</u>了他的汉语水平。

예문(55)에서 보듯이 타동사가 심리 동사인 경우에는 '목적어+많이+타동사'라는 구문으로 쓰이는데, 이때 '많이'는 정도 부사의 역할을 하면서 중국어의 정도 부사 '很'과 대응되지만 '多'와 대응될 수 없다. 이에 따라 '목적어+많이+심리 동사'라는 구문은 흔히 중국어의 '很+심리 동사+목적어'라는 구문과 대응한다. 예문(56ㄱ)과 (56ㄴ)에서 보듯이 '많이'는 그 자체가 '동작 폭도'라는 의미 자질을 지닌 '향상시키다'를 수식하여 '대폭', '크게'라는 의미를 표시할 수 있지만, (56ㄴ)에서 보듯이 '多'는 이런 타동사를 수식할 수 없다. '多' 대신에 흔히 '大大(地)'가 앞에 쓰여서 타동사를 수식한다.

그 다음으로 목적어가 수량 표현인 경우를 보자. 한국어에서 '수량 표현+많이+타동사'라는 구문은 구성될 수 없지만 중국어에서는 '多+타동사+수량 표현'이라는 구문이 성립되는데, 흔히 비교문에서 쓰인다. 아래의 예문을 보자.

(57) ㄱ. 我今天比昨天<u>多看了两页书</u>。

ㄴ. 오늘은 어제보다 책 <u>두 페이지를 더 봤다.</u>

(58) ㄱ. 因为他<u>多说了一句话</u>，惹了不必要的麻烦。

ㄴ. <u>말을 (적당한 수량보다) 한 마디 더 하는</u> 바람에 말썽이 빚어졌다.

예문 (57ㄱ)과 (57ㄴ), (58ㄴ)과 (58ㄴ)에서 보여주듯이 '多+타동사+수량 표현'은 비교문에서 쓰이면서 한국어의 '수량 표현+더+타동사'라는 구문과 대응한다. 예문 (57ㄴ)과 (58ㄴ)에서 제시하는 바와 같이 비교 기준은 특정한 대상일 수도 있고 적당한 수량일 수도 있다. 특히 적당한 수량일 경우, 비교 기준은 흔히 문장에서 생략된다.

(ii) '많이+타동사' 구문과 '타동사+多' 구문의 대응

'多'가 타동사 뒤에서 쓰이면서 '타동사+多'라는 구문을 구성하지만 '많이'는 타동사의 뒤에서 쓰일 수 없다. 그럼 '타동사+多'라는 구문은 '많이+타동사'라는 구문과 어떻게 대응되는지 살펴보면 다음과 같다.

(59) ㄱ. 昨晚我米饭吃(得)多了。
　　 ㄴ. 어제 저녁에는 내가 밥을 <u>너무 많이 먹었다</u>.
(60) ㄱ. 昨晚我米饭吃了很多。 / 昨晚我吃了很多米饭。
　　 ㄴ. 어제 저녁에는 내가 밥을 많이 먹었다.
(61) ㄱ. 昨晚我米饭吃得多, 现在不饿。
　　 ㄴ. 어제 저녁에는 밥을 <u>많이</u> 먹었으니까 지금 배가 고프지 않다.

예문(59ㄱ)과 (59ㄴ)에서 알 수 있듯이 '多'가 타동사 뒤에 쓰이면서 '타동사+(得)+多+了'라는 구문으로 구성되어 '적당한 수량을 넘다'는 의미를 표시하며, 한국어의 '너무 많이+타동사'라는 구문과 대응한다. 예문 (60ㄱ)과 (60ㄴ)에서 보듯이 '명사 표현+타동사+了+很多'와 '타동사+了+很多+명사 표현' 구문은 흔히 '명사 표현+많이+동사+과거시제 어미' 구문과 대응한다. 이런 경우에는 '많이'와 '多'가 의미지향하는 대상이 명사인데, 명사 표현의 양이 많음을 표시한다. 그리고 예문(61

ㄱ)은 '多'가 타동사와 함께 쓰여서 '동사+得+多'라는 구문으로 구성될 수 있음을 보여주는데, 이때 '多'는 중국어의 보어로서 동작의 결과를 강조한다. 예문(61ㄱ)과 (61ㄴ)에서 보듯이 동작 결과를 강조하는 '동사+得+多' 구문은 흔히 어떤 일의 원인이나 조건을 표시하며, 한국어의 '많이+타동사'라는 구문과 대응한다.

'많이'와 '多'가 타동사와 함께 쓰인 경우에서의 대응은 아래 <표 1>과 같이 정리해 볼 수 있다.

〈표 2.2-1〉 '많이'와 '多'가 타동사와 함께 쓰인 경우에서의 대응

	'많이' 구문	'多' 구문	구문 의미
'많이+타동사'와 '多+타동사'의 대응	명사 표현+많이+타동사	多+타동사 명사 표현	당위성, 명령, 부탁 등
	명사 표현+많이+심리 동사	*	심리 동사의 정도가 높음
	명사 표현+많이+'동작 폭도'의 의미 자질을 지닌 타동사	*	동작 폭도가 큼
	*	多+타동사+수량 표현	비교 표준보다 일정한 수량을 더
'많이+타동사'와 '타동사+多'의 대응	너무 많이+타동사	타동사+(得)+多+了	적당한 수량을 넘다
	명사 표현+많이+타동사+과거시제	'명사 표현+타동사+了+很多'와 '타동사+了+很多+명사 표현'	명사 표현의 양이 많음
	명사 표현+많이+타동사	명사 표현+타동사+得+多	동작의 결과를 강조함

(2) 자동사와 함께 쓰인 경우에서의 대응

앞에서 언급했듯이 '많이'가 자동사 앞에 쓰여 '많이+자동사'라는 구문을 구성할 수는 있지만 '多'는 자동사 앞에서도 그리고 뒤에서도 쓰일 수 있음에 주의해야 한다. 앞에 쓰이면 '多+자동사'라는 구문으로 구성될 수 있고, 뒤에 쓰이면 '자동사+多'라는 구문으로 구성될 수 있다.

어떤 행위의 당위성을 강조하거나 부탁이나 명령의 의미를 표시하는 경우에는 '많이+자동사'라는 구문과 '多+자동사'라는 구문이 대응할 수 있다. 이런 경우에는 '많이'와 '多'가 의미지향하는 대상은 주로 그 뒤에 있는 자동사가 된다.

(62) ㄱ. 호감을 사려면 <u>많이</u> 웃어야지.
　　 ㄴ. 要想获得好感, 就要<u>多笑</u>。

(63) ㄱ. <u>자주/*많이</u> 나가서 걸어 봐라.
　　 ㄴ. <u>多出去走走</u>。

위의 예문과 같이 '많이'와 '多'가 의미지향한 대상이 그 뒤에 있는 자동사인 경우에는 '많이'와 '多'의 사용 여부가 다르다. 예문(62ㄱ)과 (62ㄴ)에서 볼 수 있듯이 '많이'와 '多'가 모두 '웃다'와 같은 연속성이 있는 자동사와 함께 쓰여서 '빈도가 높음'과 '지속적으로'라는 의미를 표시할 수 있다. 이런 경우에는 '많이+자동사' 구문과 '多+자동사' 구문이 대응한다. 그렇지만 예문 (63ㄱ)과 (63ㄴ)에서 보듯이 '나가다'와 같은 연속성이 없는 동사와 함께 쓰인 경우에는 '多'만 쓰일 수 있고, '빈도가 높음'을 표시할 수 있다. 그렇지만 '많이'는 쓰일 수 없다.

그리고 중국어에서는 '多+자동사' 구문 뒤에 수량 표현이 붙어서 '多+자동사+수량 표현'이라는 구문을 구성할 수 있지만, '많이+자동사' 구문과 대응되지는 않는다. 그렇다면 이런 구문은 한국어의 어떤 구문과 대응될 수 있는지 아래 예문을 통해 살펴보자.

(64) ㄱ. 我想在这儿多呆几天。
    ㄴ. 나는 이곳에 며칠 더 머물고 싶다.

(65) ㄱ. 我现在吃的植物类食品比以前多到三倍。
    ㄴ. 내가 현재 먹는 채소류 식품은 예전보다 3배나 많다.

(66) ㄱ. 利用监控摄像头侦破的案件比重多达90%。
    ㄴ. CCTV를 이용해서 수사한 사건의 비중은 90%나 달했다.

(67) ㄱ. 银行卡一下子多出/出来了500万。
    ㄴ. 은행 예금은(원래 있던 금액보다) 한꺼번에 500만원이 많아진다.

위 예문(64ㄱ)과 (65ㄱ), (66ㄱ)과 (67ㄱ)은 모두 '多'가 자동사 앞에 쓰인 예이다. 예문(64)와 같이 중국어의 '多+자동사+수량 표현'이라는 구문은 한국어의 '수량 표현+더+자동사'라는 구문과 대응한다. 그리고 예문(65)는 비교문에서 '比+명사 표현+多+到+수량 표현'이라는 구문이 한국어의 '명사 표현+보다+수량 표현+(이)나+많다'라는 구문과 대응함을 보여주는데, 여기서 명사 표현은 주로 배수를 가리킨다. 한편, 예문(66)에서 알 수 있듯이 '명사 표현+多+达+수량 표현'이라는 구문은 한국어의 '명사 표현+수량 표현+(이)나+달하다'라는 구문과 대응한다. 또한 예문(67)은 '多'가 '出, 出来, 上' 등의 방향 자동사와 함께 쓰여

'多+방향 자동사+수량 표현'이라는 구문을 구성하여 '수량 표현+많아
지다'라는 구문과 대응함을 나타내고 있다.

그 다음으로 '많이+자동사'라는 구문과 '자동사+多' 구문의 대응을
살펴보자.

화자가 어떤 행위의 당위성을 강조하거나 부탁이나 명령의 의미를
표시하지 않는 경우에는 아래와 같이 '많이+자동사'라는 구문과 '자동
사+多' 구문이 대응하는 경우가 많다.

(68) ㄱ. 그의 슬픈 이야기를 듣고 나는 <u>많이 울었다</u>.
     ㄴ. 听完他的令人悲伤的故事后, 我<u>哭了很多次</u>。

(69) ㄱ. 이곳에 가전 제품을 생산하는 <u>공장이 많이 생겼다</u>.
     ㄴ. 这里<u>出现了许多生产家电产品的工厂</u>。

(70) ㄱ. 아버지에 대한 <u>거리감도 많이 사라졌다</u>.
     ㄴ. 对于父亲的<u>距离感也消失了很多</u>。

위 예문(68ㄱ)과 (68ㄴ)에서 알 수 있듯이 '많이+자동사' 구문은 동
작의 횟수가 많음을 표시하며, '자동사+多次' 구문과 대응한다. 예문
(69)에서는 '많이'와 '多'가 의미지향하는 대상이 명사인데, 즉 '명사
표현+많이+자동사' 구문과 '자동사+许多/很多+명사 표현' 구문이 대응
한다. 이런 경우에는 '많이'와 '多'가 명사 표현의 수량이 많음을 표시
한다. 또한 예문(70ㄱ)과 (70ㄴ)은 '명사 표현+많이+자동사' 구문과
'명사 표현+자동사+许多/很多' 구문이 대응하는 예문이다. 이런 구문
에서는 '许多/很多'와 '많이'가 그 앞에 있는 명사 표현의 수량이 변하

는 정도를 표시하고 있으며, 자동사는 주로 변화의 의미를 지닌다.

반면, '명사 표현+많이+자동사' 구문 중의 '명사 표현'이 자연 현상을 표시한다면 '많이'는 '多'와 대응할 수 없는데, 예를 들면 다음과 같다.

> (71) ㄱ. <u>비가 많이</u> 오겠다./<u>비가 많이</u> 오고 있다./<u>비가 많이</u> 왔다.
>   ㄴ. 将要<u>下大雨</u>。/正在<u>下大雨</u>。/<u>下了大雨</u>。

(71ㄱ)과 (71ㄴ)에서 보듯이 현제시제든, 과거시제든, 미래시제든 '자연 현상 명사 표현+많이+자동사' 구문은 '자동사+大+자연 현상 명사 표현' 구문과 대응한다. 이런 구문에서 '많이'와 '大'가 의미지향한 대상이 모두 자연 현상 명사 표현이며 자연 현상 명사의 수량이 많음을 표시한다. 하지만 '多'는 '비', '바람', '안개', '서리' 등 자연 현사 명사의 수량이 많음을 표시할 수 없다.

또한 '많이'가 정도를 표시할 때 중국어의 '多'와 대응되지 않기도 하는데, 예를 들면 아래와 같다.

> (72) ㄱ. 시험을 잘 보기 위하여 나는 정말 <u>많이</u> 노력했다.
>   ㄴ. 为了考试能考好, 我真的<u>很/*多努力</u>了。

예문(72ㄱ)과 (72ㄴ)을 결부시켜 보면 '많이'는 정도 부사 '很'에 대응되면서 자동사의 정도를 표시할 수 있지만, '多'는 정도를 표시할 수 없다.

'많이'와 '多'가 자동사와 함께 쓰인 경우에서의 대응은 아래 표와 같이 정리할 수 있다.

〈표 2.2-2〉 '많이'와 '多'가 자동사와 함께 쓰인 경우에서의 대응

	'많이' 구문	'多' 구문	구문 의미
'많이+자동사'와 '多+자동사'의 대응	많이+자동사	多+자동사	당위성이나 명령문 등에서 동작의 '빈도가 높음'과 '연속성이 있음'
	*		당위성이나 명령문 등에서 '동작 빈도가 높음'
	*	多+자동사+ 수량 표현	기준 수량보다 일정한 수량 더
			일정한 수량이나 많다
			일정한 수량에 달하다
			일정한 수량이 많아지다
'많이+자동사'와 '자동사+多'의 대응	많이+자동사	자동사+多+次	횟수가 많음
	일반 명사 표현+많이+자동사	자동사+許多/很 多+일반 명사 표현	명사 표현의 수량이 많음
		명사 표현+자동사+ 許多/很多	명사 표현의 수량이 변하는 정도가 높음
	자연 현상 명사+많이+자동사	*	명사 표현의 수량이 많음
'많이+자동사'가 '多'구문과 대응 불가	많이+자동사	*	동작의 정도가 높음

2.2.2.2 명사 표현과 함께 쓰인 경우에서의 대응

'많다'와 '多'가 명사 표현과 함께 쓰인 경우는 동사 표현과 함께 쓰인 경우와 달리, 구성된 구문도 많지 않고 구문의 의미도 상대적으로 복잡하지 않다. 이에 여기에서는 명사 표현에 따라 '많다'와 '多'의 대

응을 밝히고자 한다. 즉 '많다'와 '多'와 함께 쓰일 수 있는 명사 표현은 어떤 표현인가, 이들 명사 표현과 함께 쓰일 때 어떤 경우에는 '많다'와 '多'가 대응할 수 있고, 또 어떤 경우에는 '많다'와 '多'가 대응할 수 없는가 하는 문제에 대해 논의할 것이다.

주지하다시피 '많다' 및 '多'와 함께 쓰인 명사 표현은 주로 양화 대상을 표시하는 것이다. 양화 대상이란 어느 범주의 양을 가리키는 것으로 李宇明(2000 : 30)에 따르면 객관적인 세계의 양은 물량(物量), 공간량(空间量), 시간량(时间量), 동작량(动作量), 등급량(级次量), 태도강도량(语势) 등으로 구성되어 있다고 하였다. 그 중에서 '많다'와 '多'의 양화 대상이 될 수 있는 양 범주는 물량, 공간량, 시간량, 동작량, 등급량이 있다.

수집한 언어 자료에 대한 분석에 기초하여 이 책에서는 이들 양화 대상 중의 물량은 주로 구체적 사물, 추상적 사물, 사람의 심리나 느낌으로 간주하고, 공간량은 주로 면적, 체적 등으로, 시간량은 주로 시간으로, 동작량은 주로 동작이나 행위로, 등급량은 주로 특성의 정도나 강도로 간주하고자 한다.

이에 본 절에서는 '많다'와 '多'가 서술어와 관형어로 쓰인 경우에는 어떻게 대응하는지를 밝히고자 한다. 먼저 '많다'와 '多'가 서술어로 쓰이면서 구성된 '명사 표현+많다'라는 구문과 '명사 표현+(很)多'라는 구문의 대응 여부를 대조해 보면 아래 예문과 같다.

(73) a. ㄱ. 토론에 참여한 <u>사람이</u> <u>많다</u>.
　　　ㄴ. 参加讨论的<u>人很多</u>。
　　b. ㄱ. 코가 오목하면 먹을 <u>복이</u> <u>많다</u>.
　　　ㄴ. 鼻子高挺的话, <u>很有吃福</u>/* 吃福多。

     c. ㄱ. 요즘 <u>걱정이 많</u>아 밤마다 노루잠을 잔다.
        ㄴ. <u>最近担心的事多/担忧多/很担心</u>, 总是睡不踏实。

(74) a. ㄱ. 우리 학교의 <u>면적이 *많다</u>/크다.
       ㄴ. 我们学校的<u>面积*多/大</u>。
   b. ㄱ. 각 교실이 외부와 접하는 <u>면적이 많다</u>.
       ㄴ. 各个教室跟外部接触的<u>面积多/大</u>。

(75) ㄱ. 남은 <u>시간이 많다</u>.
    ㄴ. 剩余的<u>时间多</u>。

(76) a. ㄱ. 남편은 육아노동에 대한 <u>참여가 많다</u>.
       ㄴ. 丈夫<u>多次参与</u>养育孩子。
   b. ㄱ. 이 번 공연은 매 장면마다 <u>아이들의 참여가 많다</u>.
       ㄴ. 这次公演的每个场面, 都有<u>很多孩子参与/*孩子们的参与很多</u>。

(77) ㄱ. 코가 길면 <u>참을성이 많다</u>.
    ㄴ. 鼻子长的话, <u>忍耐性强/*忍耐性多</u>。

  위 예문(73a)에서 알 수 있듯이 숫자로 측정할 수 있는 명사 표현과 함께 쓰인 경우에 '명사 표현+많다'는 '명사 표현+(很)多'와 대응할 수 있고, 예문(73b)처럼 숫자로 측정할 수 없는 추상적 명사와 함께 쓰인 경우, '명사 표현+많다' 구문은 '很有+명사 표현' 구문과 대응되는 경향이 있다. 그리고 예문(73c)처럼 심리 명사와 함께 쓰인 경우, '심리 명사+많다' 구문은 '심리 명사+多', 혹은 '심리 동사+的+事+多', 혹은 '很/非常+심리 동사' 구문과 대응하는 경향이 있다. 이런 심리 명사로는 '우려, 수심, 근심, 고생, 고민' 등을 들 수 있다. 또한 예문(74a)에서 보여주듯이 직접 공간량의 대량을 표시하는 경우에는 '많다'와 '多' 모두 쓰일 수 없고, 예문(74b)처럼 공간량 표현 중에서 비례를 표시하는 경우에는 '많다'와 '多'가 모두 쓰일 수 있다. 이런 경우에는 '많다'와 '多'를 '80 퍼센트'와 같은 비례 표현으로 바꿀 수도 있다. 한편, 예문 (75)는 '많다'와 '多'가 직접 시간 표현과 함께 쓰여서 시간량의 대량을 표시할 수 있음을 제시하였다. 그리고 예문(76a)는 '단수 명사+행위 명사+많다'라는 구문이 '단수 명사+多次+동사 표현'이라는 구문과 대응하면서 동작 행위의 횟수가 많음을 표시한 예이다. 예문(76b)은 '복수 명사+의+행위 명사+많다'라는 구문이 '동사 표현+的+명사+很多'라는 구문과 대응하는 예문이다. 그렇지만 이런 구문에서 '많다'와 '很多'가 의미지향하는 대상은 동작 횟수가 아니라 복수 명사이다. 또한 예문 (77)은 성질 명사와 함께 쓰인 경우에 '명사 표현+많다'라는 구문이 '성질 명사+强'이라는 구문에 대응되면서 성질의 정도가 높음을 표시할 수 있다는 것을 보여주고 있다.

명사 표현의 앞에서 쓰일 경우 '많다'는 관형어 '많은'으로 나타나고 '많은+명사 표현'이라는 구문을 구성한다. '多'는 흔히 '许多/很多' 같은 이음절 단어로 나타나고 '许多的/很多的+명사 표현'이라는 구문으로 구성된다.

그렇다면 명사 표현 앞에 쓰일 경우 '많다'와 '多'가 어떻게 대응하는지 살펴보면 다음과 같다.

(78) a. ㄱ. <u>많은 사람들</u>이 토론에 참여하였다.
　　　ㄴ. <u>许多人</u>参加了讨论。
　　b. ㄱ. <u>많이</u> 베풀 줄 아는 사람은 많은 복을 얻게 될 것이다.
　　　ㄴ. <u>多施与人</u>的人会获得许多的福报。

c. ㄱ. 그는 정말 <u>많은</u> 고생을 하였다.

　　ㄴ. 他真的受了<u>许多的苦</u>。

(79) a. ㄱ. 우리 학교는 10만 평방미터의 <u>*많은/큰</u> 면적을 자랑하고 있다.

　　　ㄴ. 我们学校以10万平米的<u>*多/大面积</u>为豪。

　　b. ㄱ. 이 지역들은 우리나라의 <u>많은 밭 면적</u>을 차지하고 있다.

　　　ㄴ. 这些地区在我们国家中占有了<u>很多/大的旱田面积</u>。

(80) ㄱ. 요즘 아이와 <u>많은 시간</u>을 보내고 있다.

　　ㄴ. 最近和孩子一起度过了<u>许多时光</u>。

(81) a. ㄱ. 여러분들의 <u>많은 참여</u>를 부탁드립니다.

　　　ㄴ. 拜托各位能<u>多参与</u>。

　　b. ㄱ. 저도 남편의 집안일에 <u>많은 참여</u>를 요구하고 있다.

　　　ㄴ. 我也要求我丈夫<u>多参加</u>家务劳动。

(82) ㄱ. 이 복잡한 작업을 잘하려면 <u>많은 인내성이</u> 필요하다.

　　ㄴ. 做好这项复杂的工作需要<u>很强/*多的忍耐性</u>。

위 예문(78a)에서 알 수 있듯이 숫자로 측정할 수 있는 명사 표현과 함께 쓰인 경우, '많은+명사 표현'은 '许多+명사 표현'이라는 구문과 대응할 수 있고, 예문(78b)와 (78c)에서 알 수 있듯이 숫자로 측정할 수 없는 추상 명사나 심리 명사와 함께 쓰인 경우에는 '많은+명사 표현'이라는 구문도 '许多+명사 표현'이라는 구문과 대응한다. 그리고 예문(79a)에서 보여주듯이 직접 공간량의 대량을 표시하는 경우에는 '많다'와 '多'가 모두 쓰일 수 없고, 예문(79b)에서와 같이 공간량 표현 중에서 비례를 표시하는 경우에는 '많다'와 '多'가 모두 쓰일 수 있는데, 이런 경우에는 '많다'와 '多'를 '20퍼센트'와 같은 비례 표현으로 바꿀 수도 있다. 또한 예문(80)은 '많다'와 '多'가 시간 표현 앞에 쓰여서 시간량의 대량을 표시할 수 있음을 제시하였고, 예문(81a)에서는 '복수 명사+의+많은+행위 명사'라는 구문이 중국어의 '복사 명사+多+동사'라는 구문과 대응됨을, 예문(81b)에서는 '단수 명사+많은+행위 명사'라는 구문이 '단수 명사+多+동사 표현'이라는 구문에 대응되면서 동작 행위의 빈도가 높음을 보여주었다. 한편, 예문(82)에서 보여주듯이 성질 명사와 함께 쓰인 경우에는 '많은+명사 표현'이라는 구문이 '很强的+성질 명사'라는 구문에 대응되면서 성질의 정도가 높음을 표시할 수 있음을 알 수 있다. '많다'와 '多'가 명사 표현과 함께 쓰이면서 구성된 대응 구문은 아래 <표 3>와 같이 정리할 수 있다.

〈표 2.2-3〉 '많다'와 '多'가 명사 표현과 함께 쓰인 경우에서의 대응

양화 대상		'많다' 구문	'(很)多' 구문	'많은' 구문	'许多' 구문
물량	숫자로 측정할 수 있는 명사 표현	명사 표현+많다	명사 표현+(很)多	많은+명사 표현	许多的+명사 표현
	숫자로 측정할 수 없는 명사 대상		*		
	심리 명사 표현		*		
공간량	직접적인 공간량	*	*	*	*
	비례를 표시하는 공간량	공간 표현+많다	공간 표현+(很)多	많은+공간 표현	许多的+공간 표현
시간량		시간 표현+많다	신간 표현+(很)多	많은+시간 표현	许多的+시간 표현
행위량	복수 명사의 행위	행위 표현+많다	多次+행위 동사	많은+행위 표현	*
	단수 명사의 행위				*
등급량	성질의 정도	성질 명사+많다	*	많은+성질 명사	*

그 외에 '多'는 명사 표현의 뒤에서 쓰이면서 '명사 표현+多+了'라는 구문으로 구성될 수 있는데 한국어에서의 대응 관계를 살펴보면 다음과 같다.

(83) ㄱ. 起初, 这个公司的职员是很团结的, 后来, 职员<u>多了</u>, 就不难团结了。
　　　ㄴ. 처음에는 이 회사의 직원들이 잘 뭉쳤는데 나중에 직원이 <u>많아짐</u>에 따라 더 이상 뭉치지 않았다.

(84) ㄱ. 不守承诺的人<u>多了</u>, 你管得了吗？
　　　ㄴ. 약속을 지키지 않는 사람이 <u>너무 많은</u>데 네가 모두 상관할 수 있는가?

위 예문(83)에서 보여주듯이 중국어의 '명사 표현+多+了'는 상태의 변화를 표시하는 것으로서 한국어의 '명사 표현+많아지다'라는 구문과 대응된다. 그리고 예문(84)에서는 '명사 표현+多+了'라는 구문이 '多'를 강조하여 한국어의 '명사 표현+너무 많다'라는 구문과 대응할 수 있음을 보여준다.

그리고 중국어에서 '多'가 명사의 앞에 쓰인 예문도 많이 볼 수 있는데, 예를 들면 다음과 같다.

(85) ㄱ. 我不是说你的, 你不要<u>多心</u>。
　　　ㄴ. 너를 두고 한 말이 아니다. <u>신경을 너무 많이</u> 쓰지 마.

(86) ㄱ. 这里夏季<u>多风</u>, 冬季<u>多雨</u>。
　　　ㄴ. 이곳에는 여름에는 <u>바람이 많이</u> 불고 겨울에는 <u>비가 많이</u> 내린다.

위 예문(85)에서 보여주듯이 중국어의 '多'가 일음절로 이루어진 '心,

嘴, 话' 등의 특정한 단어 앞에 쓰이면 '신경을 너무 많이 쓰다' 혹은 '말을 너무 많이 하다' 등의 의미를 표시한다. 이런 표현은 주로 숙어에서 많이 쓰인다. 그리고 예문(86)과 같이 '多'는 비나 바람, 구름 등 기후 현상과 관련된 단어의 앞에 쓰이면 '多+기후 명사'라는 구문을 구성하는데, '비나 바람, 구름이 많다'는 의미를 표시한다. '多风', '多雨' 같은 표현은 주로 기후 현상의 특징을 서술할 때 쓰이고 날씨에 대해서 서술하는 경우는 안 쓰인다.

2.2.2.3 수사나 분류사와 함께 쓰인 경우에서의 대응

수사나 분류사와 함께 쓰인 경우에는 '多'와 '많다'가 큰 차이점을 보인다. 즉 '多'는 수사와 분류사와 함께 쓰여 '기준 수량을 조금 넘다'라는 의미를 표시하지만 '많다'는 이런 쓰임이 보이지 않는다. 예를 들면 아래와 같다.

  (87) a. ㄱ. 20多名学生
          ㄴ. 20여 명의 학생/20 명이 넘는 학생/20 명이 남짓한 학생
      b. ㄱ. *20名多的学生
          ㄴ. *20명여의 학생

  (88) a. ㄱ. 10多年的光阴
          ㄴ. 10여 년의 세월/10년 넘는 세월/10년 남짓한 세월
      b. ㄱ. 10年多的光阴
          ㄴ. 10년여의 세월/10년 넘는 세월/10년 남짓한 세월

위 예문(87)와 같이 수사와 분류사가 수식하는 명사 표현이 여러 못

으로 나눌 수 없는 하나의 개체이면 '多'가 십, 백, 천, 만 같은 십의 배수를 표시하는 수사와 분류사의 가운데에서 쓰이면서 '수사+多+분류사'라는 구문을 이룬다. 이런 구문은 '수사+-여+분류사', '수사+분류사+넘다', '수사+분류사+남짓하다'라는 구문과 대응한다. 그리고 예문(188a), (88b)에서는 수사와 분류사가 수식하는 명사 표현이 여러 몫으로 나눌 수 있고 그 분류사보다 더 작은 단위를 표시하는 분류사도 있으며, 수사가 십의 배수라면 '수사+多+분류사'와 '수사+분류사+多'라는 구문으로 모두 구성될 수 있음을 보여준다. 그중에서 '수사+多+분류사'는 '수사+-여+분류사', '수사+분류사+넘다', '수사+분류사+남짓하다'라는 구문과 대응하고, '수사+분류사+多'라는 구문은 한국어의 '수사+분류사+여', '수사+분류사+넘다', '수사+분류사+남짓하다'라는 구문과 대응한다.

그렇지만 수사가 십의 배수가 아닐 경우에는 아래와 같이 '多'의 사용이 조금 다르게 나타난다.

(89) a. ㄱ. *6多年的光阴
　　　ㄴ. 6年多的光阴
　　b. ㄱ. *6多名学生
　　　ㄴ. *6名多的学生

위 예문(89a)에서 보여주듯이 수사가 십의 배수가 아니고 수사와 분류사가 수식하는 명사 표현이 여러 몫으로 나눌 수 있는 경우에는 '수사+분류사+多'라는 구문으로 구성될 수는 있지만, '수사+多+분류사'라는 구문으로는 구성될 수 없다. 또한 예문(89b)를 통해 수사가 십의 배수가 아니고 수사와 분류사가 수식하는 명사 표현이 여러 몫으로 나눌 수 없는 하나의 개체이면 '多'가 쓰일 수 없음을 알 수 있다.

한편, 중국어에는 '多'가 수사와 분류사의 앞에 나타나는 경우도 있는데, 예를 들면 다음과 같다.

(90) ㄱ. 我的月工资比他的月工资多(了)200元。
　　　ㄴ. 나의 월급은 그의 월급보다 200원이 <u>더 많다</u>.

위 예문(130)과 같이 중국어의 '多'가 수사와 분류사의 앞에서 쓰일 때에는 주로 서술어로 작용하고, 'A比B+多(了)+수사+분류사'라는 비교 구문으로 구성될 수 있다. 이런 구문은 위 예문(90ㄴ)에서 제시한 바와 같이 한국어의 'A가 B보다+수사+분류사+더 많다'라는 구문과 대응한다.

한편, 수사가 나타나지 않고 '多'와 '많다'가 분류사와 함께 쓰이는 경우에도 큰 차이를 보이는데, '多'는 분류사와 직접 연결될 수 있지만 '많다'는 분류사와 직접 연결될 수 없다. 예를 들면 아래와 같다.

(91) ㄱ. '讲课评价制'的构想出现时, <u>许多教授/多位教授/*多教授</u>表示担忧。
　　　ㄴ. '교수 평가제'라는 구상이 나왔을 때 <u>많은 교수들이</u> 우려를 표시하였다.

위 예문(91ㄱ)에서 보여주듯이 '多'가 단독으로 관형어를 담당할 때는 그 뒤에 분류사가 붙는 경향이 강하고,[19] '许多'가 이음절 관형어로

19　물론 '多' 뒤에 있는 명사가 분류사의 성질이 강하면 '多'가 그 뒤에 있는 명사와 함께 쓰인 경우도 흔히 볼 수 있다. 예를 들면, '多功能, 多角度' 등의 표현이 이에 속하는데, 이런 표현이 굳어지면 하나의 단어가 될 수도 있다.

쓰일 때는 그 뒤에 분류사가 붙지 않고 직접 명사와 함께 쓰일 수도 있다. 예문(91ㄱ)과 (91ㄴ)의 대응을 통해서 '多+분류사+명사'와 '许多+명사'는 모두 '많은+명사' 구문과 대응할 수 있다는 것을 알 수 있다.

2.2.2.4 형용사나 부사 표현과 함께 쓰인 경우에서의 대응

본 절에서는 '많이'와 '多'가 아래 예문과 같이 성질·상태 형용사와 함께 쓰인 경우를 밝히고자 한다.

> (92) ㄱ. 수면 부족으로 지금 <u>많이</u> 피곤하다.
> ㄴ. 由于睡眠不足, 现在<u>很/*多疲惫</u>。

> (93) ㄱ. 나중에 크면 어머니를 <u>많이</u> 행복하게 해 드리겠다.
> ㄴ. 以后长大的话, 我要让妈妈<u>非常/*多幸福</u>。

위 예문(92)과 (93)에서 보여주듯이 '많이'가 직접 성질·상태 형용사와 부사를 수식하여 이룬 '많이+성질·상태 형용사/부사'라는 구문은 중국어의 '多+성질·상태 형용사/부사'라는 구문과 대응될 수 없고, '很/非常+성질·상태 형용사/부사'라는 구문과 대응될 수 있다.[20]

또한 '多'가 성질·상태 형용사나 부사 뒤에 쓰이면서 성질·상태 형용사나 부사의 정도를 표시하는 용례도 볼 수 있는데, 예를 들면 아래와 같다.

---

20   '多'가 성질·상태 형용사나 부사 앞에 쓰여 '多+형용사/부사+啊'라는 감탄문을 구성
할 수도 있다. 그렇지만 이런 구문에서의 '多'는 '多么'의 생략형이라서 이 책에서는
논외로 한다.

(94) ㄱ. 妹妹比我漂亮多了。

ㄴ. 妹妹比我漂亮得多。

ㄷ. 여동생은 나보다 <u>훨씬 예쁘다.</u>

(95) ㄱ. 他比后面的人跑得<u>快多了</u>。

ㄴ. 他比后面的人跑得<u>快得多</u>。

ㄷ. 그는 뒷사람보다 <u>훨씬 빨리</u> 뛴다.

위 예문(94ㄱ)과 (94ㄴ), (95ㄱ)과 (95ㄴ)에서 알 수 있듯이 중국어의 '多'가 형용사나 부사의 뒤에서 쓰일 때에는 주로 보어로 작용하고 정도가 높음을 표시하면서, 'A 比B+형용사/부사+多+了', 'A 比B+형용사/부사+得+多'라는 비교 구문을 이룰 수 있다. 한편, 예문(134ㄷ)과 (135ㄷ)에서 알 수 있듯이 비교문에서 정도가 높음을 표시하는 '多'는 한국어의 '많이' 대신 '훨씬'이라는 부사와 대응된다. 그리고 'A比B+형용사/부사+多+了'와 'A比B+형용사/부사+得+多' 구문은 모두 한국어의 'A가 B 보다+훨씬+형용사/부사' 구문과 대응한다.

2.3 불확정한 수량 표현 '얼마'와 '多少'의 대조

이 책에서는 불확정한 수량 표현을 '얼마'와 '多少'로 선정하는 이유는 아래와 같다. 첫째, '얼마'와 '多少'는 의문사로 쓰일 때 그 자체는 구체적인 수량을 표시하지 않고 불확정한 수량을 표시한다. 둘째, '얼마'와 '多少'는 비의문문에서 쓰일 때도 문맥에 따라 관련된 구문은 대량을 표시할 수도 있고 소량을 표시할 수도 있다. 그러므로 이 책에서는 '얼마'와 '多少'가 의문사로서의 용법과 비의문사로서의 용법으로 나눠서 대조 연구를 하겠다.

주지하다시피 의문사는 어떤 특정한 대상을 질문할 때 꼭 필요한 것인 만큼 범언어적으로 존재하고 사용되고 있다고 해도 과언이 아니다. 한·중 두 언어에는 비슷한 부류의 의문사 계열이 존재한다. 즉, 구체적인 수효나 분량[21]에 대하여 물을 때에는 '얼마'와 '多少'를 쓰고, 사람에 관해서는 '누구'와 '谁'를, 위치에 관해서는 '어디'와 '哪里'를, 사물에 관해서는 '무엇'과 '什么'를, 시간에 관해서는 '언제'와 '什么時候/何时'를 쓴다. 겉으로 보기에는 비슷한 용법을 가지는 이런 의문사들이 어떻게 대응하는지, 즉 어떤 경우에는 대응할 수 있고 어떤 경우에는 대응할 수 없는지를 밝힌다면 제2 언어로서의 중국어 및 한국어 학습에 도움이 된다고 본다. 선행 연구를 검토해 본 결과 '누구'와 '谁'에 대한 대조 연구는 侯文玉·金鉉哲(2015)이 있고 '어디'와 '哪里'에 대한 대조 연구는 진설매(2014)가 있으며 '무엇'과 '什么'에 대한 대조 연구는 강령훼(2015)가 있었다. 하지만 '얼마'와 '多少'의 대조나 대응에 대하여 전문적으로 자세하게 연구한 학술지 논문은 찾아볼 수 없었다. 이 책은 선행 연구의 이런 아쉬운 점을 보완하기 위해서 '얼마'와 '多少'에 초점을 두고 그들의 대응 규칙을 밝히고자 한다.

'얼마'와 '多少'는 모두 의문사로서 사용될 수도 있고 비의문사로서 사용될 수도 있다. 그러나 아래의 예문에서 보듯이 이 두 가지의 용법이 서로 대응하는 경우도 있고 대응하지 않는 경우도 있다.

---

21 채옥자(2013)에 따르면 '수효'는 가산의 대상을 헤아리는 양이고 '분량'은 불가산의 대를 헤아리는 양이다. 즉 '분량'은 분리량과 연속량으로 대별되는 양 개념 중 연속량에 해당되는 것이라고 한다. 이 책에서 이 두 가지를 통틀어 '수량'이라고 한다.

(96) ㄱ. 이 구두 값이 <u>얼마</u>예요?

　　ㄴ. 这皮鞋的价格是<u>多少</u>？

　　ㄷ. *회의 중에 <u>얼마</u>의 말을 했나요?/ 회의 중에 말을 <u>얼마나</u> 했나
　　　요?

　　ㄹ. 会议中，你说了<u>多少</u>话？

(97) ㄱ. 시간이 <u>얼마</u> 안 남았어요.

　　ㄴ. 时间没剩<u>多少</u>了。

　　ㄷ. <u>얼마</u> 전에 한 편지를 받았다.

　　ㄹ. *<u>多少</u>前收到了一封信。/<u>不久</u>前收到了一封信。

(96ㄱ)과 (96ㄴ)은 '얼마'와 '多少'가 의문사로서 서로 대응하는 경우를, (96ㄷ)과 (96ㄹ)은 '얼마'와 '多少'가 의문사로서 서로 대응하지 않는 경우를 보여 준다. 마찬가지로 (97ㄱ)과 (97ㄴ)은 '얼마'와 '多少'가 비의문사로서 서로 대응되는 경우를, (97ㄷ)과 (97ㄹ)은 '얼마'와 '多少'가 비의문사로서 서로 대응되지 않은 경우를 보여 준다. 그렇다면 어떤 경우에는 '얼마'와 '多少'가 대응되고 어떤 경우에는 대응되지 않는가? '얼마'와 '多少' 사이에는 무슨 대응 규칙이 존재하는가? '얼마'와 '多少'의 대응 규칙을 통해서 '얼마'와 '多少'의 공통점과 차이점을 쉽게 알 수 있다고 본다.

2.3.1 '얼마'와 '多少'에 대한 선행 연구

지금까지 '얼마'와 '多少'의 관련 사전 해석 및 여러 논저에서의 의미와 용법에 대해 살펴보기로 한다.

2.3.1.1 '얼마'에 대한 선행 연구

'얼마'에 대한 의미 분석을 위해서는 한국어의 대표적인 사전인『연세 한국어사전』,『표준국어대사전』,『고려대 한국어대사전』을 참조하였다. 이 세 개의 사전은 모두 '얼마'의 품사를 명사로 정하고 의미를 세 가지로 나눴다. 다만 의미 해석이나 의미 배열 순서에 있어 조금 차이를 보인다.『표준국어대사전』에서는 첫 번째 의미를 (의문문에 쓰여) 잘 모르는 수량이나 정도, 두 번째 의미를 정하지 아니한 수량이나 정도, 세 번째 의미를 뚜렷이 밝힐 필요가 없는 비교적 적은 수량이나 값 또는 정도라고 밝혔다.『고려대 한국어 대사전』에서는 첫 번째 의미를 잘 모르는 수효나 분량이나 정도, 두 번째 의미를 대단하지 않거나 정해지지 않는 약간의 수효나 분량이나 정도, 세 번째 의미를 밝힐 필요가 없는 수효나 분량이나 정도라고 밝혔다.『연세 한국어사전』에서는 첫 번째 의미를 주로 의문문에서 쓰여 정하지 않았거나 모르는 수량, 값, 정도를 나타내는 말, 두 번째 의미를 적은 시간이나, 값, 정도, 세 번째 의미를 밝힐 필요가 없는 수량이나, 값, 정도를 가리키는 말이라고 하였다.

'얼마'에 대한 연구에는 주로 김광해(1983), 高晟煥(1987), 이광호(2010) 등이 있다. 김광해(1983), 高晟煥(1987)은 주로 '얼마'와 '몇'의 용법을 대조하면서 '얼마'의 용법을 밝혔다. 김광해(1983)에 따르면 '얼마'는 주로 금액, 정도 등 연속적인 개념과 관련되어 있다고 하였다. 高晟煥(1987)에 따르면 '얼마'는 그 자체가 척도 단위를 포함하고 있기 때문에 척도 단위를 따로 동반시키는 경우가 전혀 없고, 질문자가 원하는 정보도 '수사+척도단위'가 된다고 밝혔다. 이광호(2010)에서는 '얼마'와 관련된 중세 한국어 '언마, 언머, 얼머' 등의 형태와 의미 특성에 대하여 분석하였다.

기존의 사전 의미 분석과 학술 논문의 연구를 바탕으로 하여 '얼마'의 용법을 다음의 두 가지로 나눌 수 있다. 첫 번째는 의문사로서의 용법이다. 즉 의문문에서 쓰여 수효나 분량이나 정도에 대한 질문의 용법이다. 두 번째는 비의문사로서의 용법이다. 즉 의문문이 아닌 문장에서 쓰여 수량이 많음이나 적음을 표시하거나 구체적인 수량 대신 모호한 수량을 나타내는 용법이다.

2.3.1.2 '多少'에 대한 선행 연구

'多少'에 대한 분석은 주로 『现代汉语词典』과 『近代汉语指代词』를 참조하였다.[22] 『现代汉语词典』에서 '多少'를 '多少'1(duô shao)와 '多少'2(duô shǎo)로 나누었다. 이에 따르면 '多少'1(duô shao)는 두 가지의 의미로 나눌 수 있다고 하였다. 첫 번째는 수량을 묻는 의문대명사이다. 예를 들어서, 这个村子有多少人家? 두 번째는 불확정한 수량을 표시하는 대명사이다. 예를 들어서, 我知道多少说多少. 한편 '多少'2(duô shǎo)는 세 가지의 의미로 나눴다. 첫째, 수량이 많음과 적음을 표시하는 명사이다. 예를 들어서, 多少不等, 长短不齐. 둘째, '많든 적든/얼마든지'을 표시하는 부사이다. 예를 들어서, 这句话多少有点道理. 셋째, '약간, 조금'의 의미를 표시하는 부사이다. 예를 들어서, 一立秋, 天气多少有点凉意了.

22 　 『近代汉语指代词』에서는 '多少'를 '指代词'(지시대명사)의 하나로 삼고 '多少'의 의미와 용법에 대하여 상세하게 기술하였다.

『近代汉语指代词』에서는 '多少'1(duô shao)와 '多少'2(duô shăo)를 구별하지 않고 모두 '多少'라는 범주에 포함시켰다. 그리고 '多少'는 그 의미보다 용법을 중점적으로 논의하였다. 이에 따르면 첫 번째 용법은 의문문에 쓰여 질문을 하는 용법이다. 또한 이런 용법이 더 확장되어 감탄문에 쓰여 수량이 많음을 강조하는 용법이 되었다. 두 번째 용법은 '不知多少', '多少+동사+点/些' 등의 구조에 쓰여 문맥에 따라 수량이 많음을 표시할 수도 있고 수량이 적음을 표시할 수도 있는 용법이다. 세 번째는 'V1多少V2多少' 같은 구조에서 수량이 임의(任意)적임을 표시하는 용법이다.

중국어 '多少'에 대한 학술 논문은 주로 '多少'의 통시적 의미 생성과 변화, '多少'의 공시적 의미, 다른 표현과의 대조 등 면에 집중되어 있다. 张延成(2000), 方一新·曾丹(2007), 陈昌来·占云芬(2009)에서는 '多少'가 의미가 서로 대립하는 '多'와 '少'의 결합형으로부터 의문사와 불확정한 양을 표시하는 용법으로 발전해 온 통시적인 의미 변화 과정에 대하여 상세하게 밝혔다. 王国璋(1980), 马叔俊(1999)에서는 공시적인 시각으로 '多少'의 다양한 의미를 분석했다. '多少'는 수량이 많음, 적음, 많든 적든 불확정함 등의 의미가 있다고 밝혔다. 马真(1985)에서는 수량이 적음을 표시하는 용법에 초점을 두고 '多少'를 '稍微'와 자세히 비교하였다. 王楠(2010)에서는 북경대학교 말뭉치를 이용해서 의문사로서의 '多少'와 '几'이 용법상 어떠한 공통점과 차이점이 있는지 분석하였다. 王敏(2008)에서는 '多少'가 있는 특수 구문 'V1多少 V2多少……'의 의미적 특징과 통사적 특징에 대하여 자세히 분석하였다.

그 이외에 '多少'와 '얼마'의 대응 관계에 대하여 간단하게 언급하는 연구는 朴庸镇(2008)이 있다. 朴庸镇(2008)에서는 '중국어 교육을 위한 현대 중국어 의문사의 순서 배열'을 밝히기 위하여 '多少'를 하나의 사례로 설정하고, 그 기능과 구조, 그리고 용법이 '얼마'와 어떻게 대응되는지 간략하게 밝혔다.

　종합하자면 '多少'는 '얼마'와 같이 두 가지의 용법으로 나눌 수 있다. 하나는 의문사로서의 용법이다. 즉 의문문에서 수량에 대해 질문하는 용법이다. 또 하나는 비의문사로서의 용법이다. 즉 의문문이 아닌 문장에서 쓰여 수량이 많음이나 적음을 표시하거나 구체적인 수량이 아닌 모호한 수량을 표시하는 용법이다.[23] 그럼 같은 용법을 가진 '얼마'와 '多少'가 각 용법 아래에서 어떻게 대응하는 것인가? 이 문제를 풀기 위하여 아래 부분에서는 '얼마'와 '多少'가 의문사로서의 대응 용법과 비의문사로서의 대응 용법으로 나눠서 분석하고자 한다. '얼마'와 '多少'의 대응 용법을 밝힘으로써 '얼마'와 '多少'의 공통점과 차이점을 밝히겠다.

2.3.2 '얼마'와 '多少'가 의문사로서의 대응

　먼저 '얼마'와 '多少'가 의문사로서 질문할 때 질문 대상이 무엇인지를 밝혀야 한다고 본다. 앞에서 언급했듯이 중국 학자의 연구인 李宇明(2000 : 30)에서는 객관적인 세계의 양을 표시하는 언어 범주는 주로

23　'多少'1(duô shao)와 '多少'2(duô shǎo)는 비록 발음이 문맥과 억양에 따라서 다르지만 통시적 시각과 공시적 시각을 종합해서 보면 밀접한 연관성이 있으므로 '多少'라는 하나의 범주에 넣고자 한다. 다만 '多少'2 (duô shǎo)가 '많음과 적음'을 표시하는 경우는 독립 형태소인 '多'와 '少'로 이루어진 복합어인 것으로 보아 논의의 범주에서 제외시키고자 한다.

물량(物量), 공간량(空间量), 시간량(时间量), 동작량(动作量), 등급량(级次量), 태도강도량(语势) 등으로 구성되어 있다고 밝혔다. 그 중에서 '얼마'와 '多少'의 질문 대상이 될 수 있는 양 범주는 물량, 공간량, 시간량, 동작량, 등급량이 있다. 다만 동작량은 주로 동작의 횟수가, 등급량은 주로 정도가 질문 대상이 된다는 점에서 이 책에서는 동작량, 등급량 대신에 각각 행위량(行为量), 정도량(程度量)이라는 용어를 사용하기로 한다. 질문 대상[24]을 표시하는 명사나 명사구가 '多少' 및 '얼마'의 위치 관계를 고려하면 주로 '명사/명사구+얼마'와 '명사/명사구+多少'의 경우, '얼마+명사/명사구'와 '多少+명사/명사구'의 경우, '명사/명사구'가 생략된 경우 등 이 세 가지의 경우로 나눌 수 있다. 그럼 이 세 가지의 경우에는 '얼마'와 '多少'의 대응 규칙이 무엇인가에 대하여 밝히고자 한다.

2.3.2.1 '명사/명사구+얼마'와 '명사/명사구+多少'의 대응

질문 대상이 물량(物量), 공간량(空间量), 시간량(时间量), 행위량(行为量), 정도량(程度量)인 경우에는 '얼마'와 '多少'의 대응에 대하여 살펴보자.

(98) ㄱ. 이 학교의 학생 수가 <u>얼마</u>인가?
　　 ㄴ. 这个学校的学生人数是<u>多少</u>？
　　 ㄷ. 지불해야 할 월세가 <u>얼마</u>예요?
　　 ㄹ. 要支付的月租是<u>多少</u>？

(99) ㄱ. 침대의 길이/너비가 <u>얼마</u>예요?

24　　질문 대상은 주로 '무엇의 수량이 얼마인가' 중의 '무엇'에 해당하는 성분이다.

ㄴ. 床的长度/宽度是多少？

(100) ㄱ. 자동차의 품질 보증 기간은 얼마입니까?
　　　ㄴ. 汽车的质保期是多少？
　　　ㄷ. 지금 북경 시각은 *얼마예요/몇 시예요?
　　　ㄹ. 现在北京时间是多少？

(101) ㄱ. 소녀시대가 지금까지 한 모든 콘서트 횟수가 얼마인가요?
　　　ㄴ. 少女时代至今为止所进行的音乐会次数是总共是多少？

(102) ㄱ. 이 문제가 *얼마/얼마나 어렵습니까?
　　　ㄴ. 这个问题有*多少/多难？

　　(98)의 예문은 물량에 대한 질문인데 (98ㄱ)과 (98ㄴ)은 '학생' 개체의 수량에 대한 질문이고 (98ㄷ)과 (98ㄹ)은 집합명사[25]인 '월세'에 대한 질문이다. (99ㄱ)과 (99ㄴ)의 예문은 공간량에 대한 질문이고 (100ㄱ)과 (100ㄴ)은 기간에 대한 질문이며 (100ㄷ)과 (100ㄹ)은 시점에 대한 질문이다. (101ㄱ)과 (101ㄴ)은 횟수에 대한 질문이고 (102ㄱ)과 (102ㄴ)은 정도에 대한 질문이다. 예문(98)-(101)에서 보듯이 '얼마'와 '多少'가 물량, 공간량, 시간량 중의 기간량, 행위량에 대하여 질문할 때 서로 대응할 수 있다. 하지만 (100ㄷ)과 (100ㄹ)에서 볼 수 있듯이 시점에 대하여 질문할 경우에는 '多少'의 사용은 자연스럽지만 '얼마' 대신에 '몇 시'의 사용이 더 자연스럽다. 또한 (102ㄱ)과 (102ㄴ)에서 보

25　'집합명사'는 '개체명사'와 대립하는 것이다. 하나하나의 개체를 표시하는 명사는 개체 명사이고 이에 비해 하나의 집합 전체를 표시하는 명사는 집합명사다. 집합 명사의 수량을 일반적으로 인위적으로 단위를 만들어서 측량하는 것이다. 예를 들어서 '돈'을 표시할 수 있는 집합 명사는 '월세' 이외에 '값, 가격, 월급, 보수, 수당, 연봉' 등도 있다.

듯이 정도에 대하여 질문하는 경우에는 '얼마'와 '多少'의 사용이 모두 불가능하다. 위의 분석을 토대로 '명사/명사구+얼마'와 '명사/명사구+多少'의 대응 규칙을 아래와 같이 정리할 수 있다.

〈표 2.3-1〉 '명사/명사구+얼마'와 '명사/명사구+多少'의 대응

질문 대상		'얼마'의 용법	'多少'의 용법
물량	개체	명사/명사구+얼마+이다+의문 어미	명사/명사구+是+多少
	비개체		
공간량			
시간량	기간		
	시점	명사/명사구+몇 시+이다+의미 어미	
행위량		명사/명사구+얼마+이다+의문 어미	
정도량		명사/명사구+얼마나+형용사/동사+의문 어미	명사/명사구+(有)多+형용사/동사

2.3.2.2 '얼마+명사/명사구'와 '多少+명사/명사구'의 대응

질문 대상이 '얼마'와 '多少'의 뒤에 있는 경우에는 '얼마'와 '多少'가 각각 어떻게 대응하는지 밝혀 보자.

(103) ㄱ. 책상 위에 <u>몇 권의</u> 책이 있습니까?/책상 위에 책 <u>몇 권이</u> 있습니까?/
　　　* 책상 위에 <u>얼마의</u> 책이 있습니까?
　　ㄴ. 书桌上有<u>多少</u>书？/ 书桌上有<u>多少</u>本书？
　　ㄷ. 해마다 세계에는 <u>얼마의</u> 식량이 필요한가?
　　ㄹ. 每年世界需要<u>多少</u>粮食？

(104) ㄱ. 음주 운전은 <u>얼마의</u> 거리를 가야 적용되나요?
　　ㄴ. 喝酒后开车<u>多少</u>距离算是酒后驾车？

(105) ㄱ. 우리 인생에는 <u>얼마의</u> 시간이 남았습니까?

ㄴ. 我们的人生中还剩下<u>多少</u>时间？

(106) ㄱ. 좋은 일을 <u>얼마나</u> 했나요?/*<u>얼마의</u> 좋은 일을 했나요?

ㄴ. 你做了<u>多少</u>好事？

(107) ㄱ. 이 문제는 <u>얼마나</u> 해결되었을까요?/*이 문제는 <u>얼마</u> 해결되었을까요?

ㄴ. 这个问题已经解决了<u>多少</u>？

　(103)의 예문은 물량에 대하여 질문하는 것이다. (103ㄱ)과 (103ㄴ)에서 보듯이 질문 대상이 개체 명사인 경우에는 '多少'가 '얼마' 대신에 '몇'과 대응한다. (103ㄷ)과 (103ㄹ)에서 보듯이 질문 대상이 집합 명사인 경우에는 '多少'가 '얼마+의'와 서로 대응 관계를 이룬다. (104ㄱ)과 (104ㄴ), (105ㄱ)과 (105ㄴ)에서 보듯이 공간량과 시간량에 대하여 질문하는 경우에는 '얼마+의+명사/명사구'가 '多少+명사/명사구'와 대응한다. (106)의 예문들은 행위량에 대하여 질문하는 것이다. (106ㄱ)과 (106ㄷ)에서 보듯이 '얼마+의+명사/명사구+동사'라는 구문 대신에 '명사/명사구+얼마나+동사'라는 구문이 '동사+多少+명사/명사구'라는 구문과 대응한다. (147)의 예문들은 정도에 대하여 질문하는 것이다.[26] (107ㄱ)에서 보듯이 '얼마' 대신에 '얼마나'가 쓰이지만 (107ㄴ)에서 보듯이 '多少'는 '동사+了+多少' 구문에서 나타나서 정도를 물을 수 있다.

　위의 분석을 토대로 '얼마+명사/명사구'와 '多少+명사/명사구'의 대

26　'조금, 많이, 완전히'라는 대답을 할 수 있는 것을 보면 정도에 대한 질문인 것을 바로 알 수 있다.

응 규칙을 아래의 표로 정리할 수 있다.

〈표 2.3-2〉 '얼마+명사/명사구'와 '多少+명사/명사구'의 대응

질문대상		'얼마'의 용법	'多少'의 용법
물량	개체	개체 명사+몇+분류사, 몇+분류사+의+개체 명사	多少+개체 명사 多少+분류사+개체 명사
	비개체	얼마+의+명사/명사구	多少+명사/명사구
공간량			
시간량			
행위량[27]		명사/명사구+얼마나+동사	동사+多少+명사/명사구
정도량		명사/명사구+얼마나+동사, 얼마나+형용사	동사+多少+명사/명사구, 多+형용사

2.3.2.3 '명사/명사구'의 생략 경우

질문 대상이 생략된 경우에는 '얼마'와 '多少'는 그 자체가 질문 대상을 표시하는 용법[28]에 있어 뚜렷한 차이점이 보인다.

(108) ㄱ. 이것을 사려면 <u>얼마</u>를 드려야 돼요?
　　　ㄴ. 想买这个东西的话, 要给您<u>多少</u>钱？/*想买这个东西的话, 要给您<u>多少</u>？

(109) ㄱ. 거기까지는 <u>얼마</u>를 더 가야합니까？
　　　ㄴ. 去那还要走<u>多远</u>？/*去那儿还要走<u>多少</u>？

27　행위량은 동사와 관련이 있기 마련이기 때문에 표에서도 동사가 나온다.
28　질문 대상이 없고 의문사 자체로 질문 대상을 표시하는 용법은 '양화 대상의 생략'이라기보다는 의문사의 하나의 속성이라고 본다.

(110) ㄱ. 도대체 얼마를 더 기다려야 만날 수 있는 거야?

　　　ㄴ. 到底要等多久才能见面？/*到底要等多少才能见面？

　(108ㄱ)과 (109ㄱ), (110ㄱ)에서 보듯이 '얼마'가 그 자체가 '돈', '거리', '시간'을 표시하고 각각 '多少' 대신에 (108ㄴ)과 (109ㄴ), (110ㄴ)에서의 '多少钱', '多远', '多久'와 대응한다. 이런 예들을 통해서 '얼마'는 그 자체가 질문 대상을 표시한다는 점에서 '多少'와 구별되는 독특한 특징을 지니고 있다고 알 수 있다.

2.3.3 '얼마'와 '多少'가 비의문사로서의 대응 용법

　비의문사로서의 용법에 대한 분석은 '얼마'와 '多少'의 용법과 '얼마'와 '多少' 구문의 용법으로 나누어서 진행하고자 한다.

2.3.3.1 '얼마'와 '多少'의 대응 용법

　'얼마'와 '多少'가 비의문사로서의 용법은 주로 두 가지가 있는데 즉 구체적인 수량을 대신하는 모호량(模糊量) 용법과 '적은 수량'을 표시하는 용법이다.

(1) 구체적인 수량을 대신하는 모호량 용법

　비의문사로서의 '얼마'와 '多少' 그 자체가 구체적인 수량을 대신해서 모호량(模糊量)을 표시하는 공통적인 용법이 있다. 즉 언어의 경제성을 따르면 화자가 말을 할 때 불필요한 정보량을 줄이기 위하여 흔히 모호한 표현을 쓴다. 이와 같이 구체적인 수량을 말할 필요가 없는 경우에는 화자가 청자에게 정보 면에서 부담이 될 수 있는 구체적인 수량 표현을 피함으로써 화자와 청자로 하여금 모두 수량 대신에 사건 전체에 집중할 수 있도록 한다.

(111) ㄱ. 가수 아무개는 <u>얼마</u>를 벌었고, 배우 아무개는 또 <u>얼마</u>를 벌었다고 신문에서 보도되었다.
　　　ㄴ. 报纸报道了歌手某某赚了<u>多少</u>, 演员某某赚了<u>多少</u>。

(112) ㄱ. 인구가 <u>얼마</u>, 면적이 <u>얼마</u>라 하는 공식 자료 따위는 하나도 중요하지 않았다.
　　　ㄴ. 人口是<u>多少</u>, 国民所得是<u>多少</u>之类的公示材料一点都不重要。

(111ㄱ)과 (111ㄴ)에서 보듯이 '얼마'와 '多少'가 구체적인 돈의 수량 대신에 모호량을 표시할 수 있다. 그리고 (112ㄱ)과 (112ㄴ)에서 보듯이 '얼마'와 '多少'가 구체적인 사물량과 공간량 대신에 모호량을 표시할 수 있다. 이와 같이 '얼마'와 '多少'가 모호량을 표현하는 용법이 서로 대응된다.

하지만 '얼마'와 달리 '多少'가 중첩해서 모호량을 표시하는 용법도 있다.

(113) ㄱ. 报纸报道了歌手某某赚了<u>多少多少</u>, 演员某某赚了<u>多少多少</u>。
　　　ㄴ. *가수 아무개는 <u>얼마 얼마</u>를 벌었고, 배우 아무개는 또 <u>얼마 얼마</u>를 벌었다고 신문에서 보도되었다.

(114) ㄱ. 人口<u>多少多少</u>, 国民所得<u>多少多少</u>, 这之类的公示材料一点都不重要。
　　　ㄴ. *인구가 <u>얼마 얼마</u>, 면적이 <u>얼마 얼마</u>라 하는 공식 자료 따위

는 하나도 중요하지 않았다.

(113ㄱ)과 (114ㄱ)에서 보듯이 '多少'가 중첩해서 '多少多少'를 형성하여 모호량을 표시할 수 있다. 또 (113ㄱ)과 (114ㄱ)에서의 '多少多少'가 (111ㄱ)과 (112ㄱ) 중에서의 '多少'와 의미가 비슷하다. 하지만 (113ㄴ)과 (114ㄴ)에서 보듯이 '얼마'가 중첩해서 쓰일 수 없다. 이 분석을 통해서 '多少'가 '얼마'에 비해 중첩 형식이라는 특수한 형식을 가진다는 것을 알 수 있다.

(2) '적은 수량'을 표시하는 용법

'적은 수량'을 표시하는 용법은 '多少'에 비해 '얼마'가 가지는 특수한 용법이다. '얼마'가 '적은 수량'을 표시하는 경우가 모두 두 가지가 있는데 하나는 그 자체로 많지 않은 시간량과 공간량을 표시하는 것이고 또 하나는 앞에 있는 명사의 '많지 않은 수량'을 표시하는 것이다.

(115) 얼마 전에는 대학로에 콘서트를 보러 갔었다.

(116) 평양 시내 쪽으로 달리다가 룡성을 얼마 남겨 놓고 오른쪽으로 꼬부라져 합장강 다리를 건너......

(117) 내 가방 안에는 화장품과 돈이 얼마 있었을 뿐이어서 다행이었다.

(115)에서 보듯이 '얼마'의 앞에 시간 표시 명사가 없어도 '얼마' 그 자체가 많지 않은 시간량을 표시할 수 있다. 이 밖에 언어 자료를 분석해 본 결과, '얼마 전', '얼마 후', '얼마 지나다' 등 형식도 있었다. 이

런 경우의 '얼마'는 중국어의 '不久'와 대응시키는 것이 자연스럽다. (116)
에서 보듯이 '얼마'의 앞에 공간 표시 명사가 없어도 '얼마' 그 자체가
많지 않은 공간량을 표시할 수 있다. 이런 경우의 '얼마'는 중국어의
'一段距离'에 대응시키는 것이 더 자연스럽다. (117)에서 '얼마'는 그 앞
에 있는 명사 '화장품'과 '돈'의 '많지 않은 수량'을 표시한다. 이런 경
우의 '얼마'는 중국어의 '一些'에 대응시키는 것이 적절하다.

2.3.3.2 '얼마' 구문과 '多少' 구문의 대응 용법

'얼마'와 '多少'를 포함한 구문에 대한 분석은 주로 Goldberg(1995)에
서 제안한 '구문 문법'을 참조하였다. Goldberg(1995)에 따르면 구문이
란 언어의 형식과 의미가 함께 이루는 언어 단위인데, 그것의 의미는
개개의 구성 성분의 합이 아니라 요소들 간의 복합적인 상호 작용의
결과라고 한다. '얼마'와 '多少' 구문의 의미를 구체적으로 수량이 적
음, 수량이 많음, 수량이 불확정함으로 분류할 수 있다. 이 중에서 '수
량이 불확정함'이란 하나의 언어 형식이 문맥에 따라서 '수량이 적음'
이나 '수량이 많음'이라는 의미를 표시할 수도 있고 '수량이 적든 많든
상관없음'이라는 의미를 표시할 수도 있는 것이다.

(1) 수량이 적음

'수량이 적음'의 의미를 나타내는 '얼마' 구문과 '多少' 구문이 특히
과거 시제와 미래 시제 구문에서 서로 대응하는 경향이 뚜렷하게 보
이므로 본 장에서 과거 시제와 미래 시제의 예문만 제시한다.[29]

(118) a. ㄱ. 나는 밥을 <u>얼마</u> 안 먹었다. / 나는 밥을 <u>얼마</u> 안 먹을 것이다.
　　　 ㄴ. 我没吃多少米饭。 / 我不吃多少米饭。
　　 b. ㄱ. 나는 밥을 <u>얼마</u> 못 먹었다./ 나는 밥을 <u>얼마</u> 못 먹을 것이다.
　　　 ㄴ. 我没能吃多少米饭。 / 我吃不了多少米饭。

(119) a. ㄱ. 나는 <u>얼마</u> 안 갔다. / 나는 <u>얼마</u> 안 갈 거야.
　　　 ㄴ. 我没走多远。 / 我不走多远。
　　 b. ㄱ. 나는 <u>얼마</u> 못 갔다. / 나는 <u>얼마</u> 못 갈거야.
　　　 ㄴ. 我没能走多远。 / 我走了不多远的。

(120) a. ㄱ. 거기서 <u>얼마</u> 안 살았다. / 거기서 <u>얼마</u> 안 살 것이다.
　　　 ㄴ. 在那儿没住多久。 / 在那儿不住多久。
　　 b. ㄱ. 거기서 <u>얼마</u> 못 살았다. / 거기서 <u>얼마</u> 못 살 것이다.
　　　 ㄴ. 在那儿没能住多久。 / 在那儿住不了多久。

(121) a. ㄱ. 나는 집안일을 <u>얼마</u> 안 했어요. /나는 집안일을 <u>얼마</u> 안 할 거야.
　　　 ㄴ. 我没做多少家务活。 / 我不做多少家务活。
　　 b. ㄱ. 내가 집안일을 <u>얼마</u> 못했어요. / 내가 집안일을 <u>얼마</u> 못할 거야.
　　　 ㄴ. 我没能做多少家务活。 / 我做不了多少家务活。

(122) a. ㄱ. *이 다리가 <u>얼마</u> 넓지 않았다. / *이 다리가 <u>얼마</u> 넓지 않을 거야.
　　　 ㄴ. 这桥没多宽。 /这桥不会多宽。
　　 b. ㄱ. *이 다리가 <u>얼마</u> 넓지 못했다. / *이 다리가 <u>얼마</u> 넓지 못할 거야.

29　수집한 언어 자료를 분석해 보니 '얼마'와 '多少'가 부정 표현과 결합해 현재시제와
　　함께 쓰이면 많은 예문들이 어색한 문장이 될 수 있다. 그러므로 뚜렷한 대응 형식
　　을 도출하기 위하여 비문이 많이 생기는 현재시제 표현을 빼고자 한다.

ㄴ. *这桥以前没能多宽。 /*这桥宽不了多少。

　(118), (119), (120), (121), (122)의 예문은 각각 물량, 공간량, 시간량, 행위량, 정도량에 관한 예문이다. 예문에서 보듯이 '얼마'와 '多少'가 부정 표현과 함께 쓰여 사물량과 행위량을 표시할 경우에는 서로 대응 가능하다. 하지만 공간량을 표시할 때 '얼마'와 대응하는 중국어는 '多远'이고 시간량을 표시할 때 '얼마'와 대응하는 중국어는 '多久'이며 정도량을 표시할 때는 '얼마'와 '多少'의 사용이 모두 불가능하다. '얼마'와 '안' 부정 표현과 결합하여 과거 시제를 나타내는 문장은 중국어의 '没+V+多少(久/远)' 구문과 대응하고 미래시제를 표시하는 문장은 중국어의 '不+V+多少(久/远)' 구문과 대응한다. '얼마'가 '못' 부정 표현과 결합하여 과거 시제를 표시하는 문장은 중국어의 '没能+V+多少(久/远)' 구문과 대응하고 미래 시제를 표시하는 문장은 중국어의 'V+不了+多少(久/远)' 구문과 대응한다. 이런 구문들은 모두 '수량이 적음'을 표시하는 것이다.

　그 밖에 '얼마'와 '多少'가 '없다'와 '没有' 부정 표현과 함께 쓰일 수도 있다.

　　(123) ㄱ. 나 땅도 얼마 없는데 젖소나 키울까요?
　　　　　ㄴ. 我没有多少土地, 要养奶牛吗？

　(123ㄱ)과 (123ㄴ)은 각각 '얼마'와 '없다', '多少'와 '没有'가 함께 쓰인 예문이다. 이때 '얼마+없다' 구문이 '没多少' 구문과 서로 대응한다. '없다'와 '没有'는 원래 모두 '존재하지 않음'을 표시하여 앞에 있는 명

사의 존재를 부정하는 것인데 각각 '얼마'와 '多少'와 결합하여 형성된 구문은 '수량이 적음'을 표시하는 것이 된다.

(2) 수량이 많음

'수량이 많음'을 표시하는 용법은 '얼마' 구문에 비해 '多少' 구문이 가지는 특수한 용법이다.

> (124) ㄱ. <u>얼마나 많은</u> 자원을 낭비했는지 몰랐다.
> ㄴ. 不知浪费了<u>多少</u>资源。

> (125) ㄱ. 나는 아직 젊은데 지금 <u>얼마나 많은</u> 에너지와 꿈을 가지고 있는가!
> ㄴ. 我还年轻, 我拥有<u>多少</u>精力, <u>多少</u>梦想啊！

> (126) ㄱ. <u>여러 해</u> 동안 혼자서 여러 일을 겪다보니 드디어 이것이 다 운명인 걸 알게 되었다.
> ㄴ. <u>多少</u>年来, 自己一个人经历了多种事情, 最后明白了这都是命。

(124ㄴ)은 '多少+명사'가 '不知'의 목적어로 쓰인 예이고 (125ㄴ)은 '多少+명사'가 감탄문의 목적어로 쓰인 예이며 (126ㄴ)는 '多少+명사'가 문두에서 나타나는 예문이다. 그 중에서 (124ㄴ)와 (125ㄴ) 중의 '多少'가 모두 '얼마' 대신에 '얼마나 많은'과 대응한다. 그리고 (124ㄴ) 중의 '多少+명사'가 문두에 나타나서 감탄하는 의미를 가지는데 '多少'가 직접 한국어의 대량 표현 '여러', '많은' 등과 대응한다.

王永祥(2008)에 따르면 이런 경우에 쓰인 '多少'는 실제는 정도를 표시하는 '多'(영어의 'how', 한국어의 '얼마나'에 해당)가 수량을 표시하는 '少'

와 결합된 것이라고 한다. 중국어에서 정도를 표시하는 '多'가 대부분의 경우에는 적극적인 의미[30]를 표시하는 형용사와 함께 쓰인다. 예를 들어, '大, 高, 长, 远, 粗, 宽, 厚' 등이 함께 쓰인다. 그러나 '多少'의 경우에는 '多'가 수량이 많음을 표시하는 적극적인 표현 '多'와 함께 쓰이면 '多多'라는 중복 표현 방식이 나온다. 하지만 이는 중국어의 운율적 미감에는 맞지 않는 것이다. 결국 중복을 피하고 중국어의 운율을 보장하기 위하여 적극적인 형용사와 함께 쓰여야 한다는 원칙을 깨고 '多'가 소극적인 의미를 표시하는 '少'와 함께 쓰이게 된 것이라고 하였다.

(3) 수량이 불확정함

'얼마' 구문과 '多少' 구문이 '수량이 불확정함'이라는 의미를 표시하는 경우는 '얼마'와 '多少'가 양보 표현과 함께 쓰여서 문맥에 따라 '수량이 많음'이나 '수량이 적음', 혹은 '수량이 많든 적든 상관없음' 등 의미를 표시하는 것이다. 한국어 '얼마'가 양보 표현과 함께 쓰여서 형성된 구문은 주로 '얼마라도'와 '얼마든지(든)'가 있다. 중국어 '多少'가 양보 표현인 '不管'와 '无(不)论'과 함께 쓰여서 '无(不)论多少/不管多少/多少' 형식의 구문을 이룬다.

우선 '얼마라도'와 '无(不)论多少/不管多少/多少'의 대응을 살펴보자.

> (127) ㄱ. 그는 의사 선생님을 공항까지 배웅해 주면서 수술비는 <u>얼마라</u>
> <u>도</u> 아끼지 않을 것이니 아버지의 병을 고칠 수 있도록 도와 달

---

30   이 책에서는 '크다, 높다, 길다, 굵다, 두껍다' 등 단어를 적극적인 의미를 표시하는 단어라고 보고 이에 반해 '적다, 낮다, 짧다, 가늘다, 얇다' 등의 단어를 소극적인 의미를 표시하는 단어라고 본다.

라고 당부하였다.

ㄴ. 他把医生送到机场, 叮嘱说手术费<u>不管多少/无论多少/多少</u>都不心疼, 请医生帮忙治好他父亲的病。

(128) ㄱ. 다만 <u>얼마라도</u> 좋으니 돈 좀 빌려줘라.

ㄴ. 只是<u>不管多少/无论多少/多少都行</u>, 你就借点钱给我吧。

(129) ㄱ. 그는 내친김에 어렴성 없이 말했다. '쓰시고 남았으면 <u>얼마라도</u> 여투어 주세요.'

ㄴ. 他索性毫无顾忌地说: '用后剩下的, <u>不管多少/无论多少/多少</u>都给我存起来吧。'

(127ㄱ)과 (128ㄱ), 그리고 (129ㄱ) 중에서 '얼마라도'가 모두 '얼마'가 '라도'와 결합해서 구성한 구문이다. 그 중에서 (127ㄱ)은 화자의 의지를 표시하는 문맥인데 '얼마라도'가 '수량이 많음'을, (128ㄱ)은 권유하는 문맥인데 '얼마라도'가 '수량이 적음'을, (129ㄱ)은 명령하는 문맥인데 '얼마라도'가 '수량이 많든 적든 상관없음'을 표시하는 것이다. 그리고 (127ㄴ)과 (128ㄴ), 그리고 (129ㄴ)에서 보듯이 '얼마라도'가 이런 문맥에서 모두 '不管多少', '无论多少', '多少'와 대응한다.

다음에는 '얼마든지/든'과 '无(不)论多少/不管多少/多少'의 대응 용법을 살펴보자.

(130) ㄱ. 자기 고장을 대표할 역사상의 문화예술인이거나 명작의 무대거나 문화 유적이거나 <u>얼마든지</u> 많다.

ㄴ. 能代表自己故乡的历史上的文化艺术, 或者名著舞台, 或者文化遗产地, 要<u>多少有多少</u>。

(131) ㄱ. 이 수준의 측정치들을 간단히 합산하기만 하면 <u>얼마든지</u> 좀 더

높은 수준의 측정치를 산출해낼 수 있다.

ㄴ. 哪怕是对这个水平的测定值进行简单合算, 也能<u>多少</u>得出更高水平
的测定值。

(132) ㄱ. 그는 번 돈이 <u>얼마가 되든지</u> 모두 저축하였다.

ㄴ. 他赚的钱, <u>不管多少/无论多少/多少</u>都存起来。

(130ㄱ)과 (131ㄱ), 그리고 (132ㄱ) 중에서 '얼마든지'가 모두 '얼마'가 '든지'와 결합해서 구성한 구문이다. 그 중에서 (130ㄱ)은 '얼마든지'가 '많다'와 함께 쓰인 경우인데 '얼마든지'가 '수량이 많음'을, (131ㄱ)은 '얼마든지'가 '좀'과 함께 쓰인 경우인데 '수량이 적음'을, (132ㄱ)은 '얼마+든지'가 '모두'와 함께 쓰인 경우인데 '수량이 많든 적든 상관없음'을 표시하는 것이다. 그리고 (130ㄴ)에서 보듯이 '얼마든지'는 '要多少有多少'와 대응하고 (131ㄴ)에서 보듯이 '얼마든지'가 '不管多少'와 '无论多少' 대신에 '多少'와 대응하는 게 더 적당하다. 그리고 (132ㄴ)에서 보듯이 '얼마든지'가 '不管多少', '无论多少', '多少'와 모두 대응한다.

그럼 '얼마' 구문과 '多少' 구문이 '수량의 불확정함'을 표시할 때 무슨 규칙이 있는가? 첫째, 일반적으로 (127ㄱ)과 (127ㄴ)에서 보듯이 사람의 의지를 표시할 때 '수량이 많음'의 의미가 강조된다. 둘째, (128ㄱ)과 (128ㄴ)에서 보듯이 다른 사람에게 권유할 때 '예의 원리'(Politeness Principle) 중의 요령 원칙(Tact Maxim)[31]을 준수하기 위하여 '수량이 적음'이라는 의미가 적용된다. 셋째, '의미 조화율'[32]에 따라서 (130ㄱ)과

---

31 Leech(1983)에서는 '예의 원리'를 제안하였다. 그 중에서 요령 원칙이란 '남에게 불리(不利)한 것을 최대한 감소하고 남에게 유익한 것을 최대한 확대'(Minimize cost to other, Maximize benefit to other)하는 것이라고 밝혔다. (송경숙(2003)재인용)

32 陆俭明(2010)에 의하면 '의미 조화율'(语义和谐律)은 아래와 같은 규칙으로 이루어져

같이 '많다' 등 '수량이 많음'을 표시하는 표현과 함께 쓰이면 '수량이 많음'을 표시하고 (131ㄱ)와 (131ㄴ)에서 보듯이 '좀' '(一)点儿' 등 '수량이 적음'을 표시하는 표현과 함께 쓰이면 '수량이 적음'을 표시할 수 있다. 넷째, (132ㄱ)와 (132ㄴ)에서 보듯이 '모두', '一律', '均'과 같은 '포괄적 의미'를 가진 표현과 함께 쓰이면 '수량이 많든 적든 상관없음'의 의미를 표시한다. 앞선 분석을 아래와 같이 정리할 수 있다.

〈표 2.3-3〉 비의문사로서의 '얼마'와 '多少'가 구문에서의 대응

구문의 의미		'얼마'의 용법	'多少'의 용법
수량이 적음		얼마+안 부정+과거시제//미래 시제	没+동사+多少(多远/多久)// 不+동사+多少(多远/多久)
		얼마+못 부정+과거 시제//미래 시제	没能+동사+多少(多远/多久)// 동사+不了+多少(多远/多久)
		얼마+없다	没多少
수량이 많음		얼마*, 얼마나+많다, 여러/많은	多少(多多*)
수량이 불확정 함	수량이 많음	얼마+라도/든지+의지 표현/대량 표현 등	(不管/无论)+多少+意志表达等, V1多少V2多少
	수량이 적음	얼마+라도/든지+'좀' 등 소량 표현	(不管/无论)+多少+ (一)点等小量表达
	수량이 많든 적든 상관없음	얼마+라도/든지+'모두' 등 표현	(不管/无论)+多少+一律/均等表达

있다고 한다. 첫째, 구문 전체가 그 구성 성분과 의미적으로 조화돼야 한다. 둘째, 구문 내부에서 단어와 단어가 의미적으로 조화돼야 한다. 셋째, 구문 내부의 단어와 구문 외부의 단어가 의미적으로 조화돼야 한다.

제 3 장

참조적 상대량 표현의 대조

참조적 상대량 표현의 대조

참조적 상대량 표현이란 직접적 상대량 표현과 달리, 참조 수치와 대비되는 의미를 표시하는 언어 표현이다. 즉 어떤 구체적인 수치를 기준으로 하여 이 수치보나 수량이 많음이나 적음을 표시하는 표현이다. 한·중 언어에서 참조적 상대량 표현은 주로 동사 은유 표현과 공간 은유 표현으로 나타난다. 그러므로 본 장에서는 주로 한·중 참조적 상대량 표현 중의 동사 은유 표현과 공간 은유 표현을 밝히고자 한다.

3.1 동사 은유 표현의 대조

앞에서 언급했듯이 상대량(相對量) 표현은 수량 표현 범주 중의 하나로 참조 수치와 대비되는 의미를 표현하는 언어 표현이다. 동사 은유 표현이란 공간 은유 표현과 달리 동사를 중심으로 하고 동작과 관련된 은유 표현을 말한다. 상대량 표현 중의 동사 은유 표현은 모두 세 가지로 나눌 수 있다. 즉 '참조 수치에 달하는 동사 표현'과 '참조 수치에 미달하는 표현', 그리고 '참조 수치를 초과하는 동사 표현'이다.[1] '참조 수치에 미달하는 표현'과 '참조 수치를 초과하는 동사 표현'은 한·중 언어 사용에서 흔히 대칭적인 존재로 나타나므로 서술상의 편의를 위해 본 장에서는 이 두 가지 표현을 합쳐서 '참조 수치에 미달하거나 초과하는 표현'이라고 하고자 한다.

본 장에서는 주로 은유 이론을 근거로 한다. Lakoff, George & Johnson, Mark(2003)에 따르면 은유의 본질이란 하나의 사물을 통해서 다른 사물을 이해하거나 체험한다는 것이다.[2] 동사 은유 표현은 동사로 다른 영역의 개념을 표현하는 은유 표현이라 할 수 있겠다. 먼저 '동사 은유'에 대한 선행 연구를 보고자 한다.

3.1.1 동사 은유에 대한 선행 연구

葛建民·赵芳芳(2010)과 Lakoff, George & Johnson, Mark(1999)에서는 동사 은유 표현이 무슨 표현인지 밝혔다. 葛建民·赵芳芳(2010)에 따르

---

1   상대량 표현은 그 자체가 대비의 성질을 지닌다. 대비 대상은 '수치'를 중심으로 하는 것이다. 예를 들어, '500개 넘는다'라고 하면 개수가 '500 이상'이라고 하는 것이다. 그러므로 이 책에서는 대비 기준을 말할 때 '수치'라는 말을 쓰고자 한다. 또 李宇明(2000)에서는 이런 표현을 '约量' 표현이라고 하였다. 이 책의 연구 대상은 '约量' 표현 중의 '상대량' 표현이다.

2   'The essence of metaphor is understanding and experiencing one kind of thing in terms of another.' (『Metaphors we live by』, Lakoff, George & Johnson, Mark(2003), P5)

면 동사 은유 표현이란 '인간이나 자연계 사물의 구체적인 행위나 동작을 기술하는 동작형 동사를 추상적 행위나 동작, 혹은 다른 범주에 속하는 사물의 행위나 동작을 기술하는 데 쓰는 은유 표현'이라고 하였다. 상대량 범주 중의 동사 은유는 주로 인간의 '몸과 관련된 동작'(bodily movements)에 의하여 수량 변화를 이해하는 은유를 가리키는 것이다. Lakoff, George & Johnson, Mark(1999)에 따르면 '인간이 동작을 할 수 있는 능력과 다른 것의 동작을 추적할 수 있는 능력은 동작으로 하여금 인간의 개념적 시스템에서 중요한 역할을 하게 한다'고 하였다.[3] 이에 따라 '몸과 관련된 동작'은 '인간 자신이 할 수 있는 동작'과 '다른 것을 통해서 감지하는 동작'으로 나눌 수 있다. 관련된 표현도 '인간 자신의 동작에 기초하는 표현'과 '다른 것을 통해 감지하는 동작에 기초하는 표현'으로 나눌 수 있다. 그래서 이 책의 연구 대상은 '참조 수치에 달하는 동사 표현'과 '참조 수치에 미달하거나 초과하는 표현' 중의 '인간 자신의 동작에 기초하는 표현'[4]과 '다른 것을 통해 감지하는 동작에 기초하는 표현'[5]으로 하고자 한다.

---

3   Our abilities to move in the ways we do and to track the motion of other things give motion a major role in our conceptual system. The fact that we have muscles and use them to apply force in certain ways leads to the structure of our system of causal concepts.(Lakoff, George & Johnson, Mark (1999), P19) (인간의 동작이나 운동을 할 수 있는 능력과 다른 것의 동작이나 운동을 추적할 수 있는 능력은 동작이나 운동으로 하여금 인간의 개념적 시스템에서 중요한 역할을 하게 한다.)

4   '인간 자신의 동작에 기초하는 표현'이란 '인간 몸의 한 부분, 특히 손, 팔, 다리 등을 직접 써서 하는 동작이나 운동과 관련된 표현'을 가리키는 것이다.

5   '다른 것을 통해 감지하는 동작에 기초하는 표현'이란 '인간이 직접 할 수 없고 자신이 본 바와 감지한 바를 통해서 간접적으로 감지하는 동작이나 운동과 관련된 표현'을 가리키는 것이다.

Lakoff, George & Johnson, Mark(1999)에서는 동사 은유 표현과 직접 관련되는 '원점-경로-목적지 모식'을 제기하였다. 인간이나 사물이 이동하는 것을 생각하면 반드시 원점과 목적지, 그리고 이동 방식 등 요소를 고려해야 한다. 이것은 바로 '원점-경로-목적지 모식'의 현실적 기초를 이룬다고 하였다. '원점-경로-목적지 모식'은 아래 그림과 같이 표시할 수 있다.

$$\odot\text{----}\rightarrow\text{TR----}\rightarrow$$

Source　　　　Goal

〈그림 3.1-1〉 원점-경로-목적지 도식

이 책에서는 동사 은유 표현에 대한 분석은 주로 Lakoff, George & Johnson, Mark(1999)의 '원점-경로-목적지 모식'을 참고할 것이다.

위에 있는 그림을 보듯이 상대량 표현에서 어떤 참조 수치는 '목적지'(Goal)에 해당하고 수치의 시작점(원점)은 '원점'(Source)에 해당하며 변화 과정에 있는 수치는 '이동체'(Trajector, 혹은 TR)에 해당한다. 원점부터 목적지까지 가는 과정을 표현하는 것을 '경로'라고 한다. 경로와 관련된 요소는 주로 이동 동작과 관련되는 것이다. 예를 들어, 이동 방향, 속도, 방식, 결과 등이다. 이동체가 목적지에 달하는 것은 '참조 수치에 달한다'는 것에 해당하고 이동체가 목적지에 미달하거나 초과하는 것은 '참조 수치에 미달하거나 초과한다'는 것에 해당한다. 이 책에서 이 두 가지 범주와 관련된 동사 은유 표현에 대한 분석은 주로 '경로'와 관련된 동작 요소 즉 이동 방향, 속도, 이동 방식 등에 집중하고자 한다. 먼저 한·중 언어의 상대량 범주에서 동작 방향과 동작 속도,

동작 방식 등 요소를 강조하는 같은 동사 은유 표현이 무엇인지를 밝히고, 그 다음에는 표준 한·중 언어에서 이런 동작 요소를 반영하는 특유한 동사 은유 표현이 무엇인지 밝히며, 마지막으로 같은 표현과 특유한 표현이 생기는 원인도 밝히고자 한다. 그리고 분석에 필요한 예문들은 대부분 한국의 대표적인 말뭉치인 국립국어원 말뭉치와 중국의 대표적인 말뭉치인 북경대학교 말뭉치에서 추출하였으며, 가급적 의미 표현이 명확한 문장들만 선택하여 분석의 효과를 높이고자 하였다.

3.1.2 참조 수치에 달하는 동사 표현

'참조 수치에 달하는 동사 표현'은 주로 동작 방향, 속도, 방식, 결과 등 요소를 강조하는 표현이다. 이 장에서 한·중 언어 상대량 표현 범주 중의 '인간 자신의 동작에 기초하는 표현'과 '다른 것을 통해 감지하는 동작에 기초하는 표현'에서의 같은 표현과 특유한 표현을 분석하고자 한다.

3.1.2.1 인간 자신의 동작에 기초하는 표현

인간 자신의 동작에 기초하는 표현은 강조하는 요소에 따라 동작 방향을 강조하는 표현과 동작 방향과 속도를 강조하는 표현, 동작 결과를 강조하는 표현으로 나눌 수 있다.[6]

---

6   방향을 강조하거나 방향과 속도를 모두 강조하는 동사는 문법에서 '동작 동사'라고 하고 동작 '결과'를 강조하는 동사는 '상태 동사'라고 한다.

먼저 동작 방향을 강조하는 동사 표현을 보고자 한다. 참조 수치가 큰 수치인데 작은 수치부터 참조 수치로 변하는 것을 표현할 때 '인간이 위쪽으로 이동하는 동작'으로 표현한다. 예를 들어, 중국어에서 '上山' 중의 '上'가 상대량 표현에서 '上亿', '上千万人' 식으로 쓰일 수 있다. 한국어에서 '上'와 대응하는 '오르다/올라서다'도 원래 '산을 오르다/올라서다'(上山)라는 식으로 쓰이는데 상대량 표현에서 '1억원으로 올랐다/올라섰다'라는 식으로 쓰일 수 있다.7 이와 같이, 참조 수치가 작은 수치이고 큰 수치부터 참조 수치로 변하는 것을 표현할 때 '인간이 아래 쪽으로 이동하는 동작'으로 표현할 수 있다. 예를 들어, 중국어에서 '下山' 중의 '下'가 상대량 표현에서 쓰이면 '下降为一亿'라고 할 수 있다. 한국어에는 '下'와 대응하는 단어는 '내리다'이다. 원래 '산을 내린다'고 할 수 있었는데 상대량 표현에서 쓰이면 '억원으로 내리다'고 할 수 있다.

동작 방향과 속도를 강조하는 동사 표현을 살펴보자. 한·중 언어에는 모두 수량이 급속히 증가하는 표현이 있다. 예를 들어, 중국어의 '跃上'이 표현하는 동작은 '위로 뛴다'는 것이고 상대량 표현에서 쓰일 때 수치가 빨리 증가하는 의미를 표현한다. 예를 들어, '沪指跃上四千点'이라고 할 수 있다. '跃上'과 대응하는 한국어 표현은 '뛰다', '뛰어오르다', '폭등하다(暴騰)' 등이 있다. 예를 들어, '4억원으로 뛰어 올랐다/폭등했다'라고 할 수 있다. 의성의태어 '껑충, 훌쩍' 등이 '뛰다'를 수식할 때 증가하는 속도가 빠르다는 것을 더욱 강조하게 된다. 예를

7　이 책에서 중국어 단어의 의미 해석은 주로 『现代汉语词典』을 참조하는 것이고 한국어의 의미 해석은 주로 『표준국어대사전』을 참조하는 것이다.

들어, '5천만원으로 껑충/훌쩍 뛰었다'라고 말할 수 있다. 그 외에 한·중 언어에는 수량이 급속히 감소하는 표현도 있다. 중국어에는 '急降'과 '暴降', 그리고 '崩降'이 있고 한국어에는 '급락하다'와 '폭락하다', 그리고 '붕락하다' 등이 있다. 예를 들어, 중국어로는 '急降/暴降/崩降10万'이라고 할 수 있고 한국어로는 '10만이나 급락하다/폭락하다/붕락하다'라고 할 수 있다.

동작 방향과 방식을 강조하는 동사 표현을 보겠다. 중국어의'提高'와 한국어의 '인상하다'가 표현하는 동작은 '물건 따위를 끌어 올린다'는 것이다. 상대량 표현에서 쓰이면 '将价格提高到50万'과 '가격을 50만원으로 인상하다'라고 할 수 있다. 이와 같이, '물건 따위를 끌어 내린다'는 뜻을 표현하는 '拉低'와 '인하하다'는 상대량 표현에서 쓰일 때 '将价格拉低到50万'과 '가격을 50만원으로 인하하다'라고 말할 수 있다.

동작 결과를 강조하는 동사 표현을 보고자 한다. 중국어의 '到', '达', '到达' 등 동사가 표현하는 동작은 '인간이 특정한 공간 위치에 도착한다'는 것이다. 상대량 표현에서 쓰이면 참조 수치에 달하는 상태를 강조한다. 예를 들어, '人口达13亿'와 '赚到1亿'라고 할 수 있다. 중국어의 '到', '达', '到达'와 대응하는 한국어 표현은 '달하다/이르다/다다르다/미치다/도달하다/달성하다' 등이 있다. 이들 표현도 참조 수치에 달하는 것을 표현할 수 있다. 예를 들어, '25억원에 이르렀다/달했다/다다랐다/미쳤다/도달했다/달성했다'라고 할 수 있다. 또 어떤 수치가 참조 수치에 그친다는 것을 표현하는 경우에는 중국어에는 '止于'와 '停留在', 그리고 '原地踏步'가 있고 한국어에는 '그치다'와 '머무르다', 그리고 '제자리걸음이다' 등이 있다. 이 표현들이 표현하는 동작은 '어떤 위치에 머무르고 떠나지 않는다'는 것인데 상대량 표현에서 쓰일 때 '참조 수치에 머무르고 떠나지 않는다'는 것이다. 즉 '수치가 변하지 않는다'는 뜻이다. 예를 들어, '营业额止于/停留在6亿元', '在6亿元线上原地踏步', '영업액은 6억원에 그치고 있다/머물렀다', '6억원 선에서 제자리걸음이었다'라고 할 수 있다.

한·중 언어의 특유한 동사 은유 표현도 있는데 동작 방향과 속도를 모두 강조하는 표현과 동작 방식을 강조하는 표현으로 나눌 수 있다.

동작 방향과 속도를 모두 강조하는 표현을 보겠다. 수량이 급격히 감소하는 것을 표현하면 중국어에는 '跳水'라는 표현이 있다. 예를 들어, '租赁价格从8万元跳水到4万元'라고 말할 수 있다. 하지만 '跳水'와 대응하는 '다이빙'이나 '물에 뛰어들다' 같은 표현은 한국어에서 수량이 감소하는 뜻을 표현할 수 없다.

동작 방식을 강조하는 표현을 보겠다. 수량이 증가하는 것을 표현할 때 중국어에는 동작 방식을 강조하는 '攀升'이라는 표현이 있다. '攀升' 이 표현하는 동작은 '기어 오르다'는 것이다. 상대량 표현에서 쓰이면 '市值攀升为一亿'라고 할 수 있다. 하지만 한국어에서 '기어 오르다'는 수량이 증가하는 것을 표현할 수 없다.

3.1.2.2 다른 것을 통해 감지하는 동작에 기초하는 표현

다른 것을 통해 감지하는 동작은 인간 자신의 동작과 달리 인간 자신이 할 수 없고 다른 동물이나 사물이 이런 동작을 하는 것을 보면서 감지하는 동작이다. 이런 동작에 기초하는 표현은 주로 원래 사용 영역을 강조하는 표현이다. 우선 한·중 언어의 같은 표현을 보겠다. '上升'과 '상승하다'의 원래 사용 영역이 '풍선, 연기 등 가벼운 것이 아래에서 위쪽으로 이동하는 것이다'. 상대량 표현에서 쓰일 때 수량이 증가한다는 것을 표현한다. 예를 들어, '房价已从1千万上升到了5千万'과 '집값은 이미 천만원에서 5천만원으로 상승했다'고 할 수 있다. 또한 서로 대응하는 한·중 단어 '冲'과 '치솟다'는 원래 사용역이 '힘이 있는 것이 힘껏 위쪽으로 올라간다'는 것이다. 상대량 표현에서 쓰이면 수량이 급격히 증가하는 것을 표현한다. 예를 들어, '销售额冲到了100亿美元'과 '매출액은100억 달러까지 치솟았다'라고 말할 수 있다.

그리고 한·중 언어에는 특유한 표현도 있다. 그 특수성은 주로 동사의 원래 사용 영역에서 나타난다. 예를 들어, 중국어의 '涨'의 원래 사용 영역은 '수위가 오른다'는 것이다. 상대량 표현에서 쓰이면 '口罩的原料纱布从每米一元涨到三元'이라고 할 수 있다. 속도가 빠르다는 것을 강조하면 '暴涨, 飞涨, 猛涨' 같은 표현도 있다. 예를 들어, '会费在一年内暴涨/飞涨/猛涨到25万'이라고 말할 수 있다. 한국어에는 '수위가 오른다'는 의미를 표현하는 동사가 수량이 증가한다는 의미를 표현하는 용례를 찾을 수 없다.[8] 한국어에도 특유한 표현이 있다. 예를 들어, '부풀리다'와 '불리다'의 원래 사용 영역이 '물건의 덩치가 커진다'는 것이다. 상대량 표현에 쓰이면 '대출액은 7억원으로 부풀렸다/불렸다'라고 말할 수 있다. 하지만 중국어에서는 덩치가 커짐을 표현하는 동사

---

8 한국어의 '불아나다'가 '물의 양이 증가하다'와 '수량이 증가한다'는 의미를 모두 표현할 수 있지만 그 원래 사용 영역이 '수위가 오른다'는 것이 아니라 '덩치가 커진다'는 것이다.

가 상대량 표현에서 쓰인 용례를 아직 찾지 못했다.

3.1.3 참조 수치에 미달하거나 초과하는 동사 표현

'참조 수치에 미달하거나 초과하는 동사 표현'이 강조하는 것은 주로 경로 요소 중의 동작 방식이다. 이 장에서 '인간 자신의 동작에 기초하는 표현'과 '다른 것을 통해 감지하는 동작에 기초하는 표현' 중의 같은 동사 은유 표현과 다른 동사 은유 표현을 밝히고자 한다.

3.1.3.1 인간 자신의 동작에 기초하는 표현

참조 수치를 초과하는 것을 표현할 때 한·중 언어에는 같은 동작 방식을 강조하는 동사 표현이 있다. 예를 들어, 인간이 높은 물건을 뛰어 넘는 것을 표현하는 '跃过'와 '뛰어 넘다'가 '小麦产量跃过了300吨', '밀의 생산량은 300t을 뛰어넘었다'에서 보듯이 참조 수치를 초과하는 것을 표현할 수 있다. 또 '일정한 한계를 넘는다'는 의미를 표현하는 중국어의 '越过'와 '超过', 한국어의 '넘다/넘어서다/초과하다' 등도 참조 수치를 초과하는 의미도 표현할 수 있다. 예를 들어, '销售额越过/超过了100亿元', '매출액은100억을 넘었다/넘어섰다/초과했다'고 말할 수 있다. 그리고 '공간 한계를 넘는다'는 의미를 표현하는 '突破'와 '돌파하다'가 참조 수치를 초과한다는 의미도 표현할 수 있다. 예를 들어, '销售额突破了100亿', '매출액은 100억을 돌파했다'라고 할 수 있다.

참조 수치에 미달하는 것을 표현할 때 한·중 언어에는 '일정한 공간 위치에 가깝다'는 뜻을 지닌 '接近'와 '육박하다'[9]로 표현할 수 있다.

예를 들어, '警察人数接近10万名'이나 '경찰관수가 10만명에 육박한다'라고 말할 수 있다. 그 외에 '일정한 공간 위치에 도착한다'는 뜻을 지닌 '到'와 '미치다'의 부정 형식인 '不到'와 '못 미치다/미치지 못 하다'도 '참조 수치에 미달한다'는 의미도 표현할 수 있다. 예를 들어, '销售额不到1亿', '수출액은 억원에 못 미쳤다/미치지 못하였다'.

같은 표현 외에 한·중 언어에는 특유한 표현도 있다. 특유한 표현은 주로 '동작의 방식' 면에서 나타난다. '참조 수치에 미달한다'는 의미를 표현할 때 중국어에는 '不出'라는 특유한 동사 표현이 있다. '出'는 원래 '안쪽으로부터 외부에 나온다'는 뜻을 표현한다. 이에 따라 '出'의 반대말 '不出'는 '내부부터 외부로 나오지 않는다'는 뜻을 지닌다. 하지만 상대량 표현에서 쓰일 때 '한 수량 경계의 안쪽을 나오지 않는다'는 뜻을 가지게 되어, 더 나아가 '참조 수치에 미달한다'는 뜻을 지니게 된다. 예를 들어, '不出两天'이 표현하는 의미는 '이틀 미만'이다. 하지만 한국어에서 '出'와 대응하는 단어인 '나가다'는 상대량 표현에서 쓰일 수 없다.

한국어에는 특유한 표현도 있다. '어떤 시간량에 미달한다'는 의미를 표현할 때 흔히 '못 가다'라는 표현을 쓴다. 예를 들어, '이틀도 못 간다'고 말할 수 있다. 그 중에서 '가다'는 원래 중국어의 '去'와 대응하고 '어떤 장소에서 다른 장소로 이동한다'는 의미를 표현한다. 이에 따라 '가다'의 부정 표현인 '못 가다'는 '어떤 장소에서 다른 장소로 이

---

9   중국어 '接近'와 의미적으로 대응하는 표현은 '육박하다' 이외에 형용사 '가깝다'도 있다. 하지만 '가깝다'는 형용사라서 이 책에서는 연구하지 않고자 한다. 그리고 '가깝다'에서 파생된 '가까워진다', '가까이 되다', '가까이 돼 있다' 등 표현도 논외로 하고자 한다.

동하지 못한다'는 의미를 가진다. 하지만 상대량 표현에서는 쓰일 때 '어떤 시간량에 미달한다'는 뜻을 표현한다. 또 '가다'의 과거형을 포함한 '왔다갔다 하다'는 상대량 표현에서 쓰일 때 '어떤 수치가 기준치를 중심으로 변동한다'는 의미를 표현하고 흔히 변화 폭도를 표현하는 표현과 함께 쓰인다. 예를 들어, '시장 점유율이 70~80% 사이에서 왔다갔다 한다'라고 말할 수 있다. 하지만 '왔다갔다 하다'와 대응하는 중국어 표현인 '来来去去'는 이렇게 수치의 변동을 표현할 수 없다.

또 한국어에서 '다른 것으로 바뀌거나 변한다'는 의미를 표현하는 '되다'의 부정 표현인 '안 된다'도 '참조 수치에 미달한다'는 뜻을 표현할 수 있다. 예를 들어, '투자 금액이 억원도 안 되었다'. 하지만 '안 된다'와 대응하는 중국어 표현인 '没成为'는 상대량 표현을 표현할 수 없다.

3.1.3.2 다른 것을 통해 감지하는 동작에 기초하는 표현

'참조 수치에 미달하거나 초과하는 동사 표현' 중의 '다른 것을 통해 감지하는 동작에 기초하는 표현'은 한 · 중 언어에서 모두 특유한 표현으로 존재한다. 먼저 중국어의 특유한 표현을 보겠다. 중국어에는 '没+기간 표현'이라는 표현이 있다. '没'의 원래 사용 영역이 '존재 영역'이고 '존재하지 않는다'는 의미를 표현하는데 상대량 표현에서 쓰이면 '참조 수치에 미달한다'는 뜻을 가지게 된다. 예를 들어, '没两天'의 뜻은 '이틀에 미달한다/이틀 안 된다'는 것이고 '工资没1万'의 뜻은 '월급은 만원에 미달한다/ 만원 안 된다'는 뜻이다. 한국어에서 '没'와 대응하는 단어는 '없다'이다. 하지만 '없다'는 상대량 표현에서 쓰일 수 없다. 그 외에 어떤 참조 수치의 위나 아래로 변동하는 것을 표현하면 중국어에서 흔히 '浮动'이라는 단어를 쓴다. 예를 들어, '月薪在1万元上下浮动'이라고 한다. 하지만 '浮动'가 표현하는 동작 방식은 '가벼운 것이 물 속에서 작은 폭도로 이동한다'는 것이다. 한국어에서 '浮动'와 대응하는 동작 방식 표현은 '떠서 움직이다'인데, 하지만 이런 표현은 상대량 표현에서 쓸 수 없다.

다음으로 한국어의 특유한 표현을 보고자 한다. 한국어 중의 한자어 '상회하다/하회하다'는 중국어의 '上回/下回'라는 단어와 대응한다. 원래 표현하는 동작 방식은 '선회하여 오른다/선회하여 내린다'는 것이다. 타동사로 상대량 표현에서 쓰일 때 그 의미는 각각 '참조 수치를 넘는다'와 '참조 수치에 미달한다'는 것이다. 예를 들어, '섭씨 사십도를 상회하였다', '20대의 투표율이 28%를 하회하였다'. 하지만 중국어에는 이런 운동 방식 표현과 대응하는 상대량 표현이 없다. 그리고 한국어의 고유어 '웃돌다/밑돌다'가 원래 표현하는 동작 방식은 '위쪽으로 돌아서 간다/밑쪽으로 돌아서 간다'는 것이다. 타동사로 상대량 표현에서 쓰일 때 '참조 수치를 넘는다/참조 수치에 미달한다'는 의미를 가지게 된다.[10] 예를 들어, '실업률이 40%를 웃돈다', '아침 기온은 0℃를 밑돈다'라고 할 수 있다. 하지만 중국어에는 이런 동작 방식을 표

---

10 '상회하다/하회하다'와 '웃돌다/밑돌다'가 동작 동사로서의 의미 해석은 지금 사전에서 찾기 어렵다.
이 책에서는 '상회하다/하회하다'가 한자어라는 사실을 고려해서 이들과 대응하는 고대 중국 단어 '上回/下回'의 의미를 근거하여 이들의 의미를 추측한 것이다. 또 '웃돌다/밑돌다'가 '웃' '밑'이 각각 '돌'과 합성한 합성어라는 사실을 착안하여 그들이 동작 동사로의 의미를 추측한 것이다. 그 중에서 '웃'과 '밑'은 방향을 표현하고 '돌다'는 방식을 표현하는 것이다.

현하는 상대량 표현이 없다.

한·중 언어 상대량 표현 중의 같은 표현과 특유한 표현은 아래의
표와 같이 정리할 수 있다.(*은 언어 중에 이런 표현이 없다는 것을 표현하는
것이다).

〈표 3.1-1〉 한·중 상대량 표현 중의 같은 표현과 특유한 표현

		같은 표현	특유한 표현
참조 수치에 달하는 동사 표현	인간 자신의 동작에 기초하는 표현	동작 방향을 강조하는 것 : 上-오르다/올라서다.下降-내리다/떨어지다. 동작 방향과 속도를 강조하는 것 : 跃上-뛰다/뛰어오르다/폭등하다. 急降/暴降/崩降-급락하다/폭락하다/붕락하다. 동작 방향과 방식을 강조하는 것 : 提高-인상하다 ; 拉低-인하하다. 동작 결과를 강조하는 것 : 到/达/到达-달하다/이르다/다다르다/미치다/도달하다/달성하다. 止于/停留在/原地踏步-그치다/머무르다/제자리걸음이다.	동작 방향과 속도를 강조하는 것 : 跳水- *. *-으로 널을 뛰다. 동작 방식을 강조하는 것 : 攀升- *.
	다른 것을 통해 감지하는 동작에 기초하는 표현	원래 사용 영역을 강조하는 것 : 上升-상승하다. 冲-치솟다.	원래 사용 영역을 강조하는 것 : 涨-*. 부풀리다*. 불리다*.
참조 수치에 미달하거나 초과하는	인간 자신의 동작에 기초하는	동작 방식을 강조하는 것 : 跃过-뛰어 넘다 ; 越过/超过-넘다/넘어서다/초과하다. 突破-돌파	동작 방식을 강조하는 것 : 不出-*. *-못 가다.

	표현	하다. 接近-육박하다. 不到-못 미치다/미치지 못 하다	*-왔다갔다 하다. *-안 되다.
동사 표현	다른 것을 통해 감지하는 동작에 기초하는 표현	없음.	원래 사용 영역을 강조하는 것 : 没--*. 浮动--*. 동작 방식을 강조하는 것 : *-상회하다/하회하다 ; *-웃돌다/밑돌다.

주지하다시피 중국어는 중국티베트어족에 속하고 한국어는 알타이 어족에 속한다. 이렇게 다른 어족에 속하는 한·중 언어는 동사 은유 표현에 있어 왜 같은 표현이 있는가? Lakoff & Johnson(1999)에 따르면 몸과 관련된 동작이 보편화되면 관련된 은유도 보편적으로 습득된다. 이는 바로 왜 같은 은유 표현이 세계 언어에서 보편적으로 존재하는지 해석하였다고 밝혔다. 마찬가지로 중국 사람과 한국 사람들이 머릿속에서 몸과 관련된 동작에 대한 인지적 모식이 같기 때문에 한·중 언어에서는 같은 은유 표현이 존재하게 된다. 또한 언어 접속도 중요한 원인 중의 하나입니다. 주지하다시피 한국에는 원래 문자가 없었고 언어만 있었다. 훈민정음이 창제되기 전까지 오랜 시간동안 한자를 빌려 써야 했다. 한국 사람들이 한자를 빌려 썼던 오랜 역사 속에서 그 사고방식과 표현 방식은 중국의 영향을 많이 받았다. 바로 언어 접촉으로 인한 같은 사위 방식과 표현 방식은 한·중 언어에서 같은 동사 은유 표현이 존재하는 중용한 원인이 된다.

그럼 한·중 언어에서는 왜 특유한 표현이 존재하는가? 머릿속에서 표현하고자 하는 어떤 개념이 있으면 사람들이 선택적으로 그 개념을 자신의 몸동작과 관련시키고 언어로 표현한다. 어떤 개념을 표현할 때 두 민족이 선택하는 몸동작이 같으면 관련된 언어 표현도 같고 두 민족이 선택하는 몸동작이 다르면 관련된 언어 표현도 다르다고 본다.

3.2 공간 은유 표현의 대조

앞에서 언급했듯이 상대량(相对量) 표현은 수량 표현 범주 중의 하나로 기준 수량과 대비되는 의미를 표시하는 언어 표현이다. 이런 언어 표현은 모두 세 가지로 나눌 수 있다. 즉 '기준 수량보다 많은 경우의 언어 표현'과 '기준 수량보다 적은 경우의 언어 표현', 그리고 '기준 수량보다 많든 적든 불확정한 경우의 언어 표현'이다. 기준 수량보다 많은 경우의 언어 표현과 기준 수량보다 적은 경우의 언어 표현은 한·중 언어 사용에서 흔히 대칭적인 존재로 나타나므로 서술상의 편의를 위해 본 절에서는 이 두 가지의 표현을 합쳐서 '기준 수량보다 많거나 적은 경우에서의 표현'이라고 하고자 한다.

우선 이 책에서 연구할 수량 범주를 밝히고자 한다. 앞에서 살펴봤듯이 李宇明(2000 : 30)에서는 객관적인 세계의 양을 표시하는 언어 범주로 주로 물량(物量), 공간량(空间量), 시간량(时间量), 동작량(动作量), 등급량(级次量), 태도강도량(语势)이 있다고 밝혔다. 그 중에서 수치로 측정할 수 있는 범주는 물량, 공간량, 시간량, 동작량, 등급량이 있다. 물량은 사물(인간과 동물 포함)의 수량을 표시하는 양으로서 개체량과 비개체량으로 나눌 수 있다. 개체량은 주로 개체 하나하나의 수량을 표시하는 양이고 이에 반해 비개체량은 돈이나 식량 같은 집합 명사의 양을 측정하는 것이다. 공간량은 사물의 길이, 너비, 높이, 면적, 체적, 사물 간의 거리를 표시하는 양이다.[11] 시간량은 주로 기간과 나이를 표시하는 양이고 동작량은 동작의 횟수 등을 표시하는 양이며 등급량은 어떤 것의 등급이나 정도를 표시하는 양이다.[12] 본 절의 연구 대상은 바로 한·중 언어의 이 다섯 가지의 수량 범주 중에서 상대량 표현에서 나타나는 공간 은유 표현으로 정하고자 한다.

공간 은유의 특성을 밝히기 위하여 먼저 은유가 무엇인지 검토하고자 한다. Lakoff, George & Johnson, Mark(2003: 9)에 의하면 '은유의 본질이란 인간이 다른 사물을 통해서 어떤 사물을 이해하고 체험하는 것이다'. 그렇다면 공간 은유 표현이란 공간 위치의 개념으로 다른 영역의 개념을 표현하는 은유 표현이라 할 수 있다. 이런 은유 표현은 공간과 관련된 영상 도식의 사용으로 나타낼 수 있다. 임지룡(1997)에서는 6가지의 영상 도식(image schema)을 언급하였다. 즉 부분-전체 도식(part-whole schema), 중심-주변 도식(center-periphery schema), 연결 도식(link schema), 그릇 도식(container schema), 균형 도식(balance schema), 방향 도식(orientational schema)이다. 그중에서 '그릇 도식'과 '방향 도식'은 상대량(相对量) 표현에서의 공간 은유 표현과 밀접한 관련이 있다. '그릇 도식'은 '안'과 '밖', 그리고 '경계'의 구조로 이루어진 영상 도식이고 '방향 도식'은 '위-아래, 앞-뒤, 오른쪽-왼쪽' 등의 방향과 관련된 영상 도식이다.[13] 본 절에서는 한·중 언어 상대량 표현을 그릇 도식 표현과

---

11   공간 위치와 공간량을 구분하기 위하여 본 연구에서 물건의 위치 표현은 논하지 않고자 한다.

12   등급량은 등급이나 점수, 속도, 온도 등 숫자로 속성을 측정할 수 있는 양이다.

방향 도식 표현으로 나눠서 각각 분석하고 대조하고자 한다.

한·중 언어 상대량 표현에서 그릇 도식과 방향 도식의 사용에는 공통점과 차이점 모두를 가지고 있다. 예를 들어 자세하게 살펴보기로 하자.

그릇 도식:
(1) ㄱ. 앞으로는 매주 회의를 <u>10번 이내/*이외</u>[14]로 해야 한다.
    ㄴ. 以后每周要开<u>10次以内/*以外</u>的会议。
(2) ㄱ. 이 사람은 <u>50세 안팎/*상하</u>(으)로 보인다.
    ㄴ. 这人看起来有<u>50岁*内外/上下</u>。

방향 도식:
(3) ㄱ. 속도는 <u>10km/h 이상/이하</u>.
    ㄴ. 速度在<u>10km/h以上/以下</u>。
(4) ㄱ. 쌀값이 현재 <u>3000원 전후/*좌우</u> 하락했다.
    ㄴ. 米价现在下降了<u>3000元*前后/左右</u>。

(1ㄱ)과 (1ㄴ)은 한·중 언어 상대량 표현 중에서 같은 그릇 도식을 쓰는 예이고 (3ㄱ)과 (3ㄴ)은 같은 방향 도식을 쓰는 예이다. (2ㄱ)과 (2ㄴ)은 한·중 언어 상대량(相対量) 표현 중에서 다른 그릇 도식을 쓰는 예이고 (4ㄱ)과 (4ㄴ)은 다른 방향 도식을 쓰는 예이다.

본 절은 한·중 언어에 나타나는 상대량 표현의 공통점과 차이점에 대해 밝히기 위해 다음 몇 가지 문제를 중심으로 논의를 진행하고자

---

13   '부분-전체 도식'은 부분과 전체의 구조로 이루어진 영상 도식이고 '중심-주변 도식'
      은 중심과 주변의 구조로 이루어진 영상 도식이며 '연결 도식'은 두 개체의 연결 구
      조에 의한 영상 도식이다. '균형 도식'은 균형과 불균형의 대립적 영상 도식이다.
14   한·중 언어를 구분하기 위해 한국어의 경우 한자어라도 한글로만 적고, 중국어의
      경우 한자로 적는다.

한다.

첫째, 한·중 언어의 상대량 표현 중에서 물량, 공간량, 시간량, 동작량, 등급량 표현과 어울릴 수 있는 그릇 도식 표현과 방향 도식 표현은 무엇일까?

둘째, 한·중 언어의 공간 은유 표현들이 제각기 물량, 공간량, 시간량, 행위량, 등급량 표현과 어울려서 상대량을 표시할 때 어떠한 공통점과 차이점이 있는가? 어떤 경우에는 서로 대응하고 어떤 경우에는 서로 대응하지 않는가?

셋째, 한·중 상대량 표현 중의 그릇 도식 표현과 방향 도식 표현의 공통점과 차이점을 통해 얻게 되는 교육적인 함의는 무엇인가?

3.2.1 공간 은유 표현에 대한 선행 연구

한·중 언어에서 공간 은유에 대한 연구는 주로 공간어의 은유 용법에 집중되어 있다. 그중에서 상대량 표현과 관련된 은유 용법에 대한 연구는 한국어에 대한 연구, 중국어에 대한 연구, 한·중 대조 언어학적 연구에서 모두 이루어진 바 있다.

한국어 상대량 표현에서의 공간 은유 표현에 대한 연구로는 刘性银(2006), 이홍매(2010), 김해연(2013) 등의 연구가 있다. 刘性银(2006)에서는 한·중 언어에서 위쪽과 아래쪽을 나타내는 공간어인 '위/아래'와 '上/下'는 주로 연령, 가격 등 수량의 많고 적음을 나타낼 수 있다고 밝혔다. 이홍매(2010)에서는 범위 한정의 뜻으로 쓰인 '이상', '이하'가 공간 은유의 용법에 적용되어 수량 범위에서 쓰인 경우를 제시하였다. 김해연(2013)에서는 '내외'와 '안팎'이 수량을 나타내는 명사구와 동반하여 수량 기준에 약간 못 미치거나 또는 넘는 경우를 가리킬 때 사용된다고 밝혔다.

중국어 상대량(相对量) 표현에서의 공간 은유 표현에 대한 연구로는 方经民(1987), 李宇明(2000: 102), 张豫峰(2004), 曾传禄(2005), 邢福义(2010) 등의 연구가 있다. 方经民(1987)에서는 공간어 '内'와 '外'가 수량을 표시할 수 있는 용법이 있다고 지적하였다. 李宇明(2000: 102)에서는 중국어 수사와 분류사가 공간어와 함께 쓰여서 '수사와 분류사 +공간어'라는 언어 형식이 형성되어 수량을 표시할 수 있다고 밝혔다. 그중에서 공간 표현은 '左右', '上下', '前后', '以上', '以下', '以内', '之内', '外', '开外', '以外', '之外' 등이 있다고 밝혔다. 张豫峰(2004)에서는 '前后/左右/上下'가 수량 개념을 표시하는 경우의 용법을 밝히고 그들의 인지적 의미도 밝혔다. 曾传禄(2005)에서는 '内', '以内', '之内'와 '外', '以外', '之外'가 각각 기준 수량보다 적음이나 많음을 표시할 수 있다고 밝혔다. 邢福义(2010)에서는 'X或X以上'가 기준 수량 X보다 많음을 표시하는 용법이 있다고 밝혔다. 그리고 'X'에 해당하는 언어 형식이 대부분은 '수사+분류사'라고 밝혔다. 분류사는 주로 물량 분류사(物量词), 계량 단위 분류사(度量衡量词), '年, 岁'와 같은 분류사, 행위성 분류사 '次' 등이 있다.

한·중 대조 언어학적 연구로는 刘性银(2006)와 풍정정(2015) 등의 연구가 있다. 刘性银(2006)에서는 한·중 언어의 공간 개념 은유의 은유 방식을 밝히기 위하여 비교 수량 개념의 공간성 은유 표현에 대하여 연구하였다. 중국어의 '上/下'와 한국어의 '위/아래'라는 공간 개념은 구체적인 수량의 많고 적음을 나타낼 수 있다고 밝히고 예문도 간단하게 제시하였다. 하지만 이 연구에서는 한·중 언어 상대량 표현 중의 공통점만 밝히고 있어 아쉽다. 풍정정(2015)에서는 한국어 공간어 '위/아래'와 중국어 '上/下'의 의미 대조 연구를 진행하였고, 공간 은유 표현인 '위/아래'와 '上/下'가 수량 범주에 적용된 사례를 언급하였다.

앞에서 살펴보았듯이 기존의 한국어에 대한 연구, 중국어에 대한 연구, 한·중 대조 언어학적 연구에서는 상대량 표현에서 공간 은유 표현에 대한 연구가 주로 어느 하나의 공간어가 상대량 표현 범주에서 쓰일 수 있다고 밝히는 데에 그치고 있다. 상대량 표현에서의 공간 은유 표현에 대하여 전면적이고 체계적인 연구 성과가 아직 발견되지 못한 것이다. 이 책에서는 한·중 언어의 상대량 표현에서 공간 은유 표현을 집중적으로 분석하고 대조하고, 이런 논의를 바탕으로 교육적인 함의를 찾아보고자 한다.

본 절에서는 연구 방법으로 주로 언어 간 대조의 방법을 사용하게 될 것이다. 이때 대조의 대상이 되는 한·중 언어 자료는 말뭉치를 활용할 것이다. 언어 간 대조는 미시적 연구 방법을 선택하여 수량 표현 중 상대량 표현을 세밀하게 대조하게 될 것이다. 먼저 '기준 수량 보다 많거나 적은 경우'와 '기준 수량보다 많든 적든 불확정한 경우'의 그릇 도식 표현과 방향 도식 표현이 각각 무엇인지를 밝히고 이 공간 은유 표현들과 함께 쓸 수 있는 수량 범주가 각각 무엇인지도 밝히고자 한다. 그 다음으로 공간 은유 표현이 다양한 수량 범주와 함께 쓰이는 데 그 공통점과 차이점을 밝힘으로써 한·중 언어의 상대량 표현에서 쓰이는 공간 은유 표현의 경향성과 특징을 도출하고자 한다.

3.2.2 기준 수량보다 많거나 적은 경우의 대조

앞에서 살펴보았듯이 한·중 언어의 상대량 표현은 주로 '기준 수량보다 많은 경우의 언어 표현'과 '기준 수량보다 적은 경우의 언어 표현', 그리고 '기준 수량보다 많든 적든 불확정한 경우의 언어 표현'으로 나눌 수 있다. 하지만 기준 수량보다 많은 경우의 언어 표현과 기준 수량보다 적은 경우의 언어 표현이 한·중 언어 사용에서 흔히 대칭적으로 나타나므로 이 책에서는 이 두 가지의 경우를 합쳐서 '기준 수량보다 많거나 적은 경우의 표현'이라고 한다. 본 장에서 주로 '기준 수량보다 많거나 적은 경우의 표현'과 관련된 그릇 도식 표현과 방향 도식 표현을 밝히고자 한다. 먼저 그릇 도식 표현을 보자.

3.2.2.1 그릇 도식 표현의 대조

그릇 영상 도식 중에서 기준 수량은 그릇의 경계에 해당한다. 이 경계를 기준으로 하여 어떤 물체가 그릇에 있는 대칭적인 위치를 두 가지 경우로 나눌 수 있다. 하나는 그릇의 내부와 외부에 있는 것이고 또 하나는 그릇의 경계에 못 미치는 것과 그릇의 경계에 미치는 것이다. 기준 수량보다 많으면 그릇 외부에 위치하는 것에 해당하고 외부와 관련된 한국어의 '밖'과 '이외/외', 중국어의 '外', '以外', '开外'로 표시한다. 기준 수량보다 적으면 그릇 내부에 위치하는 것에 해당하고 내부와 관련된 한국어의 '이내', '안', 중국어의 '以内', '内'[15]로 표시한

---

15 이 밖에 '일정한 범위 안'의 의미를 가지는 '之内'가 있다. '之内'는 범위 범주에서 쓰이는 경향성이 강하고 수량 범주에서는 잘 쓰이지 않는 경향이 있기 때문에 본 연구

다. 그리고 어떤 기준 수량에 미치면 그릇 경계에 달하는 것에 해당하는 한국어의 '만'과 중국어의 '滿'으로 표시하고 어떤 기준 수량에 미달하면 그릇 경계에 못 미치는 것에 해당하는 한국어의 '미만'과 중국어의 '未滿', '不滿'으로 표시한다. 이 그릇 영상 도식은 아래의 그림으로 표시할 수 있다.

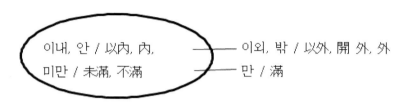

〈그림 3.2-1〉 '기준 수량보다 많거나 적은 경우의 표현'과 관련된 그릇 도식

이 절에서는 주로 그릇 외부와 내부와 관련된 표현과 그릇 경계에 미치거나 못 미치는 경우와 관련된 표현으로 나누어서 설명하고자 한다.

(1) 그릇 외부와 내부와 관련된 표현의 대조

(i) '이외/이내'와 '以外/以內'의 대조

'이외'와 '이내'는 각각 '以外'와 '以內'에 서로 대응하는 한자어이다. 그리고 '이외'와 '이내', '以外'와 '以內'의 의미는 정반대로 서로 대칭하는 단어라고 할 수 있다. 여기에서는 '이외'와 '以外', '이내'와 '以內'가 각각 어떤 수량 범주 표현과 함께 쓰일 수 있는지, 서로 대응할 수 있는지를 밝히고자 한다.

에서는 이를 연구 대상에서 제외한다.

(5) ㄱ. 논문의 글자 수를 5000자 *이외/이내로 정해야 한다.

    ㄴ. 论文的字数要控制在5000字*以外/以内。

    ㄷ. 축의금은 3만원 *이외/이내로 정할 것이다.

    ㄹ. 随礼钱我打算给3万元*以外/以内。

(6) ㄱ. 거실의 길이를 10m *이외/이내로 정할 계획이다.

    ㄴ. 我打算将客厅的长度定为10米*以外/以内。

(7) ㄱ. 입사한 지 3년 *이외/이내인 직원은 이번에 승진할 기회가 있다.

    ㄴ. 进公司三年*以外/以内的职工这次有升迁的机会。

(8) ㄱ. 앞으로는 매주 회의를 10번 *이외/이내로 해야 한다.

    ㄴ. 以后每周要开10次*以外/以内的会议。

(9) ㄱ. 한국어 능력 시험 5급 *이외/*이내의 학생은 서울대의 석사를 지원할 수 있다.

    ㄴ. 韩语等级考试5级*以外/*以内的学生可以申请首尔大学的硕士。

예문 (5)는 '이외'와 '이내', '以外'와 '以內'가 물량 표현과 함께 쓰인 것인데 그 중에서 (5ㄱ)과 (5ㄴ)은 '이외'와 '이내', '以外'와 '以內'가 개체량 표현과 함께 쓰인 예문이고 (5ㄷ)과 (5ㄹ)은 비개체량 표현과 함께 쓰인 예문이다. (6)은 '이외'와 '이내', '以外'와 '以內'가 공간량 표현, (7)은 시간량 표현, (8)은 동작량 표현, (9)는 등급량 표현과 함께 쓰인 예문이다. 예문을 보고 두 가지 결론을 도출할 수 있다. 하나는 '이내'와 '以內', '이외'와 '以外'가 모두 물량, 공간량, 시간량, 행위량 표현과 함께 쓰일 수 있지만 등급량 표현과 함께 쓰일 수 없다는 것이다. 다른 하나는 물량, 공간량, 시간량, 행위량 표현과 함께 쓰이는 경우에는 '이외'와 '이내', '以外'와 '以內'의 사용에 비대칭적인 경향이 보인다는 것이다. 즉 이 네 가지의 경우에는 '이내'와 '以內'의 사용은 가능한 반면, '이외'와 '以外'의 사용은 불가능하다. 그리고 예문에서 보았듯이 '이내'와 '以內'가 물량, 공간량, 시간량, 행위량 표현과 함께 쓰일 때는 서로 대응한다.

(ii) '밖/안', '외/내'와 '外/內'의 대조

'밖'과 '안'은 각각 '外'와 '內'에 서로 대응하는 고유어이고 '외'와 '내'는 각각 '外'와 '內'에 서로 대응하는 한자어이다. 그리고 '밖'과 '안', '외'와 '내', '外'와 '內'의 의미는 정반대로 서로 대칭하는 단어라고 할 수 있다. 여기에서는 '밖'과 '안', '외'와 '내', '外'와 '內'가 각각 어떤 수량 범주 표현과 함께 쓰일 수 있는지, 서로 대응할 수 있는지를 밝히고자 한다.

(10) ㄱ. 논문의 글자 수를 <u>5000자 내/안/*외/*밖</u>(으)로 정해야 한다.
    ㄴ. 论文的字数要控制在<u>5000字内/*外</u>。
    ㄷ. 한 달의 대출 금액을 <u>2백만원 내/안/*외/*밖</u>(으)로 정해야 한다.
    ㄹ. 一个月的贷款金额要控制在<u>200万元内/*外</u>。

(11) ㄱ. 전선 길이가 <u>10m *내/*안/*외/*밖/이내(이)</u>면 가격은 m당 천원이다.
    ㄴ. 长度为<u>10米*内/*外/以内</u>的电线的价格是每米1000元。

(12) ㄱ. <u>일주일 내/안/*외/*밖</u>에 보고서를 제안해야 한다.
    ㄴ. <u>一周内/*外</u>要把报告书提交上来。
    ㄷ. 시력 교정 수술은 <u>12세 내/*안/*외/*밖</u>에 해야 한다.

ㄷ'. 시력 교정 수술은 열 두살 *내/안/*외/*밖에 해야 한다.

ㄹ. 视力矫正手术最好在12岁内/*外进行。

(13) ㄱ. 이런 돌은 쇄석기로 500번 *내/*안/*외/*밖/이내 쇄석되면 된다.

ㄴ. 这种石头用碎石机碎石500次*内/*外/以内就行。

(14) ㄱ. 이번 회의는 전국 10위 내/안/*외/밖의 기업들이 모두 참가하였다.

ㄴ. 全国排名10名内/外的企业都参加了本次会议。

(10)의 예문들은 '밖'과 '안', '외'와 '내', '外'와 '内'가 물량 표현과 함께 쓰인 예문이다. 그중에서 (10ㄱ)과 (10ㄴ)은 '밖'과 '안', '외'와 '내', '外'와 '内'가 개체량 표현과 함께 쓰인 예문이고 (10ㄷ)과 (10ㄹ)은 비개체량 표현과 함께 쓰인 예문이다. (11)은 '밖'과 '안', '외'와 '내', '外'와 '内'가 공간량 표현, (12)는 시간량 표현과 쓰인 예문이다. 그중에서 (12ㄱ)과 (12ㄴ)은 '밖'과 '안', '외'와 '내', '外'와 '内'가 기간 표현과 함께 쓰인 예문이고 (12ㄷ)과 (12ㄹ)은 연령 표현과 함께 쓰인 예문이다. (13)은 '밖'과 '안', '외'와 '내', '外'와 '内'가 동작량 표현, (14)는 등급량 표현과 함께 쓰인 예문이다. (12ㄷ, ㄷ')에서 볼 수 있듯이 '내'의 경우는 한자어 상대량(相對量) 표현과 어울리고 '안'의 경우는 고유어 상대량(相對量) 표현과 어울리는 것도 특징적이다.[16] (13)에서 볼 수

---

16 한국어의 경우 나이를 나타내는 표현이 한자어인 '12세[십이세]'와 고유어인 '열두살[열두살]'이 있다. '십이'가 '세'와 결합하고 '열둘'이 '살'과 결합하는 것에서 알 수 있듯이 한자어는 한자어끼리, 고유어는 고유어끼리 결합하는 경향이 강하다. 한자어 표현 뒤에서는 '내'가, 고유어 표현 뒤에서는 '안'이 자연스럽게 이어지는 것도 이런 경향과 통하는 것이다. 고유어 수 표현과 한자어 수 표현의 차이를 뒤에 오는 요소와 관련하여 논의한 것에는 고영근 · 구본관(2008: 79-81) 등이 있다.

있듯이 '밖'과 '안', '외'와 '내', '外'와 '內'가 모두 행위량 표현과 함께 쓰일 수 없으며 (14)에서 볼 수 있듯이 '밖'과 '안', '外'와 '內', 그리고 '내'는 등급량 표현과 함께 쓰일 수 있지만 '외'는 등급량 표현과 함께 쓰일 수 없다.

예문에서 보았듯이 '내'와 '內'가 물량, 시간량, 등급량 표현과 함께 쓰일 수 있지만 공간량, 동작량 표현과 함께 쓰일 수 없다. 그중에서 '내'와 함께 쓰인 시간량 표현은 기간량 표현과 한자어 연령 표현이다. '안'은 물량, 시간량(기간량과 고유어 연령 표현), 등급량 표현과 함께 쓰일 수 있고 '밖'과 '外'는 등급량 표현과만 쓰일 수 있다. 하지만 '외'는 그 어느 표현과도 함께 쓰일 수 없다.이들의 용법을 표로 정리하면 아래와 같다.

〈표 3.2-1〉 '밖/안', '외/내'와 '外/內'의 용법

		내	안	內	외	밖	外
물량	개체량	○	○	○	×	×	✕
	비개체량	○	○	○	×	×	✕
공간량		×	×	×	×	×	✕
시간량	기간	○	○	○	×	×	✕
	연령	○(한자어)	○(고유어)	○	×	×	✕
동작량		×	×	×	×	×	✕
등급량		○	○	○	×	○	○

(iii) 중국어 '开外'

한편 중국어에는 '外'라는 형태소를 포함한 단어 '开外'가 있다. '开外'는 공간 위치를 표시할 수도 있고 상대량(相對量) 표현에서 사용

할 수도 있다. '开外'와 대응할 수 있는 한국어 단어가 없기 때문에
이 책에서 '开外'는 단독으로 분석하고자 한다.

> (15) ㄱ. 我国智力优秀者有<u>一千万开外</u>。
> ㄴ. 北京的狗市, 一条狗的售价 <u>500元开外</u>。

> (16) 这是李敖先生的工作间, <u>50平米开外</u>的房间里满眼可见的是书。

> (17) ㄱ. 时间虽然已隔<u>十年开外</u>, 发现他除了增加几道皱纹外, 精力还是那样充
> 沛。
> ㄴ. 阿骨里武功差, 年岁也已<u>五十开外</u>。

> (18) 每年的见面次数在<u>50次开外</u>。

> (19) 论人数, 凌钢在全国钢铁企业群里, 几乎都排名<u>40开外</u> 。

(15)는 '开外'가 물량 표현과 함께 쓰인 예문인데 그중에서 (15ㄱ)은
'开外'가 개체량 표현과 함께 쓰인 예문이고 (15ㄴ)은 '开外'가 비개체
량 표현과 함께 쓰인 예문이다. (16)은 '开外'가 공간량 표현, (17)은 시
간량 표현, (18)은 동작량 표현, (19)는 등급량 표현과 함께 쓰인 예문
이다. 그중에서 (17ㄱ)은 '开外'가 기간 표현과 함께 쓰인 예문이고 (17
ㄴ)은 '开外'가 연령 표현과 함께 쓰인 예문이다. 예문에서 보았듯이
'开外'는 물량, 공간량, 시간량, 행위량, 등급량 표현과 함께 쓰일 수 있다.

(2) 그릇 경계에 미치거나 못 미치는 경우와 관련된 표현의 대조

'만'과 '미만'은 각각 '满'과 '未满'에 대응하는 한자어이다. '만'과 '미
만'의 용법은 서로 다른 점이 많기 때문에 이 책에서는 '만'과 '미만',

'滿'와 '未滿'를 함께 다루지 않고 '만'과 '滿', '미만'과 '未滿'으로 나누어서 설명하고자 한다.

(i) '만'과 '滿'의 대조

'만'은 겉으로 보기에는 '滿'과 대응하는 한자어지만 품사와 용법에 있어 '滿'과 많이 다르다. '滿'은 상대량(相对量) 표현과 함께 쓰일 때는 그 품사가 주로 동사이고 일정하게 정해진 수량이 가득 참을 이르는 말이다. 이에 비해 '만'은 수량 표현과 함께 쓰일 때는 그 품사가 명사 혹은 관형사이다. 명사로 쓰일 때는 주로 '만으로' 꼴로 쓰이고 관형사로 쓰일 때는 주로 '만+시간 표현' 꼴로 쓰인다. '만'과 '滿'이 수량 표현과 함께 쓰일 때 어떤 공통점과 차이점이 있는지 아래의 예들을 통해서 살펴보자.

(20) ㄱ. 배 안에 승객이 *만/*만으로 10명이면(10명이 되면) 배가 떠날
　　　　　수 있다.
　　　ㄴ. 船上乘客满10人就可以开船走了。
　　　ㄷ. 쇼핑 금액이 *만/*만으로 천원이면(천원이 되면) 쿠폰 한 장을
　　　　　받을 수 있다.
　　　ㄹ. 购物买满千元, 可以领取购物券一张。

(21) ㄱ. 현재 이 차의 운행 거리는 *만/*만으로 1000km이다(1000km
　　　　　가 되었다).
　　　ㄴ. 这辆车目前行走过的距离已经满1000公里了。

(22) ㄱ. 군대에 입대한 지 만/만으로 10년이 되었다.
　　　ㄴ. 入伍满10年了。
　　　ㄷ. 동생은 올해 만/만으로 27세가 되었다.

ㄹ. 弟弟今年年满27岁了。

(23) ㄱ. 어머니는 매일 대비주(大悲咒)를 *만/*만으로 100번(100번)을
　　　읽었다.
　　ㄴ. 妈妈每天念大悲咒满100遍。

(24) ㄱ. 한국어 능력 시험 *만/*만으로 5급이면 서울대의 석사를 지원
　　　할 수 있다.
　　ㄴ. 韩语等级考试*满5级的话，可以申请首尔大学的硕士。

(20)의 예문들은 '만'과 '满'이 물량 표현과 함께 쓰인 예문이다. 그
중에서 (20ㄱ)과 (20ㄴ)은 '만'과 '满'이 개체량 표현과 함께 쓰인 예문
이고 (20ㄷ)과 (20ㄹ)은 비개체량 표현과 함께 쓰인 예문이다. (21)은
'만'과 '满'이 공간량 표현, (22)는 시간량 표현, (23)은 동작량 표현,
(24)는 등급량 표현과 함께 쓰인 예문이다. 그중에서 (22ㄱ)과 (22ㄴ)은
'만'과 '满'이 기간 표현과 함께 쓰인 예문이고 (22ㄷ)과 (22ㄹ)은 연령
표현과 함께 쓰인 예문이다. 예문에서 보았듯이 '满'은 물량, 공간량,
시간량, 행위량 표현과 함께 쓰일 수 있지만 '만'은 시간량 표현과만
쓰일 수 있다.[17] 그리고 '만'과 '满'은 모두 등급량 표현과 함께 쓰일 수
없다.

시간 표현과 함께 쓰여도 '만'이 기간 표현과 함께 쓰이느냐 연령
표현과 함께 쓰이느냐에 따라 중국어의 '整整'이나 '周(岁)'와 대응할
수 있다.

---

[17]　동일한 한자어가 한·중 언어에 쓰이는 경우라도 한국어에서 용법이 훨씬 제약적인
　　경우가 흔하다. 이는 한자어가 한국어화가 이루어지기는 했지만 본질적으로 중국어
　　에서 차용된 것이기 때문이다.

(25) ㄱ. 보고서를 <u>만 3주</u> 만에 완성했다.
　　ㄴ. 报告书<u>整整</u>用3周完成了。

(26) ㄱ. <u>만 16세 이상의</u> 학생이면 누구나 이번 행사에 참가할 자격이
　　　　있다.
　　ㄴ. <u>16周岁以上的</u>学生, 谁都有参加此活动的资格。

　(25)에서 보았듯이 기간 표현과 함께 쓰일 때는 '만'은 '만/만으로'
라는 식으로 기간 표현과 함께 쓰이고 중국어의 '整整'과 대응한다.
(26)에서 보았듯이 연령 표현과 함께 쓰일 때는 '만'은 '만/만으로'라
는 식으로 연령 표현과 함께 쓰여서 중국어의 '周(岁)'와 대응할 수 있다.

(ii) '미만'과 '未满/不满'의 대조

　'미만'은 겉으로 보기에는 '未满'과 대응하는 한자어지만 품사적 특
성은 '未满'과 아주 다르다. 한국어의 '미만'은 명사로서 굳어진 하나의
단어지만 중국어의 '未满'는 아직 하지 못함을 뜻하는 단어 '末'와 가
득 참을 뜻하는 단어 '满'이 함께 쓰여서 구성된 구라고 할 수 있다.
'末' 대신에 '不'를 쓸 수도 있다. 따라서 이 책에서는 '미만'이 '未满/不
满'과 대응하는 한자어라는 것을 고려하여 '미만'과 '未满/不满'의 대조
를 진행하고자 한다.

(27) ㄱ. 실제 대학로에는 <u>10명 미만</u>의 관객을 놓고 공연하는 극장이 많다.
　　ㄴ. 实际上, 大学路中有很多观众<u>未满/不满10名</u>也正常演出的剧场。
　　ㄷ. 이 회사는 연간 매출액이 <u>10억 원 미만</u>으로 규모는 작은 편이다.
　　ㄹ. 年卖出额<u>未满/不满10亿元</u>, 算是小规模。

(28) ㄱ. 신문 광고의 규격은 거의 모두 세로 20cm, 가로 <u>38cm 미만</u>이
    었다.
   ㄴ. 报纸广告几乎都是竖为20cm, 横为<u>未满/不满38cm</u>的规格。

(29) ㄱ. 경력 <u>7년 미만</u>이면 과장 자리에 지원할 수 없는 회사 규정이 있다.
   ㄴ. 公司有规定, 工作<u>未满/不满7年</u>的话, 不能申请当科长。
   ㄷ. <u>6세 미만</u>의 아동들에게 모두 결핵 예방 주사를 접종해야 한다.
   ㄹ. 须给<u>未满/不满6岁</u>的儿童都进行预防结核的接种。

(30) ㄱ. 이 기계는 실사용이 <u>10번 미만</u>인데 지금 중고품으로 팔면 얼마
    일까?
   ㄴ. 这台机器实际使用<u>未满/不满10次</u>, 现在当成二手货能卖多少钱？

(31) ㄱ. 고향에서 앞으로 수질이 <u>5급 미만</u>인 저수지는 모두 없애자는 정
    책을 세웠다.
   ㄴ. 故乡出台了要将水质<u>*未满/*不满5级</u>的蓄水池全部清除的政策。

　(27)의 예문들은 '미만'과 '未满/不满'이 물량 표현과 함께 쓰인 예문
이다. 그중에서 (27ㄱ)과 (27ㄴ)은 '미만'과 '未满/不满'이 개체량 표현
과 함께 쓰인 예문이고 (27ㄷ)과 (27ㄹ)은 비개체량 표현과 함께 쓰인
예문이다. (28)은 '미만'과 '未满/不满'이 공간량 표현, (29)는 시간량 표
현, (30)은 동작량 표현, (31)은 등급량 표현과 함께 쓰인 예문이다. 그
중에서 (29ㄱ)과 (29ㄴ)은 '미만'과 '未满/不满'이 기간 표현과 함께 쓰
인 예문이고 (29ㄷ)과 (29ㄹ)은 연령 표현과 함께 쓰인 예문이다. 예문
에서 보았듯이 '미만'과 '未满/不满'이 모두 물량, 공간량, 시간량, 행위
량 표현과 함께 쓰일 수 있지만 등급량 표현과 함께 쓰일 때는 차이점
이 있다. 즉 '미만'은 등급량 표현과 함께 쓰일 수 있지만 '未满/不满'

은 등급량 표현과 함께 쓰일 수 없다.

'미만'과 '未満/不満'은 모두 물량, 공간량, 시간량, 행위량 표현과 함께 쓰일 수 있지만 표상하는 구체적인 의미에 있어 차이점이 있다.

(32) ㄱ. 18세 미만의 공민들은 형사적 책임을 지지 않아도 된다.
　　 ㄴ. 未満/不満18周岁的公民不需要负刑事责任。

(33) ㄱ. 중국경제연구원은 우리 경제의 성장속도가 하반기에 다소 둔화되면서 연간 성장률이 6% 미만에 그칠 것으로 전망했다.
　　 ㄴ. 据中国经济研究院预测，中国在下半年的经济成长速度多少会钝化，年成长率还不足(不到)/*不満6%。

(32ㄱ)에서 '미만'과 함께 쓰인 수량 표현은 기준으로 작용하는 것이고 (33ㄱ)에서 '미만'과 함께 쓰인 수량 표현은 기준 수량 표현이 아니라 일반 수량 표현이다. (32ㄴ)의 '未満/不満'이 (32ㄱ)의 '미만'과 대응할 수 있고 (33ㄴ)의 '未満/不満'이 (33ㄱ)의 '미만'과 대응할 수 없는 것을 보면 '미만'과 '未満/不満'이 완전히 대응하는 게 아니라 의미적 차이점이 있다는 것을 알 수 있다. 즉 '未満/不満'은 주로 어떤 조건에 미달하는 것을 강조하는 데 비해 '미만'은 단순히 어떤 수량에 못 미치는 것을 강조한다. 이 수량은 기준으로 작용할 수도 있고 일반 수량으로 작용할 수도 있다. 이 수량이 기준으로 작용하는 경우에는 '미만'이 중국어의 '未満/不満'에 해당하고 이 수량이 일반 수량인 경우에는 '미만'이 중국어의 '不到'나 '小于'에 해당한다.

(iii) 한국어 '만'과 '미만'의 비대칭적(非対称) 용법

위의 분석에서 보았듯이 중국어의 '滿'과 '未滿/不滿'의 용법은 서로 대칭적이다. 즉 '滿'과 '未滿/不滿'은 모두 물량, 공간량, 시간량, 행위량 표현과 함께 쓰여서 정반대의 의미를 표시할 수 있을 뿐만 아니라 수량 표현들과 함께 쓰일 때는 '滿'과 '未滿/不滿'이 모두 같은 위치에 있을 수 있다. 그러나 이에 반해 한국어의 '만'과 '미만'의 용법은 서로 대칭되지 않는다. 본 절에서는 주로 '만'과 '미만'의 비대칭적 용법을 서술하고자 한다.

예문 (20ㄱ)-(24ㄱ), 예문 (27ㄱ)-(31ㄱ)을 보면 '만'과 '미만'의 비대칭적 용법을 세 가지로 정리할 수 있다. 첫째, '만'과 '미만'과 함께 쓰일 수 있는 수량 표현의 종류가 다르다. 즉 '만'은 시간량 표현과만 쓰일 수 있지만 '미만'은 물량, 공간량, 시간량, 행위량, 등급량 표현과 모두 쓰일 수 있다. 둘째, '만'과 '미만'은 수량 표현과의 위치 관계가 다르다. '만'은 주로 수량 표현의 앞에 있고 '미만'은 주로 수량 표현의 뒤에 있다. 셋째, '미'가 더 있는 것 말고도 '만'과 '미만'의 의미가 다르다. 예문(22ㄱ)과 (22ㄷ), 예문(25ㄱ)과 (26ㄱ)에서 보았듯이 '만'은 주로 일정한 시간 기준에 가득 참을 표시하지만 '미만'은 그냥 어떤 수량에 못 미치는 것을 강조한다. '미만'과 함께 쓰인 다른 표현을 보면 '미만'의 의미를 확인할 수 있다.

(34) ㄱ. <u>1결 이상</u>은 부농(富農), <u>1결 미만</u> 50부 이상은 중농(中農)…
　　ㄴ. 소주는 20도에서 35도 <u>이하</u>, 주정 첨가 맥주는 4도에서 25도 <u>미만</u>……

예문 (34ㄱ)에서 보았듯이 '미만'은 '이상'과 대칭적으로 쓰이고 예문 (34ㄴ)에서 보았듯이 '미만'은 '이하'와 비슷한 의미와 용법을 가진다. 그래서 '미만'의 의미는 '이하'와 비슷하고 '이상'과 상반되는 것을 알 수 있다.

3.2.2.2 방향 도식 표현 대조

기준 수량보다 많거나 적은 경우에 관련된 도식은 주로 '위-아래' 도식이다. 이런 도식에서 기준 수치는 공간 중 하나의 수평선에 해당하고 이 수평선은 공간을 두 부분으로 나눈다.

즉 윗부분과 아랫부분이다. 윗부분은 기준 수치보다 큰 수치에 해당하고 아랫부분은 기준 수치보다 작은 수치에 해당한다. 이러한 윗부분과 아랫부분을 표시하는 표현은 한국어의 한자어 '이상/이하', 고유어 '위-아래', 중국어의 '以上/以下' 등이 있다.

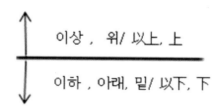

〈그림 3.2-2〉 '기준 수량보다 많거나 적은 경우의 표현'과 관련된 방향 도식

'이상/이하'는 '以上/以下'에 대응하는 한자어이고 '위/아래'는 '上/下'에 대응하는 고유어이다. 그렇다면 '이상/이하'와 '以上/以下'가 모

두 물량, 공간량, 시간량, 동작량, 등급량 표현과 함께 쓰일 수 있을까? '이상/이하'와 '以上/以下'가 서로 대응할 수 있을까? 아래 부분에서 이 문제에 대해 논의해 보기로 한다.

(35) ㄱ. 논문의 글자 수를 <u>5000자 이상/이하/*위/*아래</u>(으)로 정해야 한다.
　　ㄴ. 论文的字数要控制在<u>5000字以上/以下/*上/*下</u>。
　　ㄷ. 축의금은 <u>만원 이상/이하/*위/*아래</u>(을/를) 낼 것이다.
　　ㄹ. 随礼钱我打算给<u>一万元以上/以下/*上/*下</u>。

(36) ㄱ. 거실의 길이를 <u>10m 이상/이하/*위/*아래</u>(으)로 정할 계획이다.
　　ㄴ. 我打算将客厅的长度定为<u>10米以上/以下/*上/*下</u>。

(37) ㄱ. 입사한 지 <u>3년 이상/이하/*위/*아래</u>의 직원은 이번에 승진할 기회가 있다.
　　ㄴ. 进公司<u>三年以上/以下/*上/*下</u>的职工这次有升迁的机会。
　　ㄷ. 조사에 따르면 <u>12살 이상/이하/*위/*아래</u>의 학생의 생활 능력이 부족하다고 한다.
　　ㄹ. 调查显示<u>12岁以上/以下/*上/*下</u>的学生的生活能力不足。

(38) ㄱ. 앞으로는 매주 회의를 <u>10번 이상/이하/*위/*아래</u>(을/를) 해야 한다.
　　ㄴ. 以后每周要开<u>10次以上/以下/*上/*下</u>的会议。

(39) ㄱ. 회원 등급이 <u>5급 이상/이하/*위/*아래</u>(이)면 추석 선물 세트를 받을 수 있다.
　　ㄴ. 会员等级是<u>5级以上/以下/*上/*下</u>的话,就能收到中秋礼盒。

(35)의 예문들은 '이상/이하'와 '以上/以下', '위/아래'와 '上/下'가 물

량 표현과 함께 쓰인 예문들이다. 그중에서 (35ㄱ)과 (35ㄴ)은 '이상/이하'와 '以上/以下', '위/아래'와 '上/下'가 개체량 표현과 함께 쓰인 예문이고 (36ㄷ)과 (36ㄹ)은 비개체량 표현과 함께 쓰인 예문이다. (36)은 '이상/이하'와 '以上/以下', '위/아래'와 '上/下'가 공간량 표현, (37)은 시간량 표현, (38)은 동작량 표현, (39)는 등급량 표현과 함께 쓰인 예문이다. 그중에서 (37ㄱ)과 (37ㄴ)은 '이상/이하'와 '以上/以下', '위/아래'와 '上/下'가 기간 표현과 함께 쓰인 예문이고 (37ㄷ)과 (37ㄹ)은 연령 표현과 함께 쓰인 예문이다. 예문에서 보았듯이 '이상/이하'와 '以上/以下'는 모두 물량, 공간량, 시간량, 행위량, 등급량 표현과 함께 쓰일 수 있지만 '위/아래'와 '上/下'는 물량, 공간량, 시간량, 행위량, 등급량 표현과 함께 쓰일 수 없다.

그리고 '위/아래'가 나이 표현과 함께 쓰이는 예문도 있는데 이런 예문에서 '위/아래'는 주로 어떤 나이보다 나이가 더 많은 것을 표시하는 것이다.

(40) ㄱ. 언니는 저보다 <u>두 살 위</u>이지만, 남동생은 <u>두 살 아래</u>다.
　　 ㄴ. 姐姐比我<u>大两岁</u>, 弟弟比我<u>小两岁</u>。

예문 (40ㄱ)에서 보았듯이 어떤 나이보다 나이가 많은 것을 표시하려면 '위'를 쓰고 어떤 나이보다 나이가 적은 것을 표시하려면 '아래'를 쓴다. 예문(40ㄴ)에서 보았듯이 이런 경우의 '위'와 '아래'는 각각 중국어의 '大'와 '小'와 대응한다.

3.2.3 기준 수량보다 많든 적든 불확정한 경우의 대조

기준 수량보다 많든 적든 불확정한 경우는 어떤 수량 기준에 조금 모자라거나 넘치는 경우를 가리키는 것이다. 한·중 언어에서는 기준 수량보다 많든 적든 불확정한 경우를 표시할 때 각각 어떤 그릇 도식 표현과 방향 도식 표현을 쓰는가? 그릇 도식 표현과 방향 도식 표현을 쓰는 데 어떤 공통점과 차이점이 있는가? 본 장에서는 이 질문들에 대해 답하고자 한다.

3.2.3.1 그릇 도식 표현의 대조

앞에서 밝혔듯이 그릇 도식 영상 중에서 기준 수량은 그릇의 경계에 해당한다. 이 경계를 기준으로 하여 어떤 물체와 그 그릇의 대칭적인 위치를 그릇의 내부와 외부에 있는 것과 그릇의 경계에 못 미치거나 미치는 것으로 나눌 수 있다. 기준 수량보다 많든 적든 불확정한 경우는 주로 그릇의 내부와 외부에 관련된 경우이다. 기준 수량보다 많으면 그릇 외부에 위치하는 것에 해당되고 외부와 관련된 단어인 '밖'과 '외'로 표시되며 기준 수량보다 적으면 그릇 내부에 위치하는 것에 해당되고 내부와 관련된 단어인 '안'과 '내'로 표시된다. 따라서 기준 수량보다 많든 적든 불확정한 경우에는 주로 '내외'와 '안팎'[18]을 쓴다. 하지만 중국어에는 이러한 그릇 도식 표현이 없다.[19] 그렇다면

---

18 현대 한국어의 '안'에 해당하는 중세 한국어 형태는 '앓'이었다. 현대 한국어에 나타나는 '안팎'은 중세 한국어에서는 '앓'이 '밖'(중세 한국어의 경우는 'ㅂ')과 결합한 화석형이다.

19 중국어의 경우는 뒤에서 언급할 것인바 '左右', '上下'가 있지만, 그릇 도식 표현이 없

'내외'와 '안팎'은 각각 어떤 수량 표현과 함께 쓸 수 있는가?

(41) ㄱ. 원고지 200자 내외/안팎(으)로 글을 써 오시오.
　　ㄴ. 10만원 내외/안팎의 비용을 들여 여행을 다녀왔다.

(42) 우리나라 남자들의 평균 신장은 170cm 내외/안팎이다.

(43) ㄱ. 한 시간 내외/안팎(으)로 끝마쳐라.
　　ㄴ. 삼십 내외/안팎(으)로 보이는 한 남자가 내 옆에 앉았다.

(44) 이 신발은 10번 *내외/*안팎/정도 신었는데 지금 중고품으로 팔면
　　얼마에 팔 수 있을까?

(45) 1,000 KW급 *내외/안팎 규모의 발전소가 준공되었다.

　(41)의 예문은 '내외'와 '안팎'이 물량 표현과 함께 쓰인 예문이다. 그중에서 (41ㄱ)은 '내외'와 '안팎'이 개체량 표현과 함께 쓰인 예문이고 (41ㄴ)은 '내외'와 '안팎'이 비개체량 표현과 함께 쓰인 예문이다. (42)은 '내외'와 '안팎'이 공간량 표현, (43)은 시간량 표현, (44)는 동작량 표현, (45)은 등급량 표현과 함께 쓰인 예문이다. 그중에서 (43ㄱ)은 '내외'와 '안팎'이 기간 표현과 함께 쓰인 예문이고 (43ㄷ)은 연령 표현과 함께 쓰인 예문이다. 예문에서 보았듯이 '안팎'은 물량, 공간량, 시간량, 등급량 표현과 함께 쓰일 수 있지만 '내외'는 물량, 공간량, 시간량 표현과는 함께 쓰일 수 있고 등급량 표현과는 함께 나타나지 않는다. 한편 (44)에서 볼 수 있듯이 동작량의 경우 '내외'나 '안팎'이 모

는 것에서 알 수 있듯이 한·중 언어 공간 은유 수량 표현에는 공간 은유 양상에서 차이를 보이는 경우가 있다는 것을 알 수 있다.

두 자연스럽지 않아 '정도'가 주로 쓰인다.

3.2.3.2 방향 도식 표현의 대조

기준 수량보다 많든 적든 불확정한 경우를 표현할 때 한·중 언어
는 각각 다른 방향 도식 표현을 쓴다. 한국어에서는 주로 '앞'과 '뒤'를
표시하는 한자어 '전후'를 쓰지만[20] 중국어에서는 주로 '좌측'과 '우측'
을 표시하는 '左右'와 '위'와 '아래'를 표시하는 '上下'를 쓴다.

> (46) ㄱ. 한국은 대도시 인구가 <u>100만 명 전후</u>일 때, 광역시로 승격시키
> 는 것이 관행화돼 있다.
> ㄴ. 쌀값이 하락해서 현재 1킬로그램에 <u>3,000원 전후</u>이다.

> (47) 학생 기숙사의 침대 사이즈는 <u>200cm X 120cm 전후</u>이다.

> (48) ㄱ. 대개 6시간쯤 되면 일어나는 것이 보통 급성장염이고, <u>20시간</u>
> <u>전후</u> 일어나는 것이 전염병이다.
> ㄴ. 그는 <u>30세 전후</u>로 보인다.

> (49) 스트레칭을 하루에 <u>10번 전후</u>로 했다.

> (50) 동생의 한국어 능력은 지금 <u>*5급 전후</u>이다.

(46)의 예문들은 '전후'가 물량 표현과 함께 쓰인 예문이다. 그중에

---

20   한국어에는 '전후하다'라는 동사도 있지만 '100만 명을 전후하다'처럼 쓰여서 수량
표현 명사나 명사구 뒤에 직접 연결하는 '左右'나 '上下'와 통사적 차이가 크다. 따
라서 본 연구에서는 '전후하다'는 연구 대상에서 제외하기로 한다.

서 (46ㄱ)은 '전후'와 '전후이다'가 개체량 표현과 함께 쓰인 예문이고 (46ㄴ)은 '전후'와 '전후이다'가 비개체량 표현과 함께 쓰인 예문이다. (47)은 '전후'와 '전후이다'가 공간량 표현, (48)은 시간량 표현, (49)는 동작량 표현, (50)은 등급량 표현과 함께 쓰인 예문이다. 그중에서 (48 ㄱ)은 '전후'가 기간 표현과 함께 쓰인 예문이고 (48ㄴ)은 연령 표현과 함께 쓰인 예문이다. 예문에서 보았듯이 '전후'는 물량, 공간량, 시간 량, 행위량 표현과 함께 쓰일 수 있지만 등급량 표현과는 함께 쓰일 수 없다.

그럼 중국어에서 '좌측'과 '우측'을 표시하는 '左右'와 '위'와 '아래' 를 표시하는 '上下'가 각각 어떤 수량 표현과 함께 쓰일 수 있을까?

(51) ㄱ. 1989年人口调查结果显示, 在俄罗斯领土上的中国人总数有<u>5000人 左右/上下</u>。
ㄴ. 80年代, 中国普通家庭的年收入才<u>500美元左右/上下</u>。

(52) 宿舍住宿条件普遍很差, <u>一个20平方米左右/上下</u>的潮湿阴暗的房间一般都住20个左右的学生。

(53) ㄱ. 在过去<u>30年左右/上下</u>的时间里, 中国的经济得到了飞速的发展。
ㄴ. 智力在12岁以前增长较快, 以后较慢, 到了<u>20岁左右/上下</u>达到高峰。

(54) 协调意见需要多次会谈, 可能是三四次, 也可能是<u>十次左右/上下</u>。

(55) 居民房如果不安防震柱, <u>3级左右/上下</u>的地震就足以让房屋倒塌。

(51)의 예문들은 '左右'와 '上下'가 물량 표현과 함께 쓰인 예문이다. 그중에서 (51ㄱ)은 '左右'와 '上下'가 개체량 표현과 함께 쓰인 예문이

고 (51ㄴ)은 '左右'와 '上下'가 비개체량 표현과 함께 쓰인 예문이다. (52)는 '左右'와 '上下'가 공간량 표현, (53)은 시간량 표현, (54)는 동작량 표현, (55)는 등급량 표현과 함께 쓰인 예문이다. 그중에서 (53ㄱ)은 '左右'와 '上下'가 기간 표현과 함께 쓰인 예문이고 (53ㄴ)은 연령 표현과 함께 쓰인 예문이다. 예문에서 보았듯이 '左右'와 '上下'는 물량, 공간량, 시간량, 행위량, 등급량 표현과 모두 함께 쓰일 수 있다.

앞에서 살펴보았듯이 기준 수량보다 많든 적든 불확정한 경우를 표현할 때 한국어에서는 주로 외부나 내부를 표시하는 '내외'와 '안팎'이라는 그릇 도식 표현을 쓰지만 중국어에서는 이러한 그릇 도식 표현을 쓰지 않는다. 그리고 한국어에서는 '앞'과 '뒤'를 표시하는 한자어 명사 '전후'라는 방향 도식 표현을 쓰지만 중국어에서는 주로 '좌측'과 '우측'을 표시하는 '左右' 방향 도식 표현과 '위'와 '아래'를 표시하는 '上下' 도식 표현을 쓴다.[21]

기준 수량보다 많든 적든 불확정한 경우를 표현할 때 한·중 언어에서 쓰는 공간 은유 표현이 무엇인지, 각각 어떤 수량 범주 표현과 함께 쓰일 수 있는지를 아래의 표로 정리해 보았다.

〈표 3.2-2〉 '기준 수량보다 많든 적든 불확정한 경우'와 관련된 공간 은유 표현

공간 은유		한국어			중국어	
수량 표현		전후	안팎	내외	左右	上下
물량	개체량	○	○	○	○	○

21　중국어에는 '앞'과 '뒤'의 뜻을 표시하는 '前'와 '后'가 이루는 '前后'라는 단어도 있다. '前后'는 흔히 시점 등 시간 표현에 붙어서 '어떤 시점의 전이나 후'라는 의미를 표시할 수 있지만 시간이 가지는 '양'(예를 들어서, 이틀, 2년 등)을 표시할 수 없어서 본 연구에서는 '前后'를 제외하고자 한다.

	비개체량	○	○	○	○	○
공간량		○	○	○	○	○
시간량	기간	○	○	○	○	○
	연령	○	○	○	○	○
동작량		○	×	×	○	○
등급량		×	○	×	○	○

논의를 마무리하기 전에 한·중 언어의 상대량 표현에서의 공간 은유 표현이 차이점이 나타나는 원인에 대해 생각해 보기로 하자. 앞에서 살펴보았듯이 한·중 언어는 상대량 표현에서 같은 공간 은유 표현을 쓰는 경우도 있고 다른 공간 은유 표현을 쓰는 경우도 있었다. 그렇다면 두 언어가 상대량 표현을 표시할 때 왜 같은 공간 은유 표현도 쓰고 또 왜 다른 공간 은유 표현도 쓸까? 같은 공간 은유를 쓰는 이유의 하나는 언어 접촉의 결과로 볼 수 있다. 즉, 한·중 언어에서 같은 공간 은유 상대량 표현이 쓰이는 경우는 대부분이 한자어라는 사실을 보면 공통점을 가지게 되는 이유를 언어의 접촉(language contact)에 의한 것으로 해석할 수 있는 것이다. 즉 한국은 오랜 역사 기간 동안 중국의 한자를 빌려서 문자 생활을 하는 과정에서 중국어의 언어 표현 방식과 언어 습관의 영향을 받았고 볼 수 있다.

그러나 한자어 공간 은유 상대량 표현 중에서 한·중 언어에서 미묘한 차이를 가지는 경우도 있었고, 아예 다른 사용 양상을 보이는 경우도 있었다. 한국어 고유어 공간 은유 상대량 표현이 중국어에서 나타나지 않는 것은 당연한 일이다. 이는 한국어를 사용하는 사람들과 중국어를 사용하는 사람들 사이의 사유 방식이나 언어적인 습관의 차이가 영향을 미친 것으로 생각된다. 즉 한국 사람들은 공간에 대하여 중국 사람들과는 다른 인식과 인지적 감각을 가졌기 때문에 중국어와 다른 공간 은유 표현을 쓰게 된 것이다. 예를 들어서, 기준 수량보다 많든 적든 불확정한 경우를 표현할 때 한국어에서는 주로 외부나 내부를 표시하는 '내외'와 '안팎'이라는 그릇 도식 표현과 '앞'과 '뒤'를 표시하는 한자어 명사 '전후'라는 방향 도식 표현을 쓴다. 하지만 중국어에서는 그릇 도식 표현을 쓰지 않고 주로 '좌측'과 '우측'을 표시하는 '左右' 방향 도식 표현과 '위'와 '아래'를 표시하는 '上下' 방향 도식 표현을 쓰는 것이다.

제 4 장

전량 표현의 대조

전량 표현의 대조

이 책에서는 전량 표현을 임의적 전량 표현과 배분적 전량 표현, 그리고 종합적 전량 표현으로 나누고자 한다. 임의적 전량 표현이란 어떤 집합 중의 임의적 개체를 모두 지칭함으로써 전량의 의미를 표시하는 표현이다. 한·중 언어에서 전형적인 임의적 표현은 '아무+N/NP'과 '任何+N/NP'이다. 배분적 전량 표현이란 한 집한 중의 하나하나의 개체가 서술어와 배분적 관련을 가진다는 것을 표시하는 표현이다. 한·중 언어에서 전형적인 배분적 전량 표현은 '每/各'와 '매/각'이다. 종합적 전량 표현이란 일정한 양화 대상을 종합적으로 총괄하는 표현이다. 한·중 언어에서 전형적인 종합적 전량 표현은 '都/全'과 '모두/다'이다. 본 장에서는 임의적 표현 대조, 배분적 표현 대조, 임의적 표현 대조로 나누어서 논술하겠다.

4.1 임의적 전량 표현의 대조

앞에서 언급했듯이 한·중 언어의 전형적인 임의적 전량 표현은 '아무'와 '任何'이다. 이 부분에서는 개념 공간 이론에 기초하여 '아무'와 '任何'에 대해 대조 연구를 하겠다.

개념 공간(conceptual space)은 언어유형학에서 최근 제시된 이론 모델로서 언어 형식의 다양한 기능을 연구하는 중요한 도구이다. 개념 공간은 언어 간의 대조를 통해서 인간 언어의 다양한 기능 간의 공통점과 차이점을 밝히는 것이 주된 목적이다.(吳福祥, 張定(2011)) 언어유형학의 시각으로 보면 개념 공간은 의미 지도와 같은 개념이 아니다. 개념 공간은 언어 간의 대조를 통해서 제시된 보편성이 있는 의미적 공간이지만 의미 지도는 어떤 특정한 언어의 특정한 형식의 개념 공간에서의 분포를 그린 것이다.

Haspelmath(1997)의 연구는 개념 공간을 이용해서 다양한 언어의 비한정 표현(不定表达, Indefinite Expression)을 분석하고 대조하는 전형적인 연구라고 해도 과언이 아니다. Haspelmath(1997)에서는 세계의 여러 언어 중에서 한·중 언어를 포함한 40개 언어의 모든 비한정 표현의 의미 지도를 토대로 비한정 표현의 개념 공간을 제안하였다. 바로 Haspelmath(1997)의 이런 연구 덕분에 의미 지도가 언어유형학 연구자의 눈길을 끌기 시작하였다.

우선 비한정 표현(不定表达)이란 무엇인지, 본 절에서 왜 '아무'와 '任何'를 연구 대상으로 삼는지, 그리고 본 절의 연구 목적이 무엇인지에 대해 밝히고자 한다. 비한정 표현은 한정 표현과 대립되는 개념으로서 어느 한정된 대상을 짚어서 말하는 게 아니라 한정하지 않고 통틀어서 지칭하는 표현이다. '아무/아무+명사'와 '任何+명사'는 비한정 대명사로 쓰이는 의문 대명사와 함께 한·중 언어의 비한정 표현의 중요한 내용을 이룬다. 하지만 의문 대명사의 비한정 용법에 대한 대조 연구는 그동안 많이 이루어졌으나 '아무/아무+명사'와 '任何+명사'에 대한 대조 연구는 아직 진행된 바가 없다. 따라서 '아무/아무+명사'와 '任何+명사'가 비한정 표현 중에서 차지하는 지위를 고려하고 선행 연구를 보완하는 측면에서 '아무/아무+명사'와 '任何+명사'에 대한 연구는 학문적 의의가 있을 것이라고 본다. 뿐만 아니라 '아무'와 '任何'는 용법과 의미에서 서로 대응하는 경우도 있다. 용법에서는 '아무'와 '任何'가 각각 한·중 언어에서 관형어로 쓰일 수 있다. 의미적 측면을 보면 주로 사전에서 서로 대응하는 식으로 해석된다. 예를 들어서, 『한영사전』(2015)과 『중영사전』(2010)에서 각각 'any'로 해석되고 『한중사전』(2004)과 『한중 사전』(1995)에서도 서로 해석된다. 하지만 사전에서 대응한다고 해서 '아무'와 '任何'의 의미와 용법이 완전히 같다고 할 수는 없다. 즉 '아무'와 '任何'의 의미와 용법에는 차이점도 많다. 바로 이런 차이점 때문에 학생들은 '아무'와 '任何'를 배울 때 자주 오류를 범한다. 아래와 같은 예를 살펴보자.

> (1) ㄱ. 这个实验的所有步骤都很重要, <u>任何一个步骤</u>出现错误, 都会影响结果。
> ㄴ. *이 실험의 모든 절차가 다 중요한데 <u>아무 절차에나</u> 문제가 생기면 실험 결과 에 영향을 끼칠 수 있다.
> ㄷ. 이 실험의 모든 절차가 다 중요한데 <u>어느 한 절차라도</u> 문제가 생기면 실험 결과에 영향을 끼칠 수 있다.

(2) ㄱ. 요즘 얼마나 험한 세상인데 <u>아무한테나</u> 신분증 같은 걸 보여 주
　　 지 마.

　　ㄴ. *最近这个世道多么险恶啊，不要把身份证之类的给<u>任何人</u>看。

　　ㄷ. 最近这个世道多么险恶啊，不要把身份证之类的谁都给看。

　　위의 예문에서 보듯이 (1ㄱ)와 (1ㄴ), (2ㄱ)와 (2ㄴ)의 의미가 달라서
서로 대응할 수 없다. 특히 (2ㄱ)에서는 '任何'가 없는, '아무'만 가지는
대명사 용법도 보여 준다. 하지만 학생들은 중국어나 한국어를 제 2언
어로 배울 때 '아무'와 '任何' 계열을 (1ㄱ)와 (1ㄴ), (2ㄱ)와 (2ㄴ)처럼
잘못 대응시키는 경우가 많다. 이에 따라 '아무' 계열과 '任何' 계열의
특징을 밝히고 기본적인 의미를 밝히는 것은 시급하고 실용성이 있다
고 하겠다.

　　본 절에서는 한·중 언어의 중요한 비한정 표현인 '아무' 계열과 '任
何' 계열이 각각 무슨 기능이 있는지, 공간 개념에서 어떻게 분포되는
지, '아무'와 '任何'의 기본적인 의미가 각각 무엇인지, 그들의 의미 지
도를 통해서 무슨 유형학적 결론을 도출할 수 있는지를 밝히는 것을
연구 목적으로 한다.

　　구체적인 연구 방법은 아래와 같다. 우선 Haspelmath(1997)의 개념
공간을 바탕으로 한·중 비한정 표현인 '아무' 계열과 '任何' 계열의
구문들을 분석하고 이 구문들이 각각 어떤 기능이 있는지, 즉 개념 공
간에서 어떻게 분포되었는지를 밝힌다. 다음으로 각 가능별로 '아무'
와 '任何' 구문의 의미를 분석하고, 이를 기초로 하여 '아무'와 '任何'의
기본적인 의미와 기능 간의 의미적 연관성도 밝힌다. 마지막으로 '아
무'와 '任何'의 의미 지도와 기능 간의 의미적 연관에 대한 분석을 바

탕으로 Haspelmath(1997)에서 제시한 개념 공간에 수정 의견을 제시하고자 한다. 대조 연구를 하기 전에 먼저 선행 연구를 보겠다.

4.1.1 '아무'와 '任何'에 대한 선행 연구

Haspelmath(1997)에서는 한·중 언어를 비롯한 40개 언어의 비한정 표현(不定表达, Indefinite Expression)에 대하여 구체적인 분석을 진행했고, 그 외 100개의 언어의 비한정 표현에 대한 기존 분석을 참조하여 그림 1과 같은 '비한정사의 개념 공간'을 구축하였다. 비한정사는 아래와 같은 9가지의 기능을 가진다고 밝혔다.[1] 즉 Specific, known to the speaker(특정, 화자 既知), Specific, unknown to the speaker(특정, 화자 未知), Non-specific, Irrealis(비현실, 불특정), Question(의문문, 보통 일반 의문문의 의문대상), Conditional protasis(조건절), Comparative(standard of comparison)(비교문, 비교 기준), Indirect negation(간접 부정), Direct negation(직접 부정), Free-choice(자유선택). 여기서 주의해야 할 점은 직접 부정과 간접 부정의 판단 기준이다. 직접 부정과 간접 부정의 판단 기준은 비한정 표현이 부정 표현과의 의미적 관계에 있는 것이 아니라 통사적 위치 관계에 있는 것이다. 비한정 표현이 문법적 부정 표현[2]의 직접적인 논항이라면 그 문장은 직접 부정이고, 비한정 표현이 문법적 부정 표현의 직접적인 논항이 아니거나 문장의 술어가 모호 부정어라면 그 문장은 간접 부정이다. 즉 간접 부정은 주로 두 가지의 경우를 포함하는데, 하

---

1 Haspelmath(1997)에서는 '기능'을 '어떤 언어 형식이 출현하는 의미적조건과 화용적 조건을 강조하는 것이다'라고 정의했다.
2 문법적 부정 표현이란 한국어의 '안', '못', '없다' 등과 중국어의 '不', '没有' 등 표현을 가리키는 것이다.

나는 비한정 표현이 부정 표현의 대상 절에 있는 '부정인상문'(否定引上句, Superordinate negation sentence)³의 경우이고, 또 하나는 부정 표현이 문법적 부정 표현이 아니라 모호 부정어인 경우이다. 모호 부정어란 '안', '못', '없다' 등 문법적 부정표현 단어 외에 다른 소극적이고 부정적인 의미를 가지는 단어이다.

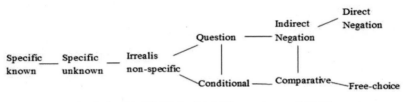

〈그림 4.1-1〉 비한정사의 개념 공간(Haspelmath, 1997:64)

Haspelmath(1997)는 이 개념 공간을 바탕으로 하여 중국어의 비한정 표현들과 한국어의 부정표현들의 의미 지도를 아래와 같이 그렸다.

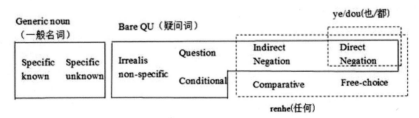

〈그림 4.1-2〉 중국어 비한정 표현의 의미 지도(Haspelmath, 1997:307)

---

3   '부정인상'은 Haspelmath(1997)에서는 'Superordinate negation'이라고 한다. 부정
     인상문은 비한정 표현이 부정 표현의 직접 논항 식으로 구성되는 문장이 아니라 부정
     표현의 대상절에 있는 문장을 가리키는 것이다.

Bare WH/-nka   -to

Specific known	Specific unknown	Irrealis non-specific	Question	Indirect Negation	Direct Negation
			Conditional	Comparative	Free-choice

-na/-tunci

〈그림 4.1-3〉 한국어 비한정 표현의 의미 지도(Haspelmath, 1997:314)

그림 2에서 보듯이 Haspelmath(1997)는 중국어의 비한정 표현을 주로 일반 명사와 의문대명사, '任何', '也/都' 등으로 제시하고, 그 중 '任何' 계열은 '간접 부정, 비교 기준, 직접 부정, 자유 선택'의 기능이 있다고 밝혔다. 그림 3에서 보듯이 한국어의 부정 표현은 의문 대명사와 '-도', '-나/-든지' 등으로 제시하였지만 '아무' 계열은 간과한 것으로 보인다.

Haspelmath(1997)에서 제안한 개념 공간에 기초하여 박진호(2007)에서는 아래와 같이 한국어의 언어 사실에 더 맞는 비한정 표현의 의미 지도를 제안하였다.

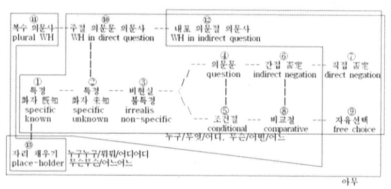

〈그림 4.1-4〉 한국어 비한정 표현의 의미 지도(박진호, 2007)

박진호(2007)에 따르면 한국어의 부정 표현은 주로 의문대명사 계열과 '아무' 계열이 있으며, 그 중에서 '아무' 계열은 '자리 채우기, 자유 선택, 직접 부정, 내포 의문절 의문사'의 기능이 있다. 또 '-도'와 '-나/든지'의 조사는 의문대명사나 '아무'와 함께 쓰여야 '비한정'의 의미를 표시할 수 있다고 밝혔다.

张定(2013)에서는 중국어의 비한정 표현은 '任何'와 의문대명사가 있고 '任何'는 '의문문, 조건문, 간접 부정, 비교절, 직접 부정, 자유 선택'의 기능이 있으며 '任何'의 의미 지도를 아래와 같이 제시하였다.

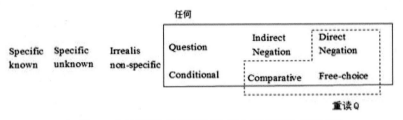

〈그림 4.1-5〉 '任何'와 의문대명사의 의미 지도(张定, 2013:147)

위의 선행 연구를 통해 '아무'와 '任何'의 의미 지도를 살펴볼 수 있었다. 그러나 '아무'와 '任何'를 포함한 구문들도 있는데 이런 구문들도 '아무'와 '任何'와 같은 기능을 가지고 있는가? 그리고 '아무' 구문과 '任何' 구문이 같은 기능 아래에서 같은 의미를 표시하는가? 이 책에서 이러한 질문에 초점을 두고 '아무'와 '任何' 구문들의 의미 지도를 자세히 밝히고, 또한 '아무'와 '任何'의 기본적인 의미와 각 기능 아래에서의 의미적 연관성도 밝히고자 한다.

4.1.2 '아무' 구문과 '任何' 구문의 기능 분포

Haspelmath(1997)에서는 '기능'(Functions)을 '용법'(Uses)이라고 하고, 또 어떤 언어 형식이 출현하는 의미적 조건과 화용적 조건을 강조하는 것이라고 하였다. 그리고 하나의 언어 형식이나 언어 계열은 '다기능성'(Massive Multifunctionality)을 가질 수 있다고도 밝혔다. Haspelmath(1997)는 비한정사의 9가지 기능이 각각 '다른 언어에서 다른 언어 형식으로 표현될 수 있다'고 하였다. 그리고 이 9가지 기능의 의미 지도 상에서의 연관성을 아래와 같이 밝혔다. 첫째, 두 기능이 적어도 하나의 언어에서 같은 문법 형식으로 표현된다면 그들이 개념 공간에서 서로 연결된다. 둘째, 의미적이나 화용적으로 가장 가까운 기능은 개념 공간에서도 서로 연결된다. 그렇다면 '아무'와 '任何'의 각 구문도 개념 공간에서 과연 연결되는가? 이 질문에 대답하기 위해 '아무' 구문과 '任何' 구문의 개념 공간에서의 기능 분포를 각각 보기로 한다.

4.1.2.1 '아무' 구문의 기능 분포

'아무' 구문으로는 '아무+N', '아무+N+(이)나/ 아무나', '아무+N+도/ 아무도', '아무+N+라도/아무라도', '아무+N+든지/아무든지'의 5가지 구문이 있다. 최기용(1998)은 생성문법의 시각으로 분석한 결과 '아무-' 계열 중의 '아무'는 핵심이고 그 기본적인 의미는 '불특정한 사람과 사물을 지칭하는 것이다'는 결론을 도출하였다.

(1) '아무+N' 구문의 기능

먼저 '아무+N/아무'가 가진 기능을 살펴보고자 한다. '아무+N'는 시간과 장소, 생물과 무생물을 다 가리킬 수 있다. 그리고 '아무' 그 자체가 사람을 가리킬 수도 있다. 이런 기능을 가진 '아무'는 중국어의 '某'와 영어의 'some'와 대응한다.

> (3) 그 전화의 자세한 내용은 <u>아무 날 아무 때</u>에 그가 우리 집에 와서 일시불로 지급 하고 몽땅 인형을 가져간다는 것이었다.
> (4) 아울러서 몇 번부터 몇 번까지는 <u>아무 동네 아무가</u> 책임자라는 식으로 부락민 각자에게 의무를 분담시켰다.

예문 중의 밑줄 친 '아무 날'과 '아무 때', '아무 동네'와 '아무'는 각각 중국어의 '某天', '某时', '某社区', '某人'과 대응한다. 즉 '아무+N'가 구체적인 시간과 장소, 인물 등 정보를 지칭하고 대체하는 역할을 한다. 이런 구체적인 정보는 화자가 알 수도 있고 모를 수도 있으며 알든 모르든 중요한 일이 아니니 특별하게 짚어서 강조하지 않고 지칭 대상도 불특정하므로 Haspelmath(1997)가 제안한 기능 중의 어느 하나도 표시하지 못한다. 박진호(2007)에서는 이런 용법을 가리켜 '자리 채우기'(place-holder)라고 하였다. 즉 '아무+N'가 구체적인 정보의 자리를 채운다는 것이다. 따라서 이 책에서도 이런 용법을 비한정 표현의 개념 공간에 추가해야 한다고 본다.

(2) '아무+N+(이)나/아무나' 구문의 기능

'아무+N+(이)나'는 '아무+N/아무'가 '여러 가지 중에서 어느 것을 선택해도 상관없음을 나타내는 연결 어미'인 '나'와 함께 쓰인 것으로 비현실-불특정, 의문문, 조건절, 비교문, 간접 부정, 직접 부정, 자유 선택의 기능을 가진다.

(5) ㄱ. 도움이 필요하면 <u>아무 때나</u> 전화해.
　　ㄴ. 여행에 흥미 있으신 분 <u>아무나</u> 읽어 보세요.

(6) ㄱ. 담배를 <u>아무 곳에서나</u> 다 피울 수 있습니까?
　　ㄴ. <u>아무나</u> 다 할 수 있죠?

(7) ㄱ. 놀이를 하는 데도 장소에 대한 지리적 지식이 필요하다. <u>아무 데서나</u> 하게 되면 그 질이 떨어질 수밖에 없다.
　　ㄴ. <u>아무나</u>하고 성관계를 가진다면 에이즈에 걸릴 위험성이 높다.

(8) ㄱ. <u>아무 책</u>보다는 자신의 전공과 밀접한 관련이 있는 책을 읽는 게 더 낫겠다.
　　ㄴ. <u>아무나</u>보다는 경력이 있는 사람이 더 선호되죠.

(9) ㄱ. 많은 샹송이 시에 곡을 붙인 것이기는 하지만 <u>아무 시나</u> 샹송이 될 수 있는 것이 아니다.
　　ㄴ. 그 <u>아무나</u> 책을 쓰는 것이 아니라 식견이 있는 분이 쓰는데……

(10) ㄱ. <u>아무 책이나</u> 함부로 뜯지 마세요.
　　ㄴ. 예술가는 예외적인 재능을 가진 사람이다. 노력만으로는 <u>아무나</u> 예술가가 될 수 없다.

(11) ㄱ. <u>아무 측면이나</u> 무분별하게 골라서 이른바 '삶의 한 단면'을 제시하면……
　　ㄴ. <u>아무나</u> 다 괜찮아요.

예문 (5)는 '아무+N+(이)나'와 '아무+N/아무'가 불특정-비현실, 예문 (6)은 의문문, 예문 (7)은 조건절, 예문 (8)은 비교 대상, 예문 (9)는 간접 부정, 예문 (10)은 직접 부정, 예문 (11)은 자유 선택의 기능을 보여 준다. 그 중에서 (5ㄱ)-(11ㄱ)는 '아무+N+(이)나'의 예문이고 (5ㄴ)-(11 ㄴ)은 '아무'의 예문이다.

(3) '아무+N+도/아무도' 구문의 기능

'아무+N+도/아무도'는 부정극어로서 반드시 부정 표현과 함께 쓰여야 한다. 시정곤(1997)에서는 '아무+N+도/아무도'와 함께 쓰일 수 있는 부정 표현으로 '아니, 못, 말-, 없-, 모르-' 등이 있다고 밝혔다. 이 구문의 기능은 직접 부정과 간접 부정이다. 우선 직접 부정의 기능을 가진 예문을 보자.

> (12) ㄱ. 도무지 <u>아무 생각도</u> 들지 않았다. 이 하사를 반드시 한 번 더 만나야겠다.
> ㄴ. 일부러 비오는 날을 택해 비트 굴설 훈련을 시켰는데 비오는 한 밤중에 <u>아무도</u> 없는 깊은 산속에서 땅을 파고 그 속에 들어가 밤을 지새웠다.

(12ㄱ)은 '아무+N+도', (12ㄴ)은 '아무도'가 직접 부정의 가능을 가진 것을 보여 주는 예문이다. 이런 부정문에서 '아무+N+도/아무도'는 부정 표현과 함께 쓰여서 '완전 부정'의 뜻을 나타낸다.

'아무+N+도/아무도'가 간접 의문문에서 쓰인 경우는 주로 부정인상문(否定引上句)의 경우와 모호 부정어의 경우이다. 우선 부정인상문(否定引上句)의 경우를 살펴보고자 한다. '아무+N+도/아무도'가 직접 부정 표현의 부정 대상이 아니라 부정 표현의 대상절 안에 있는 것이다. 시정곤(1997a)에서는 '아무도'가 간접 부정문에서 쓰인 경우에는 예외적 격 표시 현상과 부정극어의 허가 현상이 일맥 상통하다고 보았다.

(13) ㄱ. 철수는 [아무도 안 예쁘다고] 생각한다. (시정곤 1997b)
     ㄴ. 철수는 [아무도 예쁘다고] 생각하지 않는다. (시정곤 1997b)

(14) ㄱ. *철수는 [아무도 학교에 간다고] 생각하지 않는다. (시정곤 1997b)
     ㄴ. *철수는 [아무도 밥을 먹었다고] 말하지 않았다. (시정곤 1997b)

시정곤(1997a)에서는 예문(13)에서 보듯이 내포문 동사가 [+상태성]을 가지면 간접 부정문(부정인상문)에서 나타날 수 있지만 예문 (14)에서 보듯이 내포문 동사가 [-상태성]을 가지면 간접 부정문(부정인상문)에서 나타날 수 없다고 밝혔다.

'아무+N+도/아무도'가 모호 부정어와 함께 쓰이는 현상에 대해 남승호(1998)에서는 아래와 같은 예를 들었다.

(15) 영수는 아무것도 먹기 싫다.

예문 (15)에서 보듯이 '아무 것도'는 '싫다'의 논항이 아니라 내포절의 술어인 '먹다'의 논항이다. 남승호(1998)에서는 '싫다'와 같은 술어는 '-기(가)' 형태의 내포절을 이끌며, 그 안에 부정극어를 허가한다는 것을 알 수 있다고 하였다. '싫(어하)다'라는 술어는 부정극어를 그 내포절에서 허가하지만, 직접 목적어나 주어의 위치에서는 허용하지 않는다고도 하였다. 그러므로 '아무+N+도/아무도'는 모호 부정어와 함께 쓰일 수 있지만 모호 부정어와 직접 관련되는 것이 아니라 모호 부정어의 대상절에 있는 것이다.

시정곤(1997a)에서는 '부인하다, 불행하다, 몰인정하다, 거부하다, 반대하다' 같은 서술어의 경우에는 비록 부정소를 내포하고 있지만 부정극어 '아무도'를 허가하지 못한다고 하였다.

(16) ㄱ. <u>아무도</u> 그 사실을 부인하지 않았다.
ㄴ. *<u>아무도</u> 그 사실을 부인했다.

예문 (16)에서 보듯이 부정소를 내포하는 서술어는 부정극어 '아무도'를 허가하지 못하고 역시 부정 표현인 '-지 않다', '-지 못하다', '안', '못'과 함께 쓰여야 '아무도'를 허가할 수 있다. 그렇기 때문에 예문 (16ㄱ)는 받아들일 수 있지만 예문 (16ㄴ)는 받아들일 수 없는 것이다. 종합하자면 '아무+N+도/ 아무도'는 모호 부정어의 직접적인 논항이 될 수 없다.

(4) '아무+N+라도/아무라도' 구문의 기능

'아무+N+라도/아무라도'는 비현실-불특정, 의문문, 조건절, 자유 선택이라는 기능을 가진다.

'아무+N+라도/아무라도'는 '어떤 사람이나 사물 따위를 특별히 정하지 않고 이르는 말'인 '아무+N/아무'와 '다른 경우들과 마찬가지임을 나타내는 보조사'인 '라도'를 함께 구성한 구문으로 그 자체가 '비한정'(不定)의 의미를 가진다. 이금희(2013)에서 '아무+N+라도/아무라도'가 부정문에서 쓰일 수 없다고 지적하였다.[4]

(17) 하고 싶은 걸 찾기 전에 <u>아무 일이라도</u> 시작해 봐.

(18) <u>아무라도</u> 이 일을 해도 돼요?

(19) <u>아무라도</u> 내 곁에 있으면 좋겠다.

(20) 5달러면 <u>아무 때라도</u> 여자를 품에 안을 수 있다. 부끄러워하지 않
　　아도 좋다.

위의 예문 (17)은 비현실-불특정, (18)은 의문문, (19)는 조건절, (20)
은 자유 선택의 기능을 표시하고 있다.

(5) '아무+N+든지/아무든지' 구문의 기능

'아무+N+든지/아무든지'는 '아무+N+라도/아무라도'와 마찬가지로
'어떤 사람이나 사물 따위를 특별히 정하지 않고 이르는 말'인 '아무
+N/아무'와 '나열된 동작이나 상태, 대상들 중에서 어느 것이든 선택
될 수 있음을 나타내는 연결 어미'인 '든지'('든')가 함께 쓰여서 구성된
구문으로 그 자체가 '비한정'의 의미를 가진다.

(21) <u>아무 아르바이트든지</u> 닥치는 대로 하겠다.

(22) 심심할 때 <u>아무 책이든지</u> 읽을래요?

(23) <u>아무든지</u> 도와 줄 수 있다면 이 일을 금방 해결될 거예요.

4　　말뭉치에서 부정문에 쓰인 예문을 발견하였지만, 모두 성경에서 나온 옛 말로 현대 한
　　국어에서는 잘 쓰이지 않는다.

(24) 그는 <u>아무 임금에게든</u> 자신이 하고 싶은 말을 강하게 주장하고 나
섰습니다.

예문 (21)은 비현실-불특정, (22)는 의문문, (23)은 조건절, (24)는 자
유 선택의 기능을 표시하며, 비교문, 간접 부정과 직접 부정의 기능은
없다. 이상의 분석을 바탕으로 '아무' 구문이 가지는 기능을 Haspelmath(1997)
에서 제시된 개념 공간과 비교하여 아래와 같이 나타낼 수 있다.

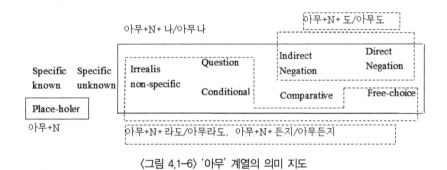

〈그림 4.1-6〉 '아무' 계열의 의미 지도

그림 6에서 보듯이 '아무+N+든지/아무든지'와 '아무+N+라도/아무
라도'의 비현실-불특정, 의문문, 조건문, 자유선택의 기능은 개념 공간
에서 서로 연결되지 않는다.

4.1.2.2 '任何' 구문의 기능 분포

'任何' 구문은 주로 '任何+名词/名词短语+也……'와 '任何+名词/名词短
语+都……', 그리고 '任何+名词/名词短语'가 있다.

(1) '任何+名詞/名詞短語+也······' 구문의 기능

'任何+名词/名词短语+也······' 구문은 Haspelmath(1997)에서 제시한 9가지 기능 중에서 비현실-불특정, 의문문, 조건절, 비교문, 직접 부정, 간접 부정과 자유 선택의 기능을 가진다.[5]

   (25) 不经许可, <u>任何人</u>也进不去内城。

   (26) 有没有什么能使得你们中的<u>任何一位</u>也出现类似情况？

   (27) 如果<u>任何手续</u>也不办理就中途停学的话, 学校会按自动退学处理, 开除学籍。

   (28) 在外出差久了会发现, <u>任何高级宾馆</u>也比不上自己的温暖小屋。

   (29) '好声音'冠军梁博复出, 称<u>任何人</u>也无法动摇他。(中国日报网, 2013-9-30)

   (30) 他的决心已定, <u>任何人</u>也难再说服他改变主意。

   (31) 名字叫'花'却不是花, 世界上<u>任何一个人</u>也离不了它！(东方网, 2016-7-15)

(25)는 '任何+名词/名词短语+也······'구문이 비현실-불특정, (26)은 의문문, (27)은 조건절, (28)은 비교문, (29)는 직접 부정, (30)은 간접 부정(모호 부정어), (31)은 자유 선택의 기능을 표시하는 예이다.

---

5   曹秀玲(2007)에서는 '任何+名词/名词短语+也······'가 부정 표현과 함께 쓰인다고 밝혔다. 하지만 말뭉치를 검색해보니 '任何+名词/名词短语+也······' 뒤에 '难' 등의 단어가 직접 나타나는 경우도 있었다. Haspelmath(1997)에 따르면 '难' 등의 단어를 모호 부정어로 인정할 수 있어 '任何+名词/名词短语+也+难······'도 간접 부정문이라고 할 수 있다고 본다.

(2) '任何+名詞/名詞短語+都……' 구문의 기능

'任何+名词/名词短语+都……' 구문은 주로 주어와 목적어에 쓰이고 비현실-불특정, 의문문, 조건절, 비교문, 직접 부정, 간접 부정과 자유 선택의 기능을 가질 수 있다.

(32) 让每一位系统成员同时开启同一应用程序，任何程序上的修改或输入信息都会自动通知其他成员。

(33) 免税店中的会员卡任何消费都有积分吗？

(34) 如果物体在任何相等的时间内受到的冲量都相同，则此物体的运动可能是匀变 速直线运动。

(35) 习近平：我们比历史上任何时期都更渴求人才。(太仓党建, 2013-10-30)

(36) 现代社会，任何政府都无力承担继续教育的全部投资费用。

(37) 但是她也知道，不是任何人都可以做朋友的。

(38) 康德相信，从理性出发，任何人都会同意这样一个行为标准：我愿意这样做，并且同意每个人都这样做……

(32)는 '任何+名词/名词短语+都……' 구문이 비현실-불특정, (33)은 의문문, (34)는 조건절, (35)는 비교문, (36)은 직접 부정, (37)은 간접 부정(부정인상문), (38)은 자유 선택의 기능을 표시하는 예이다.

(3) '任何+名詞/名詞短語(不加都, 也)' 구문의 기능

'任何+名词/名词短语(不加都, 也)' 구문은 목적어에 쓰이는 경향이 더 강하고 비현실-불특정, 의문문, 조건절, 비교문, 직접 부정, 간접 부정과 자유 선택의 기능을 가진다.

(39) 人们长期迷信于科技的神奇力量, 企望它能克服一切困难, 解决任何难题, 并自动使人类走向光明。

(40) 放血疗法适合任何人吗？(新浪中医, 2013-8-7)

(41) 如果将环境资源的所有权赋予任何一方, 都会不公平地剥夺其他方的权利, 损害其他方的利益。

(42) 公正原则对于保障社会存在发展, 满足社会成员个人需求的效用, 胜过任何其他道德……

(43) 实用主义认为: 变化是实在的本质, 世界上没有任何东西可以是永久不变的。

(44) ㄱ. 我不认为任何人都能完全适合放血疗法。
　　 ㄴ. 禁止任何组织或个人招用应该接受义务教育的适龄儿童。

(45) 任何人可以在任何地方, 任何时间利用多种信息源, 获得所需的知识。

(39)는 '任何+名词/名词短语(不加都, 也)' 구문이 비현실-불특정, (40)은 의문문, (41)은 조건절, (42)는 비교문, (43)은 직접 부정, (44)는 간접 부정문, (45)은 자유 선택의 기능을 표시하는 예문이다. 그 중 (44a)는 부정인상문, (44b)은 모호 부정어의 예를 표시한다.

위의 분석을 종합하면 '任何' 구문은 Haspelmath(1997)에서 제안한 개념 공간에서 아래와 같은 기능 분포를 가지고 있다.

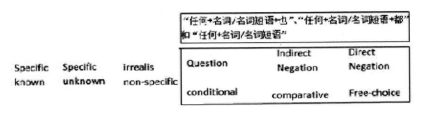

<그림 4.1-7> '任何' 계열의 의미 지도

이상의 분석을 통해서 '아무' 구문과 '任何' 구문의 개념 공간에서의 분포와 그 공통점과 차이점을 살펴볼 수 있다.

먼저 공통점으로는 한 가지를 들 수 있다. 즉 '任何+名词/名词短语+都……' 구문과 '任何+名词/名词短语' 구문이 '아무+N+(이)나/ 아무나' 구문과 같은 기능을 가진다. 즉 모두 비현실-불특정, 의문문, 조건절, 비교문, 간접 부정, 직접 부정, 자유 선택의 기능을 가진다.

다음으로 차이점은 다음 네 가지를 들 수 있다. 첫째, '任何+名词/名词短语+也……' 구문과 '아무+N+도/아무도' 구문은 언어적 형식이 서로 대응하지만 가지는 기능이 다르다. '任何+名词/名词短语+也……' 구문은 비현실-불특정, 의문문, 조건절, 비교문, 간접 부정, 직접 부정, 자유 선택의 기능을 모두 가질 수 있는 데 비해 '아무+N+도/아무도' 구문이 '직접 부정'과 '간접 부정'의 기능만 가진다.

둘째, '任何+名词/名词短语+也……' 구문과 '아무+N+도/아무도' 구문이 모두 '간접 부정'의 기능을 가져도 '아무+N+도/아무도'는 '任何+名

词/名词短语+也……'와 달리 모호 부정어의 논항으로 작용할 수 없고 간접부정문에서 쓰여도 서술어와 직접 연관되지 않는다. 이에 비해 '任何……也'가 간접 부정 기능을 가지는 경우는 주로 모호 부정어 '难' 등과 함께 쓰인다.

셋째, 한국어의 '아무+N'은 중국어 '任何'가 없는 '자리 채우기'라는 기능도 가진다.

넷째, '아무+N+라도/아무라도'와 '아무+N+든지/아무든지' 구문은 '任何' 구문과 달리 직접 부정, 간접 부정, 비교문의 가능이 없다. 따라서 '아무+N+라도/아무라도'와 '아무+N+든지/아무든지'는 개념 공간에서 서로 연결되지 않는다. 이것은 Croft(2001, 2003)에서 제안한 '의미 지도 연속성 가설'을 위반한다. 郭锐(2012)에 따르면 '의미 지도 연속성 가설'은 특정한 언어와 특정한 구조의 관련된 기능은 개념 공간에서는 서로 연결되는 구역으로 투사되어야 하는 것이다.

이상의 분석을 바탕으로 하여 이 책에서는 아래와 같은 세 가지 의문을 제기한다. 첫째, 한·중 언어에서 서로 대응하는 구문이 같은 의미를 표시할 수 있을까? 둘째, '아무+N+라도/아무라도'와 '아무+N+든지/아무든지'가 의미 지도에서 서로 연결되지 않은 현상을 어떻게 해석해야 하는가? 셋째, '任何'와 '아무'의 구문들에 대한 분석을 통해서 Haspelmath(1997)가 제시한 개념 공간을 어떻게 보완할 수 있는가? 다음 장에서는 이 세 가지의 문제를 집중적으로 논하기로 한다.

4.1.3 '아무' 구문과 '任何' 구문의 각 기능에서의 의미 분석

먼저 한·중 언어에서 서로 대응하는 구문이 같은 의미를 표시할 수 있을까?라는 질문에 답하기 위해 '任何+名词/名词短语……' 구문과 '아무+명사/아무' 구문을 예로 들어 분석하고자 한다. 그것은 이 두 구문이 형식적으로 서로 대응하고 개념 공간에서는 똑같은 분포를 가지며 가지는 기능의 수도 9가지 중에서 7가지로 모든 구문들 중에서 제일 많기 때문이다. 뿐만 아니라 이 두 구문의 핵심은 모두 '아무'와 '任何'라서 이 두 구문의 의미를 밝히는 과정은 '아무'와 '任何'의 기본적인 의미를 밝히는 과정이기 때문이다.

4.1.3.1 '아무+명사/아무'의 각 기능에서의 의미 분석

우선 '자유 선택'의 기능에서 '아무+N/아무'의 의미를 보고자 한다.

> (46) ㄱ. 한편 도시에 사는 사람들은 몸이 아프면 주위의 <u>아무 병원이나</u> 찾아가 치료를 받을 수 있다.
> ㄴ. '고마워요, 아저씨 <u>아무 옷이나</u> 좋아요.' 화숙이와 친구는 그의 뒤통수에 대고 빌듯이 말했다.
> ㄷ. 그는 무작위적으로 <u>아무 필름이나</u> 손에 닿는 대로 현상 일에 착수했고…

예문 (46ㄱ)에서 보듯이 객관적인 가능성을 표시하는 경우에는 '아무'는 '객관적으로 구별하지 않음'을 표시할 수 있다. 이런 경우, '아무'는 중국어의 '任何'와 영어의 'any'와 대응할 수 있다. 예문 (46ㄴ)처럼 '허가'의 의미를 표시하는 경우에는 '주관적으로 구별하지 않음'을 표시할 수 있다. '주관적으로 구별하지 않음'이라는 의미는 예문 (46ㄷ)에서 더욱 뚜렷하다. (46ㄷ)는 '아무+N/아무'는 화자의 질책을 표시하는 '무작위적으로'와 어울린다. 행동주(行又÷)의 '주관적으로 구별하지 않음' 때문에 화자는 행동주의 행동이 부적절하다고 평가하는 것이다. 이를 통해서 '아무+N/아무'가 '객관적으로 구별하지 않음'과 '주관적으로 구별하지 않음'이라는 의미를 표시할 수 있다는 것을 알 수 있다. '객관적으로 구별하지 않음'은 '지칭 대상이 똑같은 자격을 가진다'는 의미를 표시한다. '주관적으로 구별하지 않음'은 '행동주가 주관적으로 대상에 대하여 선택하지 않는다'는 의미를 나타낸다. 이에 따라 '화자'가 행동주의 어떤 행위에 대한 불만이나 경고 등을 표현하는 화용적 의미도 나타낼 수 있다.

다음으로 비교문, 조건절, 의문문, 비현실-불특정의 기능에서 '아무+N/아무'의 의미를 분석하고자 한다.

> (47) <u>아무 책보다는</u> 자신의 전공과 밀접한 관련이 있는 책을 사는 게 더 낫겠다.

> (48) ㄱ. 놀이를 하는 데도 장소에 대한 지리적 지식이 필요하다. <u>아무 데서나</u> 하게 되면 그 질이 떨어질 수밖에 없다.
> ㄴ. 담배를 <u>아무 매점에서나</u> 다 살 수 있으면 얼마나 편리하겠는가.

> (49) ㄱ. 술을 아무 곳에서나 다 살 수 있습니까?
> ㄴ. 지금 말을 분별하지 않고 <u>아무 말이나</u> 함부로 하는 겁니까?

> (50) ㄱ. 수다 떨고 싶으면 <u>아무 때나</u> 전화해.
> ㄴ. 서예에 흥미 있으신 분은 <u>아무나</u> 읽어 보세요.

예문 (47)에서 보듯이 '아무+N/아무'가 비교 대상으로 쓰인 경우에는 주로 '주관적으로 구별하지 않음'을 표시한다. 이런 비교문에서 '보다'가 있기 때문에 조사 '-나'가 생략되었다. 여기에서 '아무+N/아무'는 화자가 '주관적으로 선택하지 않는 것보다는 신경 써서 선택하는 것이 더 낫다'는 의미를 강조한다. 예문(48)에서와 같이 '아무나/아무+N+나'가 조건절에서 나타날 때 그 의미는 '주관적으로 선택하지 않음'과 '객관적으로 선택하지 않음'을 모두 표시할 수 있다. (48ㄱ)에서는 '주관적으로 선택하지 않으면' 좋지 않은 결과가 나타날 것을 경고하는 것이고 (48ㄴ)에서는 '객관적으로 선택하지 않아도 모두 가능하다'는 의미를 표시한다. 그리고 예문(49)에서는 '의문문'의 기능 아래에서 '객관적으로 구별하지 않음'과 '주관적으로 구별하지 않음'을 나타낸다. (49ㄱ)는 '객관적으로 구별하지 않음'을 표시한다. 즉 모든 접속사가 똑같은 자격을 가진다는 것을 강조하는 것이다. (49ㄴ)는 '주관적으로 구별하지 않음'을 표시한다. 즉 행동주가 자신이 하는 말에 대하여 주관적으로 선택하지 않는다는 것이다. 예문(50)에서 보듯이 '아무나/아무+N+나'가 '비현실-불특정'의 기능을 표시할 때는 주로 명령문의 형식을 띤다. 명령문에서는 명령에 대한 대상을 한정해야 하기 때문에 화자가 '아무나/아무+N+나'를 사용하여 화자가 '주관적으로 구별하지 않음'을 표시한다.

마지막으로 '아무+N/아무'의 '직접 부정'과 '간접 부정' 기능의 의미를 살펴보자.

(51) ㄱ. 예술가는 예외적인 재능을 가진 사람이다. 노력만으로는 <u>아무나</u> 예술가가 될 수 없다.
ㄴ. 이런 말은 <u>아무한테나</u> 말하지 마.

ㄷ. <u>아무 책이나</u> 함부로 뜯지 마세요.

(52) ㄱ. 그 <u>아무나</u> 책을 쓰는 것이 아니라 식견이 있는 분이 쓰는데……
ㄴ. <u>아무 말이나</u> 함부로 하는 게 아니라 마음속에 있는 말을 털어놓
는 것이다.

(51)은 직접 부정의 예문이다. (51ㄱ)에서 '아무나'는 '객관적으로 선택하지 않는다'는 뜻이다. 즉 노력만으로는 누구나 다 예술가가 될 수 있는 게 아니라는 것이다. (51ㄴ)와 (51ㄷ)의 '아무나'는 '주관적으로 선택하지 않는다'는 의미이다. 즉 행동주가 관련된 대상에 대하여 '선택하지 않고 함부로'라는 뜻이다. 그래서 화자가 말리거나 경고하는 것이다. (52)는 간접 부정의 예문이다. (52ㄱ)의 '아무나'는 '객관적으로 구별하지 않음'을 의미한다. '아니다'의 부정 대상은 '아무나 책을 쓰는 것이다', 즉 '누구든지, 능력과 관련 없이 모두 책을 쓸 수 있다'는 것이다. (52ㄴ)에서 '아니다'의 부정 대상은 '아무 말이나 함부로 하는 것이다'. '아무 말이나'는 '주관적으로 구별하지 않음'을 강조한다. 즉 '말을 가리지 않고 함부로'의 뜻이다. (51)과 (52)의 예문을 보면 '아무+N/아무'가 직접 부정과 간접 부정의 기능에서 '객관적으로 구별하지 않음'과 '주관적으로 구별하지 않음'을 표시한다고 할 수 있다.

이상의 분석을 바탕으로 하여 '아무나'와 '아무+N+나'가 각 기능에서 표시하는 의미를 아래와 같은 표로 정리할 수 있다.

	비현실-불특정	의문문	조건절	비교문	간접 부정	직접 부정	자유 선택
객관적으로 구별하지 않음	-	+	+	-	+	+	+
주관적으로 구별하지 않음	+	+	+	+	+	+	+

표에서 보듯이 '아무+N+나/아무나' 구문은 그 기본적인 의미를 '주관적으로 구별하지 않음'과 '객관적으로 구별하지 않음'으로 정할 수 있다. 그리고 의문문, 조건절, 간접 부정, 직접 부정, 자유 선택 기능에서는 '아무나/아무+N+나'가 '객관적으로 구별하지 않음'을 나타내지만 비현실-불특정, 비교문에서는 이런 의미를 나타낼 수 없다. 그러므로 '의미 지도 연속성 가설'에 의해 '객관적으로 구별하지 않음'이라는 의미는 의문문, 조건절, 간접 부정, 직접 주정, 자유 선택의 기능에서 서로 연결되어 있어야 된다. 그리고 '주관적으로 구별하지 않음'의 의미에서는 7가지 기능이 모두 연결되어야 한다. 그럼 '任何' 구문의 경우는 어떠한지 다음 절에서 분석하도록 하자.

4.1.3.2 '任何' 구문의 각 기능에서의 의미 분석

'任何+N'은 그 뒤에 '都'와 함께 쓰일 수도 있고 그 중 'N'은 '一量名' 구문일 수도 있다. 陆俭明(2010)에서 제안한 '의미 조화율'[6]에 따르면 '任

---

6   陆俭明(2010) 의하면 '의미 조화율'(语义和谐律)은 아래와 같은 규칙으로 이루어져 있다고 한다. 첫째, 구문 전체가 그 구성 성분과 의미적으로 조화되어야 한다. 둘째, 구

何'는 '총괄, 전부'의 의미를 가진 '都'와 함께 쓰일 수 있어 '모든 대상', 즉 어떤 집합의 '모든 임의적 대상'라는 '전량'(全量)의 의미를 표시하는 것이다. 또한 '존재'의 뜻을 나타낼 수 있는 '一量名' 함께 쓰여서 '임의적 대상 중의 어느 하나'라는 '존재'의 의미도 표시할 수도 있다. 즉 '모든 대상'이 배경이 되어 그 중의 어느 하나가 '존재함'을 강조하는 것이다. 그럼 '任何'가 각 기능 하에서 '모든 임의적 대상'을 표시하는가, 아니면 '임의적 대상 중의 어느 하나'를 표시하는가에 대하여 살펴보고자 한다.

우선 조건절, 자유 선택, 의문문, 간접 부정의 경우는 다음과 같다.

(53) ㄱ. 如果发生任何意外的情况, 自动装置就会停止工作。
ㄴ. 如果我们班的任何人都不愿配合你做实验的话, 你就再去别的班看看。

(54) ㄱ. 任何一种语言, 口语和书面语之间都有差距。
ㄴ. 其中任何一种, 如果极多, 或者极少, 就会造成灾害。

(55) ㄱ. 任何食物都可以放到冰箱吗？
ㄴ. 回答出任何一个问题就可以获奖吗？

(56) ㄱ. 并不是任何理想都能如愿以偿! 我将带着对生活的憧憬一直走下去……
ㄴ. 外交部：不认为任何人有能力构成对华包围圈。(中华网, 2011-1-15)

(53)은 조건절, (54)는 자유 선택, (55)는 의문문, (56)은 간접 부정의 예문이다. 그 중 (53ㄱ)의 '任何'는 '임의적 대상 중의 어느 하나'를 강

문 내부에서 단어와 단어가 의미적으로 조화되어야 한다. 셋째, 구문 내부의 단어와 구문 외부의 단어가 의미적으로 조화되어야 한다.

조한다. 즉 '어느 하나의 예외적 상황'이 일어나면 '自動裝置就要停止工作'라는 일이 바로 발생하는 것이다. 예문 (53ㄴ)는 대상의 '모든 임의적 대상'을 강조하고 있다. 즉 '우리반 학생 모두'를 강조하는 것이다. 그리고 (54ㄱ)와 (55ㄱ)는 '모든 임의적 대상'을, (54ㄴ)와 (55ㄴ)는 '임의적 대상 중의 어느 하나'를 강조하고 있다. 한편, (56ㄱ)에서 보듯이 부정 표현과 '任何' 구문이 같은 절에 있지 않은 경우에는 부정 표현은 '任何'가 있는 절인 '任何理想都能如愿以償'이라는 구문에 대한 부정이다. 여기서 '任何理想'은 '모든 임의적 대상'을 강조하는 것이다. (56ㄴ)에서 '不认为'는 '任何(一个)人有能力……'라는 절에 대한 부정이며 '任何'는 '임의적 대상 중의 어느 하나'를 강조하는 것이다.

다음으로 '任何' 구문이 비현실-불특정, 비교문, 직접 부정의 기능을 가지는 경우를 살펴보고자 한다.

(57) 这个系统的所有操作都需要高度的准确性，<u>任何一个错误的出现</u>，都有可能导致 整个系统的崩溃。

(58) 对任何生物现象的因果分析，要比对<u>任何非生物现象的因果分析</u>复杂得多。

(59) ㄱ. 在教育目的的决定方面，个人不具有<u>任何意义</u>……

ㄴ. 凡是有人的地方，社会教育就到什么地方，这是<u>任何教育</u>所不具备的也不可能实行的。

(57)은 비현실-불특정, (58)은 비교문, (59)은 직접 부정의 기능을 표시하는 것이다. (57)에서 보듯이 비현실-불특정의 기능을 가지는 경우는 문장에서 '아직 발생하지 않았다'는 화용적 의미를 표시하는 경우

이다. 여기서 '아무' 구문은 '임의적 대상 중의 어느 하나'의 의미를 강조한다. (58)에서 보듯이 '任何' 구문이 '비교문'에서 나타날 때 '任何'가 '모든 임의적 대상'의 의미를 표시하는 것은 한 집합 중의 모든 개체가 비교 대상이 되기 때문이다. (59ㄱ)에서 '任何+N'가 목적어인 경우에는 부정의 대상은 '意义'라는 집합 중의 '모든 임의적 대상'이다. (59ㄴ)에서는 '任何'가 주어의 위치에 있어, 교육 중의 '모든 임의적 대상'을 강조한다. 이상으로 '任何'의 각 기능에서의 의미는 아래와 같이 정리할 수 있다.

〈표 4.1-2〉 '任何'의 각 기능에서의 의미

	조건절	자유 선택	의문문	간접 부정	직접 부정	비교문	비현실 -불특정
모든 임의적 대상	+	+	+	+	+	+	-
임의적 대상 중의 어느 하나	+	+	+	+	-	-	+

표에서 보듯이 '任何' 구문의 그 기본적인 의미는 '모든 임의적 대상'과 '임의적 대상 중의 어느 하나'로 정할 수 있다. '任何' 구문은 의문문, 조건절, 간접 부정, 직접 부정, 자유 선택, 비교문의 기능에서는 '모든 임의적 대상'의 의미를 표시하고 의문문, 조건절, 간접 부정, 자유 선택, 비현실-불특정의 기능 아래에서는 모든 '임의적 대상 중의 어느 하나'의 의미를 표시한다. '모든 임의적 대상'의 의미에서 조건절, 자유 선택, 의문문, 간접 부정, 직접 부정, 비교문은 하나의 연결된 구역에 있어야 하고 '임의적 대상 중의 어느 하나'의 의미에서는 조건절, 자유 선택, 의문문, 간접 부정, 비현실-불특정의 기능이 하나의 연결된

구역에 있어야 한다.

이 결론들을 앞선 '아무+N+라도/아무라도'와 '아무 +N+든지/아무든지'의 분석 결과와 합하여 Haspelmath(1997)에서 제시한 개념 공간을 그림 9와 같이 수정하였다.[7]

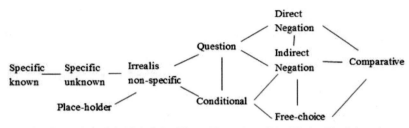

〈그림 4.1-8〉 '任何'와 '아무'에 대한 분석을 통해 수정한 비한정 표현 개념 공간

4.2 배분적 전량 표현의 대조

한국어 배분적 전량 표현[8]은 '마다', '각각', '-NP 씩', '각', '매', '-당', 체언 중첩어 등이 있고 중국어의 배분적 전량 표현은 '各' '每', 체언 중첩어 등이 있다. 그 중에서 '각'과 '매/-마다'는 각각 중국어의 '各'와 '每'와 대응하는 한자어이다. 그림 겉으로 서로 대응하는 '각'과 '各',

---

7   이 책에서 수정한 이 개념 공간을 Haspelmath(1997)에서 제시한 40개의 언어에 작용시켜서 하나하나 다 검증하였다. 하지만 어떻게 더 간단하게 표시할 수 있는지는 따로 검토해야 한다고 본다.

8   배분적(distributive) 전량의 개념은 陳宗明(1992)에서 나온 것이다. 陳宗明(1992)에서 '逐指'라고 했는데 '逐个地指称一定范围内的全部对象'라고 정의하였다. 다시 정리하면 '어떤 범위에 있는 모든 대상들이 각자 어떤 행위나 상태와 관련이 있다'는 걸 의미하는 것이다.

'매/-마다'와 '每'는 그 의미와 용법도 같은가? 같지 않으면 무슨 공통점과 차이점이 있는가? 본 절에서는 이 질문들을 밝히고자 한다.

4.2.1 '각'과 '各', '매/-마다'와 '每'에 대한 선행 연구

이 부분에서는 '각'과 '매/-마다', '各'와 '每'에 대한 선행 연구에 대하여 알아보겠다.

4.2.1.1 '각'과 '매/-마다'에 대한 선행 연구

먼저 '각'과 '매/-마다', '各'와 '每'의 의미와 용법에 관한 기존의 사전 해석에 대하여 알아보겠다.

'각'과 '매/-마다'가 한국어 사전에서 어떻게 기술되어 있는지『표준국어대사전』(1999),『연세 한국어사전』(1998),『고려대 한국어대사전』(2008)을 중심으로 살펴보기로 하겠다.

> (1)『표준국어대사전』
> 각: 관형사. 낱낱의. ¶ 각 가정/각 개인/각 학교/각 부처/각 지방.
> 매: 관형사. 하나하나의 모든. 또는 각각의. ¶ 매 회계 연도/그 팀은 매 경기 우승했다.
> 마다: 조사. 체언 뒤에 붙어 '낱낱이 모두'의 뜻을 나타내는 보조사. ¶ 날마다 책을 읽는다./사람마다 성격이 다르다.
>
> (2)『연세 한국어사전』
> 각: 관형사, 각각의, 낱낱의, 따로따로의. ¶ 학원 입시 지원자 및 합격자 분석표를 각 단과 대학별로 제시했다.

매: 관형사. (반복되는 기간이나 행동을 나타내는 명사 앞에 쓰이어) 그런 기간이나 행동 하나하나의, 각각의. 라면으로조차 매 끼니를 채우지 못하고 찬 바람 쌩쌩 맞아 가며 거리를 헤매고 다녔다. / 안 무당의 춤은 매 동작마다 끊겼다.

마다: 조사. (1) '낱낱이, 하나하나 모두, 하나도 빠짐없이'의 뜻을 나타냄. ¶ 도시에서는 집집마다 쓰레기를 대문 밖에 내어 놓기만 하면 쓰레기 차가 싣고 가 버린다. (2) [시간을 나타내는 말에 붙어 쓰이어] '~당' '~에 한 번씩'의 뜻을 나타냄. ¶ 닷새마다 한 번씩 서는 정날/승용차는 매 2년마다 정기 검사를 받게 되어 있다.

(3) 『고려대 한국어대사전』

각: 관형사. 낱낱의, 또는 각각의. ¶ 각 가정/ 최근 각 대학에서는 이 책사가 부활되고 있다. / 각 학급별로 이번 축제에서 무엇을 할지 계획서를 작성해 보세요.

매: 관형사. 하나하나의 모든. ¶ 야구장은 매 경기마다 사람들로 꽉 찬다./ 그녀는 매 식사 시간마다 반찬 투정을 했다.

마다: 조사. (1) 체언의 뒤에 붙어, '낱낱이 모두 다'의 뜻을 나타내는 보조사. ¶ 집집마다/좋아하는 음악은 저마다 다르다/ 그를 만나는 사람마다 그녀의 안부를 물었다./ 넌 도대체 무슨 불만이 많아서 말끝마다 꼬투리를 잡니? (2) 시간을 나타내는 체언의 뒤에 붙어, '해당 시기에 한 번씩'의 뜻을 나타내는 보조사. ¶ 우리 학교는 두 달마다 시험을 봐요./ 저는 삼 일마다 장을 보러 갑니다./ 엄마는 닷새마다 시골 할머니께 전화를 드린다.

이상 사전들의 의미 해석을 보면 '각'은 '각각의, 낱낱의, 따로따로의'라는 의미를 표시하는 관형사이고 '매'는 '하나하나의, 각각의, 모든'이라는 의미를 표시하는 관형사이며 '마다'는 '낱낱이, 모두'와 '해당 시기에 한 번씩'이라는 의미를 표시하는 조사라는 결론을 도출할 수 있다.

한국어 학술지에서 '각'과 '매'에 대한 선행 연구를 찾지 못하였지만 '마다'에 대한 선행 연구가 주로 유현경(2007)과 김영근(2000)이다.

김영근(2000)에서는 '-마다'는 조사로서 선행수량사구를 통칭수량화 하며 배분의 의미를 갖는다. '-마다'의 의미 기능을 아래와 같이 정리 하였다. ㄱ. '-마다'가 이루는 수량사구는 상위영역이다. ㄴ. '-마다'가 이루는 수량 사구는 표면에 나타난 하위영역수량사구와 배분관계를 가진다. ㄷ. '-마다'가 이루는 수량사구는 표면에 나타나지 않은 하위 영역 수량사구와도 배분관계를 가진다. ㄹ. '-마다'는 '-마다'가 이루는 수량사구를 통칭수량화한다. 그리고 무표순서의 경우와 유표순서의 경우로 나누어서 각각 밝혔다.

유현경(2007)에서는 조사 '마다'의 말뭉치 용례 분석을 통하여 '마다' 가 가지고 있는 의미적 특성과 통사적 특성, 그리고 분포적 속성를 자 세히 밝혔다. 조사 '마다'는 결합되는 선행 명사구가 지시하는 대상을 개체화하여 개체화된 대상에 문장의 서술어가 의미하는 사태를 배분 하는 기능을 가진다. '-들'이나 '각각' 등의 수량 표현들과 '개체화'하 는 공통점을 가지면서 '사건의 복수화'의 기능을 가졌다는 측면에서 변별된다.

기존의 학술 논문을 살펴보면 '마다'는 '선행 명사구가 지시하는 대 상을 개체화하여 개체화된 대상에 문장의 서술어가 의미하는 사태를 배분하는 기능을 가진다'는 배분적 전량 표현인 것을 알 수 있다.

4.2.1.2 '各'와 '每'에 대한 선행 연구

사전에서 '各'와 '每'에 대하여 어떻게 해석하는지 보고자 한다.

(1) 『现代汉语词典』

各 : (1) 지시대명사. a) 하나뿐만 아니다.¶ 世界各国/各位来宾。B) 하나
　　　이상이고 각각 서로 다르다. ¶ 各种原材料都备齐了/个人回各人的
　　　家。(2) 부사. 하나 이상의 사람이나 사물이 어떤 일을 하거나 어떤
　　　특성을 가진다. ¶ 左右两侧各有一门/三种办法各有优点也各有缺点/双
　　　方各执一词。

每 : (1) 지시대명사. 전체 중의 임의적인 하나나 일조(개체 간의 공통성
　　　에 치우친다). ¶ 每人做自己能做的事. (2) 부사, 每每. ¶ 春秋佳日,每
　　　作郊游

(2) 『现代汉语八百词』

各 : (1) 지시대명사. 일정한 범위 중의 여러 개체. 명사나 분류사 앞에서
　　　쓰인다. 명사는 '人,机构, 单位, 组织, 党团' 등이다. ¶ 各机关,各单位.
　　　(2) 부사. 각각 하거나 각각 가진다. A) 各+动. ¶ 各尽所能,按劳分
　　　配。B) 各贩·各(的). 서로 다르다 . ¶ 他们各有各的想法。C) 各+数
　　　量. ¶ 每组各三名组员。

每 : (1) (지시대명사) 전체 중의 임의적 개체를 강조함으로써 전체를 표
　　　시한다. 개체 간의 공통점을 강조한다. A) 每+数量。수사가 '一'인
　　　경우에는 흔히 생략된다. ¶ 每(一)个,每(一)件。B) 每+一+名. 분류사
　　　가 생략될 수 있다. 수사는 '一'이다. 명사는 흔히 쌍음절이고 서면
　　　어에서 많이 쓰인다. ¶ 每一事物都有自己的特点. (2) (부사)같은 동
　　　작이 규칙적이고 반복으로 나타난다. A) 每+动+数量. 뒤에 꼭 다른
　　　하나의 수량 표현이 호응되어야 한다. ¶ 每隔五米种一棵树/每演出三
　　　天,休息一天/入秋以后每下一场雨, 天气就凉一下。B) '每' 뒤에서 '当,
　　　逢, 到' 등 동사가 쓰인다. 뒤에 수량사구가 연결하지 않는다. ¶ 每当
　　　提起卖菜的老张, 街坊们都称赞不止。/每逢春节我们都举行拥军优属活

动/每到暑假过后，新生就入学了.

　　사전 해석을 살펴보면 '各'는 '여러'와 '각각'의 의미를 표시하고 '每' 는 '개체를 강조함으로써 전체를 표시하다'는 의미와 '같은 동작이 규 칙적이고 반복으로 나타나다'라는 의미를 표시하다는 의미를 표시한 다는 것을 알 수 있다.

　　중국어의 학술 논문에서 '各'와 '每'의 의미와 용법에 대하여 상세하 게 밝혔다. '各'에 대하여 전면적으로 연구하는 선행 연구는 邢福义 (2013)와 张超(2009)이다. 邢福义(2013)에서는 '各'의 실제 언어 사용에 대 하여 전면적으로 논술하였다. '各'가 어느 문장 위치에서 쓰이든 그 품 사는 부사이다. 동사 앞에서 쓰여도 품사는 부사이다. '各+NP'은 '各+ 분류사'(예: 各位, 各个击破), '各+명사'(예: 到各村动员), '各+분류사+명사'(예: 在 各杂志发表), 이 세 가지의 구문으로 구성할 수 있다고 밝혔다. '各+VP'은 VP중에 '各'가 없는 구문(예:方法各异, 各怀野心)과 VP중에 '各'가 있는 구문 으로 나누었다. VP중에 '各'가 있는 구문은 '各+[동사+各(的)+명사]'(예: 各走各的道儿, 各忙各的工作, 各就各位, 各回各家), '各+[동사+各的]'(예:各干各的,各管各 的), '各+[동사+各]'(예: 各顾各, 各做各), '各+[介+各的+명사+동사]'(예:各按各的 民族习惯过,各把各的意见重复一遍). 그 중에서 '各'가 다른 표현으로 대체되는 경우도 있다.(예: 各人有各人的心事, 各自想着各自的心事, 各带自己的小队, 各行其道, 各 抒己见). 张超(2009)에서는 '各'가 '各自'로 해석되면 문장에서 흔히 주어 나 관형어로 작용하여 '指代义'(지칭이나 대칭의 의미)를 표시한다.(예: 各有 主张,各抒己见, 各就各位, 各有各的事儿). '各'가 '各个', '每一个', '每'로 해석되면 문장에서 흔히 관형어로 작용하여 '指别义'(지칭과 분별의 의미)를 표시한다.(예: 各家各户 各个朝代 各发达国家). '指代义'를 표시하는 '各'는 '하나하나의 개체 특징으로 한 집합의 개체'을 강조하고 '指別义' 표시하는 '各'는 '한 집합의 각 개체의 공통성으로 한 집합의 개체'를 강조한다. 사전에서는 '各'의 의미를 '指別义'와 '指代义', 이 두 가지의 의미로 해석해야 한다고 밝혔다.

'每'에 대하여 전면적으로 연구하는 선행 연구는 张恒兰(1997), 马明艳(2008), 张静静(2009), 李茉娜·李茉莉(2010), 黄瓒辉·石定栩(2013)와 牛长伟·潘海华(2015) 등이 있다. 张恒兰(1997)에서는 '每'가 대명사로 쓰일 수 있을 뿐만 아니라 부사로도 쓰일 수 있다는 것을 밝혔다. 대명사로 쓰일 때 명사나 분류사의 앞에서 쓰이고 부사로 쓰일 때 주로 동사 앞에서 쓰여서 어떤 동작이나 형상이 규칙적으로 나타나는 의미를 표시한다고 밝혔다. 马明艳(2008)에서는 사람의 인지의 시각으로 '每隔+数量+VP'의 화용적 의미의 모호성에 대하여 연구하였다. '每隔+数量+VP'은 화용적 의미가 모호한 구문이다. 그 의미의 모호성은 한편은 '数量'과 'VP'의 영향을 받고 다른 한편은 사람의 인지의 영향을 받는다. 사람들이 이 구문의 모호성에 대한 감지도가 낮다. 사람의 개념화저 지식 구조와 초점의 새로운 통합, 인지의 간단화를 추구하는 심리 및 '隔'의 허화(虛化) 경향 등 요소는 사람들이 이 구문을 이해하는 데 중용한 영향을 끼친다. 张静静(2009)에서는 '每P+都' 구문 중의 '都'가 문장에서 나타나지 않은 경향성이 보이는 구문을 도출하였다. 예를 들어, 서술어 앞에 '均', '皆' 등 총괄 부사가 있는 구문과 '必', '必须' 등 강렬한 명령 의미를 표시하는 부사가 있는 구문, 그리고 '每 P'이 규칙적인 순환을 표시하는 시간 표현인 구문과 '每 P'이 복합문 중에 있는 구문 등이다. 李茉娜·李茉莉(2010)에서는 '每隔+数量1 +VP+数量2 '가 'VP'에 따라 표시하는 의미를 밝혔다. 'VP'의 동작 결과가 일정한 시간 기간과 시간점, 그리고 공간점을 표시하면 '每隔+数量1 +VP+数量2'는 '每+数量1+VP+数量2'의 의미를 표시하고 'VP'의 동작 결과가 일정한 공간 기간을 표시하면 '每隔+数量1+VP+数量2'는 '每+数量1+'1'+VP+数量2'의 의미를 표시한다. 黄瓒辉·石定栩(2013)에서는 '每'가 사건 양화의 용법에 중점을 두어 분석하였다. 사건을 양화하는 '每' 구문에서 사건 분류사 '次' 뒤의 사건 표현은 구체적 사건을 가리키는 게 아니라 사건 종류를 가리키는 것이다. 사건을 양화하는 '每+次+ö' 구문에서의 'ö'는 주어를 포함한 완전한 구일 수 있고 'ö'에서 '完了'와 '了'가 나타날 수 있지만 '过'와 '了' 등은 나타날 수 없다. 'ö' 중의 동사가 창조 의미나 전이 의미를 표시하면 목적어는 흔히 단독으로 나타나고 동사가 다른 의미면 목적어는 지시어를 포함해야 한다. 'ö' 중에 부사어나 补语 성분이 있으면 그 뒤에 '……的时候'가 붙거나 그 앞에 '只要'가 붙어야 한다. 'ö' 중의 서술어는 개체적 서술어 대신에 단계적 서술어이다. 牛长伟·潘海华(2015)에서는 '每+수사+분류사+NP+都/各' 구문에서의 수사에 대하여 밝혔다. '都'와 '各'가 배분적 기능을 표시하는 데 공통점과 차이점도 밝혔다.

'各'와 '每'의 대조에 대한 선행 연구는 阮绪和(2001), 夏群(2003), 王江(2008), 李文浩(2016) 등이 있다. 阮绪和(2001)에서는 '每'와 '各'에 대하여 대조 연구를 하였다. 문법적 기능으로 보면 '每'가 '各'보다 더 많은 성분과 함께 쓰일 수 있다. 하지만 조직 명사와 함께 쓰일 때 '各'가 더 많이 쓰인다. 의미적 측면과 화용적 측면에서는 '每'의 의미가 '各'보다 더 명확하다. '毎'와 '各'가 수량사(구)와 함께 쓰이는데 의미적 차이와 화용적 차이가 더 크다. '毎'의 지시적 특성이 아주 약하고 하나의 '형식어'(形式詞)일 뿐이다. 夏群(2003)에서는 '毎'와 '各'가 일반 명사나 분류사, 장소 명사, 공간 명사 등 체언 성분과 함께 쓰이는 데 나타나는 공통점과 차이점을 밝혔다. 王江(2008)에서는 '毎'와 '各'에 대하여 대조 연구를 하였다. '毎'와 '各'가 명사, 분류사, 수량사구와 함께 쓰이는 데 공통점과 차이점을 밝힐 뿐만 아니라 '毎'와 '各'을 포함한 구가 문장에서의 통사적 역할과 '都'와의 공기 및 '毎' 구문과 '各' 구문의 생략도 밝혔다. 李文浩(2016)에서는 '毎'와 '各'에 대하여 대조 연구를 하였다. 인지적으로 보면 '毎'는 전체를 강조하고 '各'는 개체를 강조하며 의미적으로 보면 '毎'는 개체 간의 공통점을, '各'는 개체간의 차이점을 강조한다. 통사적으로 보면 '毎'와 '各'는 다른 성분과의 공기, 문장 위치, 중첩 등 면에서 다르다고 밝혔다.

이상의 선행 연구를 살펴보면 '各'는 체언과 함께 쓰인 경우에는 관형사인 '각'이라는 뜻이고 동사나 형용사와 함께 쓰인 경우에는 '各'는 '각자', '각각', '제각기' 등 뜻을 표시할 수 있다. '毎'는 개체 양화와 사건 양화의 의미를 모두 표시할 수 있다는 것을 알 수 있다.

4.2.2 '각'과 '各'가 구문에서의 대조

이 부분에서는 '각'과 '各'가 명사와 함께 쓰인 경우에서의 대조와 수사나 분류사와 함께 쓰인 경우에서의 대조, 그리고 동사와 함께 쓰인 경우에서의 대조로 나누겠다.

4.2.2.1 '각'과 '各'가 명사 표현과 함께 쓰인 경우

'각'과 '各'가 명사와 함께 쓰여서 '각+명사'와 '各+명사'라는 명사구를 구성할 수 있다.

> (60) ㄱ. 컴퓨터로 <u>각 가정</u> 소비량을 정확히 예측하는 것도 중요한 일이다
> ㄴ. 用电脑准确地预测<u>各家庭</u>的消费量也是很重要的。

(60ㄱ)과 (60ㄴ)에서 보듯이 '각'과 '各'는 모두 관형사로 그 뒤에 있는 명사와 함께 쓰여서 '각+명사'와 '各+명사'라는 구문으로 구성되어 '어떤 범위 내의 모든 개체를 가리킨다'는 의미를 표시한다.

'각'과 '各'가 일부 명사와 함께 쓰인 표현이 굳어져서 '각+명사'와 '各+명사'가 하나의 단어로 굳어진 경우도 많이 볼 수 있다. 이때 '각'과 '各'가 하나의 형태로서 작용한다. 예를 들어, '각가지(各-), 각각(各各), 각개(各个), 각계(各界), 각계각층(各界各层), 각국(各国), 각군(各军), 각급(各级), 각기(各其), 각론(各论), 각방(各房), 각부(各部), 각사(各社), 각색(各色), 각양(各样), 각양각색(各样各色), 각인(各人), 각인각색(各人各色), 각자(各自), 각조(各组),각조(各条), 각종(各种), 각지(各地), 각지(各纸), 각지(各志), 각처(各处), 각층(各层), 각파(各派)' 등이 있다. 여기서 '각'과 결합하는 형태소는 '가지'를 빼고 나머지는 모두 단음절 한자어 형태소이다.

'각'과 '各'가 명사와 함께 쓰인 경우에는 그 명사 뒤에 조사나 접미사의출연 여부에는 큰 차이가 있다. 즉 '각+명사' 뒤에 여러 조사가 나타나서 문장에 의미를 덧붙일 수 있지만 '各+명사' 뒤에는 조사가 나타날 수 없고 모든 의미는 '各+명사'만으로 표시한다.

(61) ㄱ. <u>각</u> 사회<u>마다</u> 다양한 문화에 따라 남녀의 역할도 다르다.

ㄴ. <u>各</u>社会根据文化的不同, 男女的作用也不相同。

(62) ㄱ. 대통령은 <u>각</u> 부처 장관들을 소집하여 국무회의를 열었다.

ㄴ. 总统把<u>各部门</u>的长官都召集起来, 召开了国务会议。

(63) ㄱ. <u>각</u> 학교<u>별로</u> 담당 구역이 있다.

ㄴ. <u>各学校</u>有其负责的区域。

(64) ㄱ. 매년 <u>각</u> 학교<u>당</u> 20여명의 달하는 학생들을 교환하고 있었습니다.

ㄴ. 每年<u>各学校</u>会交换多达20余名的学生。

'마다'는 조사로서 '낱낱이. 하나하나 모두. 하나도 빠짐없이'의 뜻을 표시하는 조사이고 '-들'을 복수를 표시하는 조사이다. '-별'(別)은 일부 명사 뒤에 붙어 '-을 기준으로 하여 구분함'의 뜻을 나타내는 접미사 이며 '당'은 수량의 단위 뒤에 쓰이어 그 수량을 단위로 하여 전체를 나누어 '돌아가는 몫'의 뜻을 나타내는 접미사다.

'각'과 '各'가 명사와 함께 쓰인 경우에는 그 명사 뒤에 전량 부사가 나타날 수 있다.

(65) ㄱ. 회의에서 제안한 <u>각</u> 안건이 <u>다/모두</u> 통과하였다.

ㄴ. <u>会议中提出的各方案都/全</u>通过了。

예문(65ㄱ)과 (65ㄴ)에서 보듯이 '각+명사'와 '各+명사'라는 구문 뒤에 모두 전량 부사 '다/모두'와 '都/全'와 함께 쓰일 수 있다.

'각'과 '各'가 명사와 함께 쓰인 경우에는 '각+명사+부사어'와 '各+명사+부사어'로 구성될 수 있다.

(66) ㄱ. 이 집단은 각 자연마을 단위로 구성된다.

ㄴ. 此集团是以各自然村庄为单位组成的。

(67) ㄱ. 각 논자들간에 접근방법이나 시각 등에 차이가 없다.

ㄴ. 各论者之间在研究方法和视角等方面没有差别。

예문(66ㄱ)과 (66ㄴ)에서 보듯이 '각+명사'와 '各+명사'라는 구문 뒤에 '단위로'나 '为单位'라는 부사어를 붙일 수 있고 '각+명사+단위로'와 '以+各+명사+为单位'라는 구문으로 구성될 수 있다. 예문(67ㄱ)과 (67ㄴ)에서 보듯이 '각+명사'와 '各+명사'라는 구문 뒤에 '간에'(之间)라는 부사어를 붙여서 '각+명사+간에'와 '各+명사+之间'라는 구문으로 구성될 수 있다.

4.2.2.2 '각'과 '各'가 수사나 분류사 표현과 함께 쓰인 경우

'각'과 '各'가 수사나 분류사와 함께 쓰여서 '각+수사/분류사'와 '各+수사/분류사'라는 명사구를 구성할 수 있다. 먼저 '각'과 '各'가 수사와 함께 쓰인 경우를 보겠다.

(68) ㄱ. 때로는 남자와 여자를 각/각각 1명씩 지명하여 쌍창(혼성 2중창)을 시키기도 한다.

ㄴ. 有时在男生女生中各指定一名来进行双重合唱。

여기서 '각'은 그 뒤에 있는 명사를 수식하고 지시하는 기능이 없고 그 앞에 있는 명사에 그 뒤에 있는 명사의 일정한 수량을 분배해 주는 기능을 가진다. 여기서 부사 '각각'이 대신해서 쓰일 수도 있다. 그래서 '각'이 여기서 관형사가 아니라 부사이다. 즉 '각'이 자립형태소로서 쓰일 때 관형사뿐만 아니라 부사로도 쓰일 수 있다.

그 다음으로 '각'과 '各'가 분류사와 함께 쓰인 경우를 보겠다.

> (69) ㄱ. 이 영화들이 <u>각 편당</u> 2주의 방영기간은 충분한 노출시간이 되지 못했다.
> ㄴ. <u>这些电影中，各部</u>电影有两周的放映时间，这并不能算是充分的放映时间。

예문 (69ㄱ)과 (69ㄴ)에서 보듯이 '각'과 '各'는 분류사 뒤에 쓰일 수 있다. 다만 '각'은 그 뒤에 있는 분류사와 함께 쓰인 경우에는 '(명사)+각+분류사+-당'이라는 구문으로 구성될 수 있지만 '各'가 분류사와 함께 구성된 구문은 '各+분류사+명사'라는 구문이다.

4.2.2.3 '각'과 '各'가 동사나 형용사 표현과 함께 쓰인 경우

동사나 형용사와 함께 쓰인 경우에는 '각'과 '各'가 각각 어떤 식으로 나타나는지 보고자 한다.

> (70) ㄱ. 이 요소들이 사람의 몸과 마음 발전에서 <u>각각/각자</u> 무슨 역할을 하는 건가?
> ㄴ. <u>这些</u>因素在人的身心发展中<u>各</u>起什么作用？
>
> (71) ㄱ. 그들은 회의를 마치고 <u>각각/각자</u> 자신에 집으로 돌아갔다.
> ㄴ. 他们会议结束后就<u>各</u>回各家了。

(72) ㄱ. 직업이 <u>제각기/제각각/각각</u> 다르다.

ㄴ. 职业<u>各</u>不相同。

예문(70ㄱ)과 (70ㄴ)에서 보듯이 동사나 동사구와 함께 쓰인 경우에는'각'과 '各'는 각각 '명사/명사구+각각/각자+동사/동사구'와 '명사/명사구+各+동사/동사구'라는 구문으로 구성된다. 예문(71ㄱ)과 (71ㄴ)에서 보듯이 중국어에서는 '各'가 '各+동사+各+명사/的'라는 구문으로 구성될 수 있다. 이런 구문은 한국어의 '각자/각각+자신+조사+동사/동사구'라는 구문과 대응한다. 예문(72ㄱ)과 (72ㄴ)에서 보듯이 형용사와 함께 쓰인 경우에는 한국어의 '제각기/제각각/각각+형용사 표현'이 중국어의 '各+형용사 표현'와 대응한다. 이런 구문에서 나타나는 형용사는 주로 '다르다'이다.

4.2.3 '매/-마다'와 '每'가 구문에서의 대조

이 부분에서는 '매/마다'와 '每'가 명사와 함께 쓰인 경우에서의 대조와 수사나 분류사와 함께 쓰인 경우에서의 대조, 그리고 동사와 함께 쓰인 경우에서의 대조로 나누겠다.

4.2.3.1 '매/-마다'와 '每'가 명사 표현과 함께 쓰인 경우

'매'와 '每'가 명사와 함께 쓰여서 '매+명사'와 '每+명사'라는 명사구로 구성될 수 있다. 특히 '매+명사' 뒤에 조사 '-마다'가 붙어서 이루어진 '매+명사+-마다'라는 구문이 흔히 보일 수 있다.

(73) ㄱ. 학교에서 매 학기마다 우수 학생을 선정하였다.

　　ㄴ. 学校每学期都选优秀学生。

(74) ㄱ. 매 사람마다 자리 앞에 작은 스피커가 놓여 있다.

　　ㄴ. 每人座位前都放有一个小的扩音器。

(73ㄱ)과 (73ㄴ),(74ㄱ)과 (74ㄴ)에서 보듯이 '매'와 '每'가 모두 관형사로 그 뒤에 있는 명사와 함께 쓰여서 '매+명사'와 '每+명사'라는 구문으로 구성될 수 있다. 그 중에서(73ㄱ)은 '매'가 한자어와 함께 쓰인 예문이고 (74ㄱ)은 '매'가 고유어와 함께 쓰인 예문이다. 그리고 '매+명사' 뒤에 조사 '-마다'가 붙어서 구성된 '매+명사+-마다'라는 구문이 중국어의 '每+명사'라는 구문과 대응한다.

'매'와 '每'가 일부 명사와 함께 쓰인 표현이 굳어져서 '매+명사'와 '每+명사'가 하나의 단어로 굳어진 경우도 많이 볼 수 있다. 이때 '매'와 '每'가 하나의 형태소로 작용한다. 예를 들어, '매년(每年), 매번(每番), 매사(每事), 매양(每样), 매월(每月), 매일(每日), 매주(每周)' 등이 있다. 여기서 '매'와 결합하는 형태소는 거의 모두 단음절 한자어 형태소이다.

'매+명사' 뒤에 조사 '-마다'가 붙지 않은 예문도 볼 수 있다.

(75) ㄱ. 매 순간 후회없이 살아야 한다.

　　ㄴ. 每瞬间都要无悔地度过。

(76) ㄱ. CEO들은 매 분기별 기업 순익을 목표치 이상 달성해야겠다는 욕심을 가졌다.

　　ㄴ. CEO们都试图将每个季度的企业受益都超过目标值。

예문(75)은 조사 '-마다'가 생략된 예문이다. 예문(76)는 '-마다' 대신에 단위 의미를 표시하는 '별', '당' 등 표현이 나타나는 예문이다. 이런 구문들에서 '-마다'가 쓰이지 않지만 '每+명사'라는 구문과 대응할 수 있다.

그리고 한 문장에서 '-마다'는 쓰이지만 '-매'는 쓰이지 않은 예문을 볼 수 있다.

(77) ㄱ. 삼겹살 맛이 집<u>마다</u> 다르다.
     ㄴ. 五花肉的味道<u>每家</u>都是不同的。

(78) ㄱ. 층층마다 불이 켜져 있다.
     ㄴ. <u>每层</u>都开着灯。

(79) ㄱ. <u>아이들마다</u> 사탕 다섯 개를 받았다.
     ㄴ. <u>每个孩子</u>都得到了五块糖。

(80) ㄱ. <u>모든 분야마다</u> 그런 문제들이 존재한다.
     ㄴ. <u>每个领域</u>都存在那样的问题。

(77ㄱ)은 '-마다'가 고유어 명사와 함께 쓰인 예문이고 (78ㄱ)은 '-마다'가 중첩 표현과 함께 쓰인 예문이다. (79ㄱ)은 '-마다'가 복수 표지인 '들'과 공기하는 예문이고 (80ㄱ)은 '-마다'가 '모든' 같은 전량 표현과 공기하는 예문이다. 예문 (77ㄱ), (78ㄱ), (79ㄱ), (80ㄱ)에서 보듯이 일부 고유어 명사나 중첩 표현과 함께 쓰인 경우와 복수 표지나 전량 표현과 공기하는 경우에는 '-마다'는 쓰이지만 '매'는 안 쓰인다. 하지만 이런 구문들도 역시 '每+명사+(都)'라는 구문과 대응한다.

'매/-마다'와 '每'가 명사와 함께 쓰인 경우에는 분류사의 사용 여부에 있어 '매/-마다' 구문과 '每' 구문에 큰 차이점이 나타난다.

(81) ㄱ. 강좌마다 젊은 남녀가 강당의 뒤쪽까지 빼곡히 채우며 경청했다.
　　 ㄴ. 每场讲座, 男女青年们连讲堂的后面都挤得满满当当, 认真听讲。

(82) ㄱ. 사람마다 혼자서 해야 할 일이 있다.
　　 ㄴ. 每(个)人都有自己独自一人要做的事情。

예문 (81ㄴ)에서 보듯이 '每' 뒤에 있는 명사 표현이 단위성이 없으면 '每'와 그 명사 표현 가운데에 반드시 분류사가 나타나야 한다. 예문 (82ㄴ)에서 보듯이 '每' 뒤에 있는 명사 표현이 단위성이 있으면 '每'와 그 명사 표현 가운데에 분류사가 나타나지 않아도 된다. 하지만 '매/-마다'는 함께 쓰인 명사 표현의 단위성과 무관하게 분류사가 붙지 않고 '매+명사 표현+-마다'라는 구문으로 쓰인다.

4.2.3.2 '매/-마다'와 '每'가 수사나 분류사 표현과 함께 쓰인 경우

'매/-마다'와 함께 쓰인 수사가 '일/하나'가 아닌 경우를 보고자 한다.

(83) ㄱ. 이것이 매 1백 28년마다 하루 정도의 오차를 낳았다.
　　 ㄴ. 这个东西每128年就会产生一天左右的误差。

예문(83)에서 보듯이 '매' 뒤에 그 수사가 '일/하나'가 아닌 경우에는 '매+수량 표현' 뒤에 '-마다'가 붙어서 '매+수량 표현+-마다'라는 구문으로 구성된다. 이런 구문 중의 수량 표현은 하나의 단위로 작용한다. 예를 들어, 예문(83)에서의 '1백28년'은 하나의 단위이다.

'매/-마다'와 함께 쓰인 수사가 '일/하나/한'인 경우에는 '매+일/한+분류사'라는 구문으로 쓰일 수도 있고 '일/하나/한'이 생략되어 '매+분류사'도 쓰일 수 있다. 이들 구문은 중국어의 '每+분류사'나 '每+一+분류사'라는 구문과 어떻게 대응하는지 보고자 한다.

(84) ㄱ. 공전, 사전이 마찬가지로 매 1결/결당 30두의 조를 바쳤다.
ㄴ. 公田和私田都是一样的, 每一结/结中，都要进贡30斗的谷子。

(85) ㄱ. 이 책에서 좋은 글 10편을 뽑아 매 한 편씩 원문을 한자로 뜻을 해석한다.
ㄴ. 从此书中挑选了10篇好文章，每一篇/篇都用汉字来解释原文的意思。

예문 (84ㄱ)과 (85ㄱ)에서 보듯이 '매'가 뒤에 있는 수사인 '일/하나/한'과 함께 쓰여서 '매+일/하나/한+분류사+-씩/-당'이라는 구문으로 구성된 경우에는 '일/하나/한'이 생략되어도 문장이 여전히 자연스러운 문장이다. 이런 구문은, (84ㄴ)과 (85ㄴ)에서 보듯이 중국어의 '每+분류사'나 '每+一+분류사'라는 구문과 모두 대응할 수 있다.

4.2.3.3 '매/-마다'와 '每'가 동사 표현과 함께 쓰인 경우

'매/-마다'와 '每'가 동사 표현과 함께 쓰이는 데에 있어 뚜렷한 차이점이 있다.

(86) ㄱ. <u>每写一篇论文</u>, 都需要付出很多的努力。

ㄴ. <u>논문 한 편 쓸 때마다</u> 많은 노력을 해야 한다.

(87) ㄱ. <u>每每想起这件事</u>, 他都很后悔。

ㄴ. 이 일이 <u>떠오를 때마다</u> 그는 무척 후회가 되었다.

(88) ㄱ. 入秋以后, <u>每下一场雨</u>, 天气就凉一下。

ㄴ. 입추 후에 <u>비가 올 때마다</u> 날씨가 한 층 더 추워진다.

예문 (86ㄱ)에서 보듯이 '每'는 동사와 직접 쓰일 수 있지만 '매/-마다'는 동사와 함께 쓰일 수 없다. (86ㄴ)에서 보듯이 '每+동사 표현'은 한국어의 '동사/동사구+ㄹ/을 때마다'와 대응한다. 또 (87)에서 보듯이 '每'는 중첩되어 '每每'라는 표현으로 구성되고 동사 표현과 함께 쓰여서 '每每+동사 표현'과 함께 쓰일 수 있다. 이런 구문은 (87ㄴ)에서 보듯이 역시'동사/동사구+ㄹ/을 때마다'와 대응한다. 예문 (88ㄱ)에서 보듯이 '每'는 '每+동사 표현+수량 표현'이라는 구문으로 구성될 수 있지만 이런 구문도 역시 한국어의 '동사/동사구+ㄹ/을 때마다'와 대응한다.

그리고 중국어에서 '当+동사/동사구+时'는 한국어의 '동사/동사구+을/ㄹ 때'와 대응하여 '每当/逢/到+동사/동사구+时'는 한국어의 '동사/동사구+을/ㄹ 때마다'와 대응할 수도 있다. 하지만 현대 중국어에서는 '每当'이 하나의 단어로 쓰인 경우도 많이 볼 수 있다.

4.3 종합적 전량 표현의 대조

종합적 전량 표현은 배분적 전량 표현과 임의적 전량 표현과 달리, 양화 대상의 성질을 구별하지 않고 양화 대상을 전부 총괄하는 표현이다. 한·중 언어의 '다'와 '모두', '都'와 '全'은 모두 '전부 총괄'이라는 원형(原型)적 의미를 가지고 한·중 언어에서 전형적인 종합적 전량 양화 부사라고 할 수 있다.[9] 대부분의 한·중 사전에서 '다'와 '모두'의 기본적인 의미를 '都'와 '全'으로 해석한다. 예를 들어, 『한중 대사전』(2004), 『신편 한중 사전』(2010), 『조중사전』(1998) 등이 있다. 대부분의 한·중 사전에서 '都'와 '全'을 '다'와 '모두'로 해석한다. 예를 들어, 『中韩词典』(2001) 등이 있다. 그럼 '다'와 '모두', '都'와 '全'이 전량 의미를 표시할 때 무슨 공통점과 차이점이 있는가? 어떤 경우에는 서로 대응하고 어떤 경우에는 대응하지 않는가? 이 책에서는 이 질문들을 밝히고자 한다. 먼저 '다'와 '모두', '都'와 '全'의 의미와 용법을 밝히겠다.

4.3.1 '다'와 '모두', '都'와 '全'에 대한 선행 연구

'다/모두'와 '都/全'의 '전부 총괄'이라는 의미와 용법에 관한 기존의 해석에 대하여 알아보겠다.

---

9   '다'와 '모두', '都'와 '全'은 '전부 총괄'이라는 의미 외에 다양한 의미도 있는데 이 책에서는 그들의 '전부 총괄'이라는 전형적인 의미에 집중하고자 한다.

4.3.1.1 '다/모두'에 대한 선행 연구

(1) '다'에 대한 선행 연구

먼저, 한국어 사전들 중 '다/모두'에 관한 해석은 『표준국어대사전』 (1999), 『연세 한국어사전』(1998), 『고려대 한국어대사전』(2008)에서 찾아볼 수 있다.[10]

(1) 『표준』
다: [I] 부사. 남거나 빠진 것이 없이 모두. ¶ 올 사람은 다 왔다./줄 것은 다 주고, 받을 것은 다 받아 오너라./남들이 다 가는 고향을 나는 왜 못 가나.
[II] 명사. 남거나 빠짐없는 모든 것. ¶ 내가 네게 줄 수 있는 것은 이것이 다이다./이것이 내가 가지고 있는 것의 다는 아니다.

(2) 『연세』
다: [I] 부사. (1) 남김없이, 모조리. 전부. ¶ 남들이 알고 있는 정도는 나도 다 안다./ 자네 부친께서 항일 운동을 하신 훌륭한 분이란 걸 내 다 알고 있네./ 재산이나 돈 따위를 다 써서 없애다./ 그는 장가 밑천을 다 털어서 차를 샀다. (2) (해당되는 사항은 하나도 빠지지 않고) 어느 것이든지.¶ 목숨 가진 것은 다 죽게 마련이라고 했다. (3) 완전히, 끝까지. ¶오늘 완성반의 작업은 5시쯤에 다 끝났다. /행장은 다 차리었느냐?/ 하루 공연을 다 마친 단원들이 일당을 지급 받았다./모처럼 째지게 기분 한 번 내러 왔는데 너희들 때문에 기분 다 잡쳤다.
[II] 명사. 있는 것 모두. : 사장하던 참이라 다라도 먹겠다. / 너에게 다는 못 주겠다.

---

10   이하 기술에서 논의의 편의를 위하여 『표준국어대사전』(1999), 『연세한국어사전』(1998), 『고려대 한국어대사전』(2008)은 각각 『표준』, 『연세』, 『고려』로 명명한다.

(3) 『고려대』

다: [Ⅰ] 부사. 남거나 빠짐이 없이 모두. ¶ 이거 다 치워 버려라. / 회원
들은 모두 다 참석할 예정이다. / 그 정도는 누구나 다 안다. 유의어:
남김없이, 모두, 모조리, 몽땅, 빠짐없이, 죄다.

[Ⅱ] 명사. 일정한 범위나 영역 안에 남김이 없거나 빠짐이 없는 모든 것.
¶ 내가 알고 있는 정보는 이게 다가 아니다. / 하지만 다는 말해 줄
수 없어.

이상의 사전들을 살펴보면, '다'는 '전부 총괄'이라는 의미를 표시할
때 부사와 명사로 모두 쓰일 수 있다는 것을 알 수 있다. 부사로 쓰일
때는 '일정한 범위나 영역 안에 모든 것이 빠짐없이'라는 의미와 '완전
히'라는 의미를 표시할 수 있다. 명사로 쓰일 때는 '일정한 범위나 영
역 안에 있는 모든 것'이라는 의미를 표시할 수 있다.

'다'에 대한 선행 연구 중에는 이런 사전 의미를 표시하는 '다'를 다
양한 술어로 명명하는 것도 있다. 예를 들어, 김영희(1983)에서 '다'를
'전량, 복수 집합을 나타내는 셈숱말'로 분류하고 채완(1983), 노대규
(1988), 이익섭(1994), 김영근(2000) 등에서는 '다'를 '수량사'라고 하였다.

사전 해석보다 더 세밀하게 '다'의 전량 양화의 의미와 다른 의미를
밝히는 연구도 많다. 예를 들어, 엄정호(1996), 최재희(2005), 이성범(2005,
2007), 구일민(2007), 구종남(2008), 김현주·정연주(2011) 등이 있다. 엄정
호(1996)에서는 '다'를 포함한 모든 전량 양화 부사에 대해 밝혔다. '다'
가 전량 양화 부사로서 작용할 때 분산적 해석과 집합적 해석을 가지
고 있다. 집합적 해석은 양화의 작용 범위를 구성한 대상들을 하나의
단위로 취급하는 것이고, 분산적 해석은 작용 범위 안에 있는 여러 개
체를 따로따로 취급하는 것이라고 밝혔다. 그 외에 '다'가 서술어 양화

도 가능하고 화용론의 원리로 '다'도 '거의 다'라는 의미('다'+ 진행형), '다'의 과장법 의미(다+미완성 동사), '다'의 '미래 부정'이라는 의미('다'+ 과거형), '다'의 '의외성' 의미 등을 표시할 수 있다고 밝혔다. 최재희 (2005)에서도 '다'를 전량 양화사로 취급하고 서술하였다. 전량 양화사로서 '분산적 의미'(예: [철수가 간다 ^ 영수가 간다 ^ 순희가 간다]=[모든 학생들이 간다])와 '집합적 의미'([철수^영수^순희가 함께 피아노를 들었다]= [모든 학생들이 피아노를 들었다])로 해석될 수 있다. 그리고 '다'는 행위 양화사로 [연속성]의 의미 자질을 가진 동사의 행위를 개체화하여 양화할 수 있다. 또 특정적인 담화 맥락에서는 어떤 행위가 완료되지 않더라도 '다'를 쓸 수 있다(예: 우리는 산을 다 올라갔다). 이성범(2005, 2007)에서는 '다'를 개체 양화('다'가 개체 양화 부사로 쓰일 때, 개체 양화 한정사 '전부'의 수식이 가능하다)와 사건 양화(사건 양화 부사로 쓰일 때, 사건 양화 부사 '완전히'의 수식이 가능하다), 이 두 가지 성격을 지닌 복합적 양화 부사로 규정하였다. Von Fintel이 제안한 Strawson 함의라는 개념을 이용하여 '다'가 '의외성'이나 '실망감' 등 의미까지 화장하는 과정을 밝힘을 시도하였다. 구일민(2007)에서는 과장법의 원리로 '다'의 여러 해석 경향성에 대해 서술하였다. 특히 '다'가 과장법으로 '거의 다'의 의미를 가지게 되는 데에 중점을 두고 '등급 역전', '생략 부분 풀기', '중의성 해소' 등 해석 경향성을 밝혔다. 구종남(2008)에서는 담화표지인 '다'의 기능과 통사적 특징 및 문법화 과정을 밝혔다. 그리고 어휘적 의미로부터 담화표지로 발전하는 '다'의 문법화 과정을 4단계로 나눠 서술하였다. 즉 1단계: '다'가 어휘적 의미를 나타낸다. 2단계: '다'의 수량적 의미로 놀라움의 의미가 암시된다. 3단계: 청자의 입장에서 놀라움이라는 암시적 의미를 '다'의 의미로 파악하는 것이 반복된다. 4단계: '다'의 암시적 놀라움(의외성)이 '다'의 실제 의미의 일부가 된다고 밝혔다. 김현주·정연주(2011)에서는 통시적 시각으로 전량 양하사인 '다'의 출현을 탐구하고 공시적 시각으로 '다'의 다양한 용법을 밝혔다. '다'가 전량 양화사로서의 용법과 정도 부사의 용법, 그리고 선행 명사구에 '의외성'의 의미를 더해주는 용법 간의 관련을 밝히는 것을 시도하였다.

이상의 선행 연구를 살펴보면, '다'의 기본 의미는 '전부 총괄'이라는 의미이고 '전부 총괄'이라는 의미를 표시할 때 문맥에 따라 '분산적 해석'과 '집합적 해석'이라는 의미를 가질 수 있다. 또한, '다'의 다른 의미는 모두 '전부 총괄'이라는 기본 의미부터 확장되는 것이라는 것을 알 수 있다.

(2) '모두'에 대한 선행 연구

'모두'에 대한 선행 연구는 주로 사전 해석이다. '모두'에 대하여 집중적으로 연구하는 학술 논문이 많지 않다. 그럼 사전에서 '모두'에 대하여 어떻게 해석하는지 보고자 한다.

⑴ 『표준』
모두: [Ⅰ] 「명사」 일정한 수효나 양을 기준으로 하여 빠짐이나 넘침이 없는 전체. ¶식구 모두가 여행을 떠났다./누가 새 장관이 되느냐는 모두의 관심이었다./그 일은 모두에게 책임이 있다./조정에서는 장군의 기막힌 장계를 보자 모두들 고개를 숙여 높은 기개에 감동이 되어 수군 전폐론은 중지가 되어 버렸다.
[Ⅱ] 「부사」 일정한 수효나 양을 빠짐없이 다. ≒공히. ¶모인 인원을 모두 합하여도 백 명이 안 된다./그릇에 담긴 소금을 모두 쏟았다./채소 장수 할머니는 평생 모은 돈을 모두 고아원에 기부했다.

(2) 『연세』

모두: [Ⅰ] 명사. 전체, 또는 한데 모은 수효나 양. ¶ 모두가 목이 터져라
고 교가를 불렀다./그가 하고 있는 말 모두가 그대로 티끌 한 점
없는 진심처럼 느껴졌다./ 모두들 무슨 돈으로 턱턱 집을 사려고
덤비는지 모르겠다.

[Ⅱ] 부사. 빼거나 남기지 않고 다. ¶ 용맹한 투우사에게 관중은 모두 일
어나 박수와 환호로 경의를 표했다./ 그는 전라도, 충청도 사투리
를 모두 빰뿡을 해서 중얼거리고 있었다./그녀는 벽에 붙여 놓았
던 애들의 그림을 모두 찢어발긴 적이 있었다./그가 엄숙하게 말
하는 바람에 우리는 모두 일동 차려를 하는 긴장 상태가 되었다./
마음속의 숨은 비밀이나 생각을 숨김없이 모두 이야기하다./ 가
지고 있는 것을 하나도 남김없이 모두 내놓다.

(3) 『고려대』

모두: [Ⅰ] 명사. 일정한 기준에서 하나도 남거나 빠지는 것이 없는 전체.
¶ 모두가 아는 사실/ 승진은 직장인 모두의 관심거리이다. / 지금
은 그냥 돌아서는 게 두 사람 모두에게 좋을 것 같았다. 유의어;
다, 온통, 전부, 전체, 총체.

[Ⅱ] 부사. (1) 일정한 기준에서 하나도 빼거나 남기지 않고 다. ¶ 여러분
의 의견을 모두 반영하겠습니다. /강의 내용이 쉬워서 모두 이해할
수 있다./ 여기 있는 책들을 모두 저쪽으로 옮겨 놓아라. / 담당 검
사의 끈질긴 추궁 끝에 그는 범행 사실을 모두 털어놓았다. 유의어:
남김없이, 다, 모조리, 몽땅, 빠짐없이, 싸악, 싹, 온통, 일체, 전부,
죄, 죄다 (2) 일정한 수효나 수량을 다 합하여. ¶ 참가자는 모두 여
덟 명이다. / 구입하신 물건의 값은 모두 오천 원입니다. 유의어: 도
합, 통틀어.

이상의 사전들을 살펴보면, '모두'는 '전부 총괄'이라는 의미를 표시
할 때 부사와 명사로 모두 쓰일 수 있다는 것을 알 수 있다. 부사로 쓰

일 때는 '일정한 범위나 영역 안에 모든 것이 빠짐없이'라는 의미와 '일정한 수효나 수량을 다 합하여'라는 의미를 표시한다. 명사로 쓰일 때는 '일정한 기준에서 하나도 남거나 빠지는 것이 없는 전체'라는 의미를 표시할 수 있다.

4.3.1.2 '都/全'에 대한 선행 연구

(1) '都'에 대한 선행 연구

중국어의 대표적인 사전인 『现代汉语八百词』(1980)와 『现代汉语词典』(2012)에서는 '都'의 의미와 용법에 대해 밝혔다.

> (1) 『现代汉语词典』(2012)
> 都 : 부사. 총괄의 의미를 표시한다. 의문사 이외의 모든 총괄 대상은 '都' 의 앞에서 쓰여야 한다. 예: 全家都搞文艺工作。
>
> (2) 『现代汉语八百词』(1980)
> 都: 부사. [I] 총괄 전부의 의미를 표시한다. 의문문 이외에 총괄하는 대 상은 모두 '都'의 앞에서 쓰여야 한다. '全都'라고 할 수도 있다. '全 都'의 총괄 의미가 더 뚜렷하다. (예: 大伙儿都同意/一天功夫把这些事 都办完了。) A) 총괄 대상은 임의적 이미를 표시하는 의문 대명사일 수 있다. (예: 给谁都行/怎么办都可以/我什么都不要。) B) 총괄 대상 의 앞에서 连词'不论, 无论, 不管' 등이 쓰일 수도 있다.(예: 不论大小 工作, 我们都要把它做好。) C) 의문문에서 총괄 대상(의문사)은 '都'의 뒤에서 쓰여야 한다.(예: 你都去过哪儿？) D) '是'와 함께 쓰여서 이 유를 설명한다.(예: 都是你一句话把他惹翻了。)

이상의 사전을 살펴보면 '都'의 기본 의미는 '전부 총괄'이라는 의미이고, '전부 총괄'이라는 의미를 표시할 때 부사로만 쓰일 수 있다는 것을 알 수 있다.

蒋严(1998), 徐以中·杨亦鸣(2005)에서도 '都'가 다양한 의미를 표시할 수 있지만 본질적으로 '총괄'이라는 한 가지의 의미를 가진다고 주장하였다.

이와 달리, 吕叔湘(1979), 兰宾汉(1988), 董秀芳(2002), 詹卫东(2004), 黄文枫(2010), 马真(1983)에서는 '都'가 양화 대상과의 위치 관계에 대하여 연구하였다. 吕叔湘(1979)에서는 의문문을 제외하고 총괄되는 대상은 반드시 '都'의 앞에 놓이고 의문문에서는 총괄되는 대상(의문대명사)이 '都'의 뒤에 쓰인다고 지적하였다. 兰宾汉(1988)에서는 吕叔湘(1979)의 관점을 보완하여 의문문에서만 '都'가 총괄하는 대상의 뒤에 있는 것이 아니라 서술문에서도 '都'가 총괄하는 대상의 뒤에 있을 수 있다고 주장한다(예를 들어: 你都干些出力不讨好的事。我都认识他们。). 그리고 '都'가 총괄하는 대상이 단수라면 이 단수 사물은 의미적으로 제한을 받아야 한다. 즉 이 단수 사물이 뒤에 있는 동사와 의미적으로 관련되고 그의 존재 상태는 꼭 나눌 수 있어야 한다고 지적하였다. 董秀芳(2002)에서는 '都'의 앞에 있는 양화 대상의 유형은 아래와 같이 도출하였다. 첫째로는 복수 의미를 가지는 보통 명사이다. 둘째로는 '所有/每 NP'이다. 셋째로는 임의 대명사(任意代名词)이다. 넷째로는 '连NP'이다. 다섯째로는 부정적 극성 성분이다(예를 들어 '一NP'이다). 이 다섯 가지의 유형이 함께 나타나면 임근 원칙과 위치 원칙에 따라 '都'의 양화 대상이 되는 경향성도 다르다. 다 같이 '都'의 양화 대상이 될 수도 있고 서로 경쟁하여 하나만 '都'의 양화 대상이 될 수도 있다고 밝혔다. 詹卫东(2004)에서는 컴퓨터가 문자를 처리하는 수요를 고려하고 실제적인 언어 자료를 근거하여 '都'의 양화 대상이 앞에 있는 경우와 뒤에 있는 경우에 대해 서술했는데 양화 대상이 '都'의 앞에 있는 문장 구조는 {xp}+…+都+…, {统指性 xp }+…+都+…, {逐指性xp }+…+都+…, {任指性 xp }+…+都+…, {条件性xp }+…+都+…, […]都是+… 등이 있고 양화 대상이 '都'의 뒤에 있는 문장 구조는 都+…+{疑问词}+…, 都+…+{贬义成分}, 都+动词+[的]+{np} 등이 있다고 밝혔다. 黄文枫(2010)에서는 [+복수성]과 [+주관적 대량]이라는 의미 자질을 가지는 시간 부사, 그리고 [+동질성], [+연속성], [+정태]의 특징을 가지는 사건인 'NP--VP'는 모두 '都'의 양화 대상이 될 수 있다고 밝혔다. 시점 부사는 [+복수성], [+주관적 대량]이라는 특성을 가지지 않으므로 '都'의 양화를 받을 수 없다고 주장하였다. 马真(1983)에서는 '都'가 총괄하는 대상이 뒤에 있는 경우에서의 문장 구조를 전면적으로 분석하였다. 이런 문장 구조는 아래와 같이 7 가지의 유형으로 나눌 수 있다고 밝혔다. 즉 (1) '都'+ 의문대명사 + 동사(都谁来了?), (2) '都'+ 동사+ 의문대명사(이 의문대명사는 의문을 표시할 수도 있고 의문을 표시하지 않을 수도 있다. 예: 你都看见谁了?你都想些什么呀！), (3) '都'+ 동사 + (一)些+ 명사(예: 你都看些没用的东西), (4) '都'+ 동사+ 인칭 대명사(예: 我都教过他们), (5) '都'+把+ 대명사+ 동사(你都把谁请来了?), (6) '都'+ 동사 +的 + 명사(他没吃别的, 都吃的馒头), (7) '都'+ 동사+ 명사(他不吃别的, 都吃馒头).

그리고 王红(1999), 董为光(2003)과 张蕾 등 (2012)에서는 '都'의 양화 의미에 대하여 연구하였다. 王红(1999)에서는 범위 부사인 '都1'은 사람이나 사물의 각 구성 단위를 총괄하는 것이 아니라 단위마다 예외 없이 모두 어떤 성질이나 상태, 그리고 행위와 직접적인 관련을 가지는 공통성이 있다고 강조하였다. 董为光(2003)에서는 '都'의 양화 대상과 그 양화 대상과 관련된 행위를 분석함으로써 '都'의 양화 의미를 밝혔다. 양화 대상을 하나하나씩 관찰하는 것과 양화 대상을 모두 총괄하는 것이 다른 의미 측면에 있으므로 서로 대체할 수 없는 의미 기능을 수행한다고 밝혔다. '하나 하나의 사실'을 총괄하는 '都'는 아래와 같이 세 가지의 부가적인 의미를 가진다고 설명하였다. 첫째로는 같은 행위가 사실상 '따로따로' 진행되는 의미이고(예: 小张和小李(各自)都买了新房子。). 둘째로는 화자가 복수 사물의 행위를 '따로따로' 살펴보고 '예외 없다'는 것을 강조하는 의미이며(예: 我们都犯过错误。). 셋째로는 복수 사물이 어떤 면에서 '완전히 일치하다'는 것을 강조하는 의미이다(예: 大伙都赞同这么做。). 张蕾 등 (2012)에서는 '张三都捐了五百块钱。'라는 예를 들어 '都'의 전량 양화 의미를 설명하였다. 초점인 '张三'이 초점 변량으로 후보 항목의 집합을 끌어내어 '都'의 양화 구간을 만든다고 밝혔다. 또한 '都'가 뒤에 있는 양화 대상을 양화하는 경우에는 그 양화 대상이 복수성을 가져야 할 뿐만 아니라 관련된 초점이 배타성도 가진다고 밝혔다(예: 他都用的美国货=他用的是美国货,而不是其他国家的货。).

이상의 선행 연구를 살펴보면, '都'가 '다'와 같이 기본 의미는 '전부 총괄'이라는 의미이고 '전부 총괄'이라는 의미를 표시할 때 문맥에 따라 '분산적 해석'(따로따로)과 '집합적 해석'(완전히 일치하다)이라는 의미를 가질 수 있다.

(2) '全'에 대한 선행 연구

(1) 『现代汉语词典』(2012)

全: (1) 형용사. 완비된다, 구비된다. (예: 这部书不全, 东西预备全了。)

   (2) 형용사, 전체의. (예: 全神贯注, 全家光荣,全书十五卷)

   (3) 부사, 완전히, 다.(예: 全不是新的。不全是新的。/他讲的话我全记
   下来了。)

(2) 『现代汉语八百词』(1980)

全: 형용사. [Ⅰ] 완비되다, 구비되다. 문장에서 서술어와 보어(补语)로
   쓰인다. (예: 品种很全/零件一时还没配全) [Ⅱ] 전부 ; 전체의。 명사
   를 수식한다. 명사와 가운데에 '的'가 붙을 수 없다.(예: 全中国/全世
   界/全书共分八章)

부사. [Ⅰ] 일정한 범위 안에 예외가 없다. 모두. 총괄 대상은 흔히 '全'의
   앞에 쓰인다. '都'와 함께 쓰여 '全都'라는 식으로 쓰일 수 있다. (예:
   稻子全收完了/孩子们全都很健康。) A) 총괄 대상은 임의적 의미를
   표시하는 의문대명사일 수 있다. 예: 给谁全可以/怎么说全行/我什么
   全不要。 B) 총괄 대상의 앞에 连词'不论, 无论, 不管'이 쓰인다. (예:
   无论干什么工作, 他全很认真。) [Ⅱ] 100%의 정도, 완전히.(예: 全新
   的设备/一心为集体, 全不想自己。)

　이상의 사전을 살펴보면 '全'의 기본 의미는 '완비되다'이고 '全'가
부사로 쓰일 때 '일정한 범위 안에 예외가 없다. 모두'라는 '총괄 전부'
의 의미를 가진다.

　그리고 선행 연구를 살펴보니 '全'에 대한 선행 연구가 '都'에 대한
선행 연구에 비해 상대적으로 적다. '全'에 대한 선행 연구는 주로 아
래와 같은 몇 방면에 집중되어 있다. 첫째, '全'와 '都'에 대한 대조. 예
를 들어, 陈子骄(1995)와 王健(2008)이 있다. 陈子骄(1995)에서는 다른 성

분과의 의미적 관련이라는 측면에서 '全'와 '都'를 대조를 하였다. 王健 (2008)에서는 '全'와 '都', 그리고 '全都'의 다양한 용법에 대하여 대조 연구를 하였다.

둘째, '全'을 포함한 구문과 '满' 구문의 대조는 储泽祥(1996), 李文浩 (2009), 罗天华(2016)가 있다. 储泽祥(1996)에서는 '满+N'과 '全+N'에 대하여 대조 연구를 하였다. 표시하는 것이 수량인가, 범위인가 하는 것과 이중 성질(장소를 표시하는 성질과 사물을 표시하는 성질) 및 '全/满 +N+(的)+X'구문에서 'N'과 'X'의 의미적 관련에 따라서 대조 연구를 하여 대조 연구를 하여 '满+N'과 '全+N'의 경향을 도출하였다. 李文浩 (2009)에서는 '满+NP'과 '全+NP'에 대하여 대조 연구를 하였다. 사물이 어떤 공간을 가득차는 특성과 양화 대상 간의 동질성(同质性)이 강조되 면 '满+NP'이라는 구문이 쓰이고 사물의 완전성과 양화 대상간의 이 질성(异质性)이 강조되면 '全+NP' 구문이 쓰인다. 또한 '满+NP'은 관형 어나 부사어 등으로 쓰이는 경향이 있고 '全+NP'은 주어와 목적어로 쓰이는 경향이 있다고 밝혔다. 罗天华(2016)에서는 '满', '全', '一'와 '整', '浑' 등 전량 수식어가 수량과 범위, 주관적 의미와 객관적 의미, 그릇 도식 은유와 세트 도식 은유, 위치와 리듬 등 네 가지 방면에서의 공 통점과 차이점을 밝혔다. '全'가 완전성, 이질량, 객관적인 조합의 총 량, 실제량을 표시한다는 결론을 도출하였다.

셋째, '全'의 문법적 지위와 영향에 대한 연구는 周韧(2011)과 麦涛 (2015)가 있다. 周韧(2011)에서는 '全'의 전체성을 강조하는 의미적 특성 을 밝혔다. 인지언어학의 이론에 기초하여 '全'와 '都'의 대조를 통해서 '全'의 의미적 특징과 통사적 분포에 대하여 연구하였다. '全'이 '都'와 달리 전체성을 강조하는 특성이 있다. '全'이 총괄하는 대상 간에 비교적 가까운 심리적 인식의 거리를 가진다. 그리고 문장이 표시하는 사건이 현실성이 강해야 한다고 밝혔다. 麦涛(2015)에서는 '全'이 이중적인 통사적 지위를 가진다고 밝혔다. 즉 기능 중심어Q와 논항부가어이다. 기능 중심어Q으로 작용할 때 '全'을 중심으로 이루어진 QP(quantifier phrase)은 전량 양화의 의미를 표시한다. 논항부가어로 작용할 때 '全'의 양화 대상이 될 수 있는 것은 N을 포함하고 유정적(definite, 有定性) 정보를 표시할 수 있는 DP이다. 어떤 통사적 지위로 나타나든 기능 중심어(흔히 '都')와 밀접한 통사적 관련을 가진다.

그 외에, 马真(1980)에서는 '全'가 총괄 대상의 위치 관계를 밝혔다. '都/全'이 총괄 대상의 뒤에 나타나는 여러 구문을 밝혔다. 즉 '都/全+의문대명사+동사', '都/全+동사+의문대명사', '都/全+동사+(一)些+명사', '都/全+동사+인칭대명사', '都/全+把+대명사+동사', '都/全+동사+的+명사', '都/全+동사+명사' 구문이다. 徐颂列(2012)에서는 '全'가 다른 총괄 의미를 표시하는 단어와 함께 쓰인 경우에 '全'의 의미와 역할을 밝혔다. '全'가 총괄 대상과 서술어에 따라 '집합'이나 '분배'의 의미를 표시할 수 있다. 전체를 표시하는 총괄 표현과 함께 쓰일 대 '전체 총괄'과 강조의 의미를 표시한다. 집합 의미와 분배 의미를 겸하는 표현과 함께 쓰일 때 분배 의미를 표시한다. 임의적 표현과 분배적 전량 표현과 함께 쓰일 때 배분적 의미를 표시한다. '凡(是)'와 함께 쓰일 때 결과를 관련시키는 역할도 한다. '都'와 함께 쓰일 때 '都'의 앞이나 뒤에서 모두 나타날 수 있다.

이상의 선행 연구를 살펴보면, '全'이 총괄하는 대상 간에 비교적 가

까운 심리적 인식의 거리를 가지고 문장이 표시하는 사건이 현실성이 강해야 한다는 것을 알 수 있다.

선행 연구를 살펴보니 '다/모두'와 '都/全'에 대한 대조 연구가 毛海燕(2007), 吳闲荣(2011), 侯晓丹(2013), 侯晓丹(2014), 유위, 신미경이 있다.

毛海燕(2007)에서는 '都'와 '모두/다'를 중심으로 대조를 하였다. '都'와 '모두/다'의 공통점은 모두 3가지가 있는데 즉 문법적 기능이 같고, 의미적 측면에서는 앞에 있는 내용과 관련될 수 있으며, 의문적 의미가 없는 의문 지시사와 공기할(共現) 수 있다고 밝혔다. 그리고 '都'와 '모두/다'의 차이점은 모두 4가지가 있다는 결론을 도출하였다. 즉 품사와 의미 항목이 다르고, 뒤에 있는 성분에 대한 양화 경향성이 다르고, 문장에서의 위치가 다르며, 문장에서의 출현 경향성이 다르다고 밝혔다. 吳闲荣(2011)에서는 부사 '都'가 한국어에서의 대응이라는 부분에서 한국 유학생들이 가장 많이 쓰는 구문 중에서 세 가지를 골라 서술하였다. 이 세 가지 구문은 'NP + 都+ VP', '不管/不论/无论 NP + 都 + VP', '都是⋯(引出原因)'이다. 그 중에서 첫째 구문을 '统指'나 '逐指', 그리고'任指' 등 세 가지의 상황으로 나누어 각각 한국어에서의 대응 형식을 서술하였다. 그리고 어기 부사인 '都2'와 '都3'이 한국어에서의 대응에 대해 서술하기도 하였다. '都2'가 출현하는 5가지의 구문 즉 '连⋯都⋯', '数量词 '一'+都+⋯', '动+都+不/没+动(前后的动词相同)', '比⋯ 都⋯', '都⋯了' 등이 한국어에서의 대응 형식에 대해 서술하였다. 侯晓丹(2013)에서는 전량 양화 부사인 '다'와 '都'의 의미적 특징과 통사적 특징, 그리고 원형 의미로부터의 의미 확장에 대해 분석하고 대조하였다. 侯晓丹(2014)에서는 전량 양화 부사인 '다'와 '都'의 의미적 특징과 통사적 특징에 대하여 집중적인 대조 연구를 하였다. 전량 양화 부사인 '다'와 '都'는 '강조'의 의미와 '분배적' 의미, 그리고 '집합적' 의미를 가지지만 '다'의 '집합적' 의미가 '都'보다 더 강하고 '都'의 '분산적' 의미가 '다'보다 더 강하다는 결론을 도출하였다. 통사적 측면에서는 첫째, '다'는 언제나 양화 대상의 앞에서 출현하는 데 비해 '都'는 양화 대상의 앞이나 뒤에서 다 출현할 수 있다. 둘째, '都'는 시간에 대한 양화 경향성이 '다'보다 더 강하다. 셋째, '都'는 임의적 성분 뒤에서의 출현 경향성이 '다'보다 더 강하다. 넷째, '都'는 부정 표현과의 위치 관계가 문장의 완전 부정과 부분 부정의 의미를 결정하지만 '다'는 못한다. 유위, 신미경(2015)에서는 '都', '全', '전부', '모두', '다'의 양화 대상의 차이와 이들의 서로 다른 인지 방식과 그 영향까지 살펴보았다. 다음과 같은 결론을 도출하였다. 첫째, 중국어 '都'와 한국어 '다'는 둘 다 일반명사(구), 병렬식, 每＋NP나 중첩식, 양화구, 의문사(任指)를 양화한다. 그런데 중국어 '全'과 한국어 '전부', '모두'는 주로 일반명사(구), 병렬식, 양화구를 양화하지만, 每＋NP나 중첩식, 의문사(任指)는 양화하지 않는다. 둘째, 중국어 '都'와 한국어 '다'는 문장에서 일반적으로 개체적 인지 방식을 취하고, 중국어 '全'과 한국어 '전부', '모두'는 문장에서 일반적으로 전체적 인지 방식을 취한다.

선행 연구를 살펴보면 거의 다 '다/모두'와 '都/全'이라는 단어를 중심으로 하는 것이다. 즉 이 단어들이 무슨 의미를 가지는지, 양화 대상이 어떤 것인지에 중점을 두고 대조 연구를 하는 것이다. '都/全'에 관련된 구문에 대하여 체계적으로 한 연구가 아직 발견되지 않는다. 본 절에서는 선행 연구의 보완할 만한 이 여백을 착안하여 '다/모두'와

'都/全'가 이룬 구문을 중심으로 하여 대조 연구를 하고자 한다. 즉 '다/모두'와 '都/全'가 이룬 구문 안에서 '다/모두'와 '都/全'에 대하여 대조 연구를 한다.

4.3.2 '다/모두'와 '都/全'이 구문에서의 대조

중국 학자의 연구인 李宇明(2000 : 30)에서는 객관적인 세계의 양을 표시하는 언어 범주는 주로 물량(物量), 공간량(空间量), 시간량(时间量), 동작량(动作量), 등급량(级次量), 태도강도량(语势) 등으로 구성되어 있다고 밝혔다. 그 중에서 '다/모두'와 '都/全'의 양화 대상이 될 수 있는 양 범주는 물량(物量), 공간량(空间量), 시간량(时间量), 동작량(动作量), 등급량(级次量)이 있다. 물량, 공간량, 시간량은 각각 양화 대상 전체를 강조하는 표현과 양화 대상 개체를 강조하는 표현으로 나눌 수 있다. 양화 대상 개체도 분석적 전부 개체[11]와 임의적 전부 개체로 나눌 수 있다.[12] 동작량 표현은 주로 동작의 빈도를 표시하는 표현이다. 등급량 표현은 주로 등급을 가지는 표현이다. 예를 들어, 일급, 이급 등, 초급, 중급 등이 있다. 이 책에서는 '다/모두'와 '都/全'이 물량(物量), 공간량(空间量), 시간량(时间量), 동작량(动作量), 등급량(级次量)을 양화할 때 명사 표현과 함께 쓰인 경우와 대명사 표현과 함께 쓰인 경우, 그리고 부사 표현과 함께 쓰인 경우와 부정 표현과 함께 쓰인 경우에서의 대조를 하고자

---

11   분배적 표현은 중국어 '各', 한국어 '각' 등이 모두 있다. 이 책에서는 분배적 의미가 더 강하고 사용 한계가 상대적으로 적은 '每'와 '-마다'와 관련된 예문을 쓰고자 한다. '每', '各', '매', '각'의 공통점과 차이점은 뒷 절에서 논술하고자 한다.

12   여기서 임의적 표현은 주로 양보의 의미를 지닌 '无论/不管', '든(지)/-나' 등 표현이다. '任何+명사 표현'은 좀 복잡해서 뒷 절에서 논술하고자 한다.

한다.

4.3.2.1 명사 표현과 함께 쓰인 경우에서의 대응

'다/모두'와 '都/全'이 명사 표현[13]과 함께 쓰인 경우에는 주로 두 가지의 구문으로 구성될 수 있다. 첫째, 명사 표현이 '다/모두'나 '都/全'의 뒤에 나타나서 구성된 '명사 표현+다/모두'와 '명사 표현+都/全'이라는 구문이고, 둘째, 명사 표현이 '다/모두'나 '都/全'의 앞에 나타나서 구성된 '다/모두+명사 표현'와 '都/全+명사 표현'이라는 구문이다.

(1) '명사 표현+다/모두'와 '명사 표현+都/全'의 대응

'다/모두'와 '都/全'의 앞에 나타나는 명사 표현이 주로 양화 대상을 표시하는 것이다. 앞에서 언급했듯이 양화 대상을 물량, 공간량, 시간량, 동작량, 정도량으로 나눌 수 있다. 이들 양화 대상이 하나의 개체인지, 분산적 개체인지, 임의적 개체인지, 하나의 집합인지에 따라 '다/모두'와 '都/全'의 용법이 다르다. 아래의 예문을 보자.

    (89) ㄱ. 가방이 <u>모두/다</u> 물에 잠겨 있다.
        ㄴ. 整个书包<u>都/全</u>浸没在了水里。
        ㄷ. <u>학과마다 모두/다</u> 자신의 연구 대상이 있다.
        ㄹ. <u>每一门学科都</u>/*全有自己的研究对象。
        ㅁ. 전의 동료든 지금의 동료든 <u>모두/다</u> 그 사람의 업무 능력에 탄복한다.

---

13   이 책에서 명사 표현은 명사나 명사구, 수사나 수사구, 대명사나 대명사구를 말하는 것이다.

ㅂ. 无论是之前的同事还是现在的同事, <u>都</u>/*<u>全</u>很佩服他的工作能力。

ㅅ. 채소 장수 할머니는 평생 모은 돈을 <u>모두</u>/<u>다</u> 고아원에 기부했다.

ㅈ. 做蔬菜生意的老奶奶把一生所存的钱<u>都</u>/<u>全</u>捐给了孤儿院。

(90) ㄱ. 온 건물 안에 *<u>모두</u>/<u>다</u> 향수 냄새다.

　　ㄴ. 整个楼里<u>都</u>/<u>全</u>是香水味。

　　ㄷ. 층마다 <u>모두</u>/<u>다</u> 연기 경보기가 설치되어 있다.

　　ㄹ. 每层楼<u>都</u>/*<u>全</u>设有烟雾报警器。

　　ㅁ. 하늘에서든가 땅에서든가 그 꽃은 *<u>모두</u>/*<u>다</u> 가장 예쁜 꽃이다.

　　ㅂ. 不管是在天上, 还是在地上, 那花<u>都</u>/*<u>全</u>是最好看的。

　　ㅅ. 조상들에게서 물려받은 땅은 <u>모두</u>/<u>다</u> 학교에 기부하였다.

　　ㅈ. 从祖先那儿继承来的土地<u>都</u>/<u>全</u>捐赠给了学校。

(91) ㄱ. 나는 겨울 내내 *<u>모두</u>/*<u>다</u> 외출하지 않았다.

　　ㄴ. 我整个冬天<u>都</u>/*<u>全</u>没出过门。

　　ㄷ. 하루마다 *<u>모두</u>/*<u>다</u> 아주 소중하다.

　　ㄹ. 每一天<u>都</u>/*<u>全</u>十分宝贵。

　　ㅁ. 이른 아침에나 늦은 밤에나 창고 관리원은 *<u>모두</u>/*<u>다</u> 항시 대기하고 있었다.

　　ㅂ. 无论早晚, 库管员<u>都</u>/*<u>全</u>是随叫随到。

　　ㅅ. 수업 이외의 여가 시간을 <u>모두</u>/<u>다</u> 그림을 그리면서 보낸다.

　　ㅈ. 上完课, 剩下的时间<u>都</u>/<u>全</u>用来画画。

(92) ㄱ. 처음에 이런 춤을 감상하는 순산 모든 동작 과정이 <u>모두</u>/<u>다</u> 가볍게 느껴졌다.

　　ㄴ. 第一次欣赏这种舞蹈时, 感觉整个动作过程<u>都</u>/*<u>全</u>是轻飘飘的。

　　ㄷ. 회의를 할 때마다 그 사람은 *<u>모두</u>/*<u>다</u> 자세하게 회의 기록을 한다.

　　ㄹ. 每次开会, 他<u>都</u>/*<u>全</u>会仔细地做好会议记录。

　　ㅁ. 교육 계획을 세우거나 교육 방법을 취하거나 <u>모두</u>/<u>다</u> 아동들의 실제 능력을 감안해야 한다.

ㅂ. 无论是制定教育计划，还是采取教育方法，<u>都</u>/*<u>全</u>必须考虑儿童的实际能力。

ㅅ. 그 사람이 체조 시합에서 한 모든 동작들은 <u>모두</u>/<u>다</u> 완벽하였다.

ㅈ. 那人在体操比赛中所做的所有动作<u>都</u>/<u>全</u>很完美。

(93) ㄱ. 해가 <u>다</u>/*<u>모두</u> 떴다.

ㄴ. 太阳*<u>都</u>/*<u>全</u>/<u>完全</u>升起来了。

예문(89ㄱ)-(89ㅈ)에서 보듯이 명사 표현이 물량을 표시하는 경우에는 '다'와 '모두', '都'는 모두 물량 중의 하나의 개체, 분산적 개체, 임의적 개체, 물량의 집합을 양화할 수 있지만 '全'은 분산적 개체와 임의적 개체를 양화할 수 없다. 예문(90ㄱ)-(90ㅈ)에서 보여주듯이 명사 표현이 공간량을 표시하는 경우에는 '다'는 하나의 개체, 분산적 개체, 집합을 양화할 수 있고 '모두'는 분산적 개체, 집합을 양화할 수 있으며 '都'는 하나의 개체, 분산적 개체, 임의적 개체, 집합을 양화할 수 있고 '全'은 하나의 개체와 집합을 양화할 수 있다는 것을 알 수 있다. 예문(91ㄱ)-(91ㅈ)에서 보여주듯이 명사 표현이 시간량을 표시하는 경우에는 '다'와 '모두', '全'은 집합만 양화할 수 있고 다른 것을 양화할 수 없다. 이에 비해 '都'는 하나의 개체, 분산적 개체, 임의적 개체와 집합을 모두 양화할 수 있다. 예문(92ㄱ)과 (92ㅈ)에서 보여주듯이 명사 표현이 동작량을 표시하는 경우에는 '다'와 '모두'는 하나의 개체, 임의적 개체, 집합을 양화할 수 있고 '都'는 하나의 개체, 분산적 개체, 임의적 개체, 집합을 모두 양화할 수 있으며 '全'은 하나의 개체와 집합만 양화할 수 있다. 예문(93ㄱ)과 (93ㄴ)에서 보여주듯이 정도량을 표시하는 경우에는 '다'는 쓰일 수 있지만 '모두'와 '都', '全'은 쓰일 수 없다. '다/모두'와 '都/全'의 앞에 있는 명사 표현이 물량, 공간량, 시간량, 동작량, 정도량을 표시하는 경우에는 양화 대상이 하나의 개체인지, 분산적 개체인지, 임의적 개체인지, 집합인지에 따라 '다/모두'와 '都/全'의 사용 여부는 아래의 표와 같이 정리할 수 있다.

〈표 4.3-1〉 '다/모두'와 '都/全'가 양화 대상에 따른 사용 여부

		다	모두	都	全
물량	하나의 개체	○	○	○	○
	분산적 개체	○	○	○	×
	임의적 개체	○	○	○	×
	집합	○	○	○	○
공간량	하나의 개체	○	×	○	○
	분산적 개체	○	○	○	×
	임의적 개체	×	×	○	×
	집합	○	○	○	○
시간량	하나의 개체	×	×	○	×
	분산적 개체	×	×	○	×
	임의적 개체	×	×	○	×
	집합	○	○	○	○
동작량	하나의 개체	○	○	○	○
	분산적 개체	×	×	○	×
	임의적 개체	○	○	○	×
	집합	○	○	○	○
정도량	정도	○	×	×	×

(2) '다/모두+명사 표현'와 '都/全+명사 표현' 구문에서의 대조

'모두'가 뒤에 있는 명사 표현과 직접 관련되어 '모두+명사 표현'이라는 구문으로 구성될 수 있지만 '다'와 '都/全'은 이런 용법이 없다.

(94) ㄱ. 오늘 상을 받은 사람은 나까지 포함해서 <u>모두</u>/*다 다섯 명이다.
　　ㄴ. 今天获奖的人, 包括我在内, <u>一共</u>/*都/*全有五人。

(94)에서 보듯이 '모두'가 직접 뒤에 명사 표현과 관련된 경우에는 '공히'('总共')라는 뜻을 표시한다. 하지만 '다'와 '都/全'은 이런 용법이 없다.

그 외에 '全'가 뒤에 있는 단음절 명사와 함께 쓰여서 관형어의 역할을 해서 뒤에 있는 명사를 수식할 수 있다. 예를 들어, '全鸡, 全鹅, 全鸭, 全羊, 全牛'. 이런 표현은 중국어에서 모두 음식과 관련된 표현이다. 그 중에서 '全鸡'은 한국어의 '통닭'과 대응한다. 한지만 '全鹅,全鸭, 全羊, 全牛'와 대응하는 특정한 한국어가 없다. 그리고 '全'가 명사와 함께 쓰인 표현이 굳어져서 결국 하나의 단어가 되는 경우도 볼 수 있다. 예를 들어, '全国', '全身' 등이 있다.

그리고 중국어 '都'는 의문 대명사와 함께 쓰여서 의문 대명사의 전량을 표시할 수 있지만 '全'과 '다/모두'는 이런 용법이 없다.

(95) ㄱ. 昨晚都谁来了？
　　　ㄴ. 어제 밤에 <u>누구 누구</u> 왔어요?

(96) ㄱ. 暑假时你都去哪儿啦？
　　　ㄴ. 방학 때, 너 <u>어디 어디</u> 가 봤니?

(97) ㄱ. 桌上都有什么？
　　　ㄴ. 책상 위에 <u>뭐 뭐</u> 있어요?

(98) ㄱ. 疑问句都有哪几种类型？
　　　ㄴ. 의문문은 <u>몇 몇</u> 가지의 유형이 있는가?

(99) ㄱ. 你都看过什么书？
　　　ㄴ. 너는 <u>무슨 무슨</u> 책을 봤니?

(100) ㄱ. 你都是<u>什么时间</u>去游泳馆？

　　　 ㄴ. <u>언제 언제</u> 수영장에 가니?

예문 (95)-(100)에서 보듯이 '都'가 '谁, 哪儿, 什么, 哪几种类型, 什么时间, 什么书' 등 의문대명사의 앞에 쓰여서 그것들을 전량 양화하는 것이다. 화자의 주관적 인식에서 이런 의문대명사가 하나 이상의 성분을 포함하지만 구체적인 성분이 무엇인지를 몰라서 물어보는 것이다. '都'는 의문대명사로 하여금 복수성을 가지게 하는 역할을 한 다음에 이런 대명사를 총괄하는 전량 양화의 역할을 한다는 것을 알 수 있다.

그러나 한국어의 전량 양화 부사인 '다'가 의문대명사를 양화하는 용법을 보기 힘들다. 한국어에서는 의문대명사를 복수성을 가지게 하려면 의문대명사의 중첩 형식을 취한다. (95ㄴ)-(100ㄴ)에서 볼 수 있듯이 중첩 형식이 '어디 어디', '누구 누구', '뭐 뭐', '몇 몇' 등이 있다.

4.3.2.2 부사 표현과 함께 쓰인 경우에서의 대응

이 부분에서는 '부사 표현+다/모두'와 '부사 표현+都/全'의 대응 및 '다/모두+부사 표현'와 '都/全+부사사 표현'의 대응에 대하여 밝히고자 한다.

(1) '부사 표현+다/모두'와 '부사 표현+都/全'의 대응

부사 표현은 그 자신의 의미에 따라서 물량, 시간량, 공간량, 행위량, 정도량의 전량이나 대량의 의미를 표시할 수 있다. 물량의 전량을 표시할 수 있는 부사는 '모두', '온통', '죄다', '都' '全' 등이 있고 시간량의 전량을 표시하는 부사는 주로 빈도가 높아서 '언제나'의 의미를 가진 부사이다. 예를 들어, '줄곧, 항상, 늘', '从来, 一向, 永远, 始终, 一直' 등이 있다. 공간량의 전량이나 대량을 표시하는 부사는 주로 '곳곳이', '到处' '处处' 등이 있다. 행위량을 표시하는 부사는 주로 빈도가 높음을 표시하는 부사이다. 정도량을 표시하는 부사는 '완전히', '完全' 등이 있다.

(101) ㄱ. 상이란 상은 죄다 다/모두 쓸어왔네요.
　　　ㄴ. 所有的奖全都给扫来了。
　　　ㄷ. 도리와 기둥은 모두 다/*다 모두 소용없게 되었다.
　　　ㄹ. 檩条和珠子全都/*都全没用了。

(102) ㄱ. 그 사람은 줄곧 *다/*모두 아주 열심히 이 일을 하였다.
　　　ㄴ. 他一直都/*全很刻苦地学习。

(103) ㄱ. 이 도시는 곳곳이 다/모두 절경이다.
　　　ㄴ. 这个城市到处都/*全是绝景。

(104) ㄱ. 학자들이 그들의 말을 인용할 때, 흔히 *다/*모두 '정자가 말하기를'라고 한다.
　　　ㄴ. 学者们引用他们的话, 往往都/*全统称 '程子曰'。

(105) ㄱ. 그 공사를 완전히 다/모두 마쳤다.
　　　ㄴ. 那项工程完全都/*全竣工了。

예문 (101ㄷ)에서 보듯이 '모두/다'가 '죄다' 등 다른 물량의 전량을 표시하는 부사 뒤에 모두 쓰일 수 있다. 예문 (101ㄷ)에서 보듯이 '모두'와 '다'가 함께 쓰일 때 '모두 다'로 쓰일 수 있지만 '다 모두'로 쓰일 수 없다. (101ㄹ)에서 보듯이 '都'와 '全'이 함께 쓰일 때 '全都'가 자연스러운 말이지만 '都全'은 자연스럽지 못하다. 예문 (102ㄱ)과 (102ㄴ), (103ㄱ)과 (103ㄴ)에서 보듯이 '모두/다', '全'이 시간량의 대량이나 전량을 표시하는 부사와, 공간량의 대량이나 전량을 표시하는 부사와 함께 쓰일 수 없지만 '都'는 연속적 시간을 표시하는 부사와 함께 쓰일 수 있다. 예문 (104ㄱ)과 (104ㄴ)에서 보듯이 '모두/다', '全'이 행위의 빈도를 표시하는 부사와 함께 쓰일 수 없지만 '都'는 이런 빈도 부사와 함께 쓰일 수 없다. 예문 (105ㄱ)과 (105ㄴ)에서 보듯이 '모두/다', '都'가 정도 부사와 함께 쓰일 수 있지만 '全'은 빈도 부사와 함께 쓰일 수 없다.

(2) '다/모두+부사 표현'와 '都/全+부사 표현'

'모두/다'와 '都/全'이 집합적 의미가 강한 '같이'와 분산적 의미가 강한 '제각기'와 함께 쓰일 때 그 들의 사용 여부를 보고자 한다.

(106) ㄱ. 우리 <u>다/모두</u> 같이 그를 도웁시다. (naver 사전)
　　　 ㄴ. 我们<u>*都/*全</u>一起帮助他吧。

(107) ㄱ. 사람이 <u>다/모두</u> 제각기 얼굴 생김새가 다르다.
　　　 ㄴ. 人们<u>都/*全</u>各自长相有所不同。

예문 (106ㄱ)과 (106ㄴ)은 '모두/다'와 '都/全'이 집합적 의미가 강한 '같이'와 함께 쓰인 예문인데 (106ㄱ)과 (106ㄴ)에서 보듯이 '모두/다'는 '같이'와 함께 쓰일 수 있지만 '都/全'은 '같이'와 함께 쓰일 수 없다. 예문 (107ㄱ)과 (107ㄴ)은 '모두/다'와 '都/全'이 분산적 의미가 강

한 '제각기'와 함께 쓰인 예문인데 (107ㄱ)과 (107ㄴ)에서 보듯이 '모두
/다'와 '都'는 '제각기'와 함께 쓰일 수 있지만 '全'은 '제각기'와 함께
쓰일 수 없다.

4.3.2.3 부정 표현과 함께 쓰인 경우에서의 대응

'모두/다'와 '都/全'이 부정 표현과 같은 절에 있지 않으면 문장은
모두 부분 부정의 의미를 표시할 수 있다는 것을 알 수 있다.

> (108) ㄱ. <u>不是所有的眼泪都/全表示伤心</u>。
> ㄴ. 모든 눈물이 <u>다/모두</u> 슬픔을 표시하는 것은 <u>아니다</u>.

예문(108ㄱ)과 (108ㄴ)은 각각 '都/全'이 '不是'와 같은 절에 있지 않
는 예문과 '다/모두'가 '아니다'와 같은 절에 있지 않는 예문이다. 예문
(108ㄱ)과 (108ㄴ)에서 보듯이 '不是'와 '아니다'는 각각 '所有的眼泪都/
全表示伤心'와 '모든 눈물이 다/모두 슬픔을 표시하다'는 절에 대해 부
정할 때 온 문장이 '부분 부정'의 의미를 표시한다.

그러나 '都/全'와 '다/모두'가 부정 표현과 같은 절에 쓰이면 문장
의미는 전부 부정인지 부분 부정인지 함께 보고자 한다.

> (109) ㄱ. 밥을 한 번에 <u>다/모두</u> 안 먹고 찔끔찔끔 나눠서 먹었다.
> ㄴ. 没把饭一次性<u>都/全</u>吃完, 而是一点一点儿地分着吃的。

> (110) ㄱ. 나는 그후로 라면을 <u>다/모두</u> 안 먹고 짜장면만 먹었다.
> ㄴ. 我从那以后, 方便面<u>都/全</u>不吃了, 只吃炸酱面。

앞선 예문을 보듯이 (109ㄱ)과 (110ㄱ)에서 보듯이 '다/모두'는 부정 표현인 '안'과 같은 통사적 위치 관계를 가지지만 (109ㄱ)은 부분 부정 의 의미이고 (110ㄱ)는 완전 부정의 의미를 표시한다. 예를 들어, 문맥에 따라 판단하면 (109ㄱ)의 의미는 '밥을 한 번에 다/모두 먹는 것이 아니라 찔끔찔끔 나눠서 먹었다'는 것이고 (110ㄱ)의 의미는 '나는 그 후로 라면을 전혀 안 먹고 짜파게티만 먹었다'는 것이다. 이처럼 '다/모두'가 부정 표현과 같은 절에 있으면 문장은 완전 부정인지, 부분 부정인지를 판단하는 데 통사적 위치 관계로 판단할 게 아니라 일정 한 문맥에 따라 판단해야 한다는 것을 알 수 있다. 하지만 (109ㄴ)과 (110ㄴ)에서 보듯이 '都/全'이 부정 표현과 같은 절에 있는 경우에는 부정 표현의 앞에 있으면 문장은 부분 부정의 의미를 표시하고 부정 표현의 뒤에 있으면 문장은 전부 부정의 의미를 표시한다.

제 5 장

마무리

마무리

이 책에서는 한·중 언어의 수량 한정 표현에 대하여 대조 연구를 하였다. 수량 한정 표현을 직접적 상대량 표현과 참조적 상대량 표현, 그리고 전량 표현으로 나눴다. 직접적 상대량 표현 대조 부분에서는 대량 표현으로는 '많다/많이'와 '多'를, 소량 표현으로는 '조금'과 '一点儿'을, 불확정한 표현으로는 '얼마'와 '多少'를 선정하여 이들 단어가 구문에서의 의미와 용법을 밝히고 구문에서 어떻게 대응하는지 밝혔다. 참조적 상대량 표현 대조 부분에서는 동사 은유 표현과 공간 은유 표현을 분석하고 대조하였다. 전량 표현 대조 부분에서는 임의적 전량 표현으로는 '아무'와 '任何'를, 배분적 전량 표현으로는 '각/매/마다'와 '各/每'를, 종합적 전량 표현으로는 '다/모두'와 '都/全'을 선정하고 이런 표현들의 의미와 용법을 분석하여 구문에서의 대응을 밝혔다.

소량 표현 '조금'과 '一点儿'의 대조 부분에서는 한국어의 전형적인 소량 표현인 '조금'과 중국어의 전형적인 소량 표현인 '一点儿'의 대응 용법에 대해서 살펴 보았다. 동사 표현과 함께 쓰인 경우에서의 대응과 명사 표현과 함께 쓰인 경우에서의 대응, 그리고 형용사나 부사 표현과 함께 쓰인 경우에서의 대응, 기타 성분과 함께 쓰인 경우에서의 대응으로 나눠서 각각 논술하였다. '조금'과 '一点儿'이 서로 대응되는 경우와 대응되지 않는 경우를 밝히고 대응 규칙도 도출하였다.

동사 표현과 함께 쓰인 경우에서의 대응은 타동사와 함께 쓰인 경우에서의 대응과 자동사와 함께 쓰인 경우에서의 대응으로 구분하였다.

타동사와 함께 쓰인 경우에는 '조금'과 '一点儿'의 대응 규칙은 다음과 같이 도출된다. 즉 물량, 공간량의 소량을 표시하는 경우와 '시간'이라는 단어가 목적어에서 나타나는 경우에는 '명사 표현+조금+타동사'는 '타동사+一点儿+명사 표현'과 대응할 수 있다. '시간'이라는 단어가 목적어에서 나타나지 않은 경우와 동작량의 소량을 표시하는 경우에는 '조금'이 '一点儿'과 대응할 수 없다. 그리고 정도량의 소량을 표시하는 경우에는 '조금'은 '稍微+꿸+一点儿'과 대응한다.

자동사와 함께 쓰인 경우에는 '조금'과 '一点儿'의 대응 규칙은 다음과 같이 도출된다. 즉 물량의 소량을 표시하는 경우와 '조금'과 '一点儿' 그 자체가 공간량의 소량을 표시하는 경우에는 '조금'은 '一点儿'과 대응한다. '조금'은 그 자체가 시간량의 소량을 표시할 수 있지만 중국어의 '一点儿'에는 이런 용법이 없다. 그리고 동작량의 소량을 표시하는 경우에는 '조금'은 '稍微꿸一下'와 대응할 수 있고 정도량의 소량을 표시하는 경우에는 '조금'은 '稍微꿸一点儿'과 대응할 수 있다.

한편, '조금'과 '一点儿'이 명사 표현과 함께 쓰인 경우에는 '조금'과

'一点儿'과 관련된 구문은 모두 세 가지로 나뉘어진다. 첫째, '조금'과 '一点儿'이 명사 표현 앞에 나타나는 '조금+의+명사 표현'과 '一点儿(+ 的)+명사 표현'이라는 구문이다. 둘째, '조금+명사 표현'과 '一点儿+명사 표현'이라는 구문이다. 셋째, '조금'과 '一点儿'이 명사 표현 뒤에 나타나는 '명사 표현+조금'과 '명사 표현+一点儿'라는 구문이다.

다시 말하면, '조금'과 '一点儿'이 '조금+의+명사 표현'과 '一点儿+的+ 명사 표현'이라는 구문에 쓰여 물량, 공간량, 시간량, 행위량의 소량을 표시할 수는 있지만 정도량의 소량을 표시할 수는 없다.

또한 '조금+명사 표현'과 '명사 표현+一点儿'의 대응을 방향 표현과 함께 쓰인 경우 어떻게 대응하는지, 그리고 명사를 수식하는 경우 또한 어떻게 대응하는 지로 나누었다. '조금'은 그 자체가 시간량의 소량을 표시할 수 있지만 '一点儿'에는 이런 용법이 없다. 그리고 '조금'은 공간량의 소량을 표시할 때 '조금+방향 표현'은 '방향 표현+一点儿'과 대응할 수 있다. 그리고 한국어의 '조금'은 정도 부사로서 명사와 함께 쓰여서 '조금+명사'라는 구문으로 구성되지만 중국어의 '一点儿'은 정도 부사로서 명사를 수식하는 용법이 없다.

'명사 표현+조금'과 '명사 표현+一点儿'은 각각 '조금'과 '一点儿'이 문장 끝에 나타나는 경우를 가리키는데, '조금'은 단독으로 문장 끝에 나타날 수 있는 데 반해, '一点儿'은 단독으로 문장 끝에 쓰일 수 없고, 그 앞에 강조 표현인 '只有', '才', '就' 등이 같이 나와야 한다.

'조금'과 '一点儿'이 모두 형용사나 부사 표현과 함께 쓰여서 정도량의 소량을 표시할 수 있다. 문장에 비교의 의미가 없고 어떤 사물의 성질이나 특성을 평가하는 경우에는 '조금+형용사'는 중국어의 '有点

儿+형용사'와 대응한다. 그렇지만 문장에 비교의 의미가 있거나 권유, 당위성 등의 의미를 표시할 때 '조금+형용사'는 '형용사+一点儿'과 대응한다. 또한 명령문에서는 '좀+형용사'가 '형용사+一点儿'과 대응한다.

또한 '조금'은 부사 표현과 함께 쓰여서 '조금+부사 표현'과 '부사 표현+조금'이라는 구문을 구성한다. 즉 '조금+부사 표현' 중의 '부사'가 동작의 결과를 강조하면 '조금+부사+동사'는 중국어의 '동사+得+형용사+一点儿'과 대응한다.

상태의 정도를 강조하는 경우에는 '조금+부사'는 중국어의 '稍微+부사'와 대응한다. 그리고 권유, 당위성 등의 의미를 표시할 때에는 '조금+부사'는 '부사+一点儿'과 대응한다. 또한 명령문에서 '조금+부사+동사'는 '동사+得+형용사+一点儿'과 대응한다. 그리고 '조금+더+형용사/부사'는 중국어의 '更/再+형용사/부사+一点儿'과 대응한다. 한편, '조금+덜+형용사'는 중국어의 '稍微+不+형용사+一点儿'와 대응하고 '조금+덜+부사+동사'는 중국어의 '동사+得+稍微+有点儿+不+형용사'와 대응한다.

이 밖에도 '조금'은 시간 부사 '아까'와 함께 쓰일 수 있지만 중국어 '一点儿'은 시간 부사와 함께 쓰일 수 없다. 그리고 '조금'은 '아주', '매우'와 같은 정도 부사의 수식을 받을 수 있지만 중국어의 '一点儿'은 정도 부사의 수식을 받을 수 없다. 그리고 '조금'은 '-도'나 '-라도' 등과 같은 조사와 관형사, 접속사와 함께 쓰일 수도 있다. 특히 '-도'와 함께 쓰여 부정문에 나타나는 경우, 중국어와 어떻게 대응하는 것인지도 밝혔다.

대량 표현 '많다/많이'와 '多'의 대조 부분에서는 한국어와 중국어의 전형적인 대량 표현인 '많다/많이'와 '多'가 동사 표현과 함께 쓰인 경우에서의 대응과 명사 표현과 함께 쓰인 경우에서의 대응, 수사나 분류사와 함께 쓰인 경우에서의 대응, 형용사나 부사 표현과 함께 쓰인 경우에서의 대응을 밝혔다. 이상의 논의를 정리하면 다음과 같다.

첫째, 동사 표현과 함께 쓰인 경우는 타동사와 함께 쓰인 경우와 자동사와 함께 쓰인 경우로 나누어 볼 수 있다. '많이'가 타동사와 함께 쓰일 때에는 '많이+타동사'라는 한 가지의 구문만으로 구성되었으나, '多'가 타동사와 함께 쓰일 때에는 '多'와 타동사의 위치 관계에 따라 '多+타동사' 구문과 '타동사+多' 구문으로 구성될 수도 있었다. 또한 '多+타동사' 구문은 '多+타동사+목적어'라는 구문으로 구성되고, '타동사+多' 구문은 '목적어+타동사+得+多', '목적어+타동사+多+了', '타동사+多+목적어+了' 등 구문으로 구성될 수 있다. 그리고 '많이'가 자동사와 함께 쓰일 경우에는 '많이+자동사'라는 구문을 이루지만 '多'가 자동사와 함께 쓰일 때에는 '多'가 자동사와의 위치 관계에 따라 '多+자동사' 구문과 '자동사+多' 구문을 형성할 수 있다. 또한 '多+자동사' 구문이 명사 표현과 함께 쓰여서 '多+자동사+수량 표현'으로, 그리고 '자동사+多' 구문이 명사 표현과 함께 쓰이면서 '자동사+許多/很多+명사 표현', '명사 표현+자동사+許多/很多'라는 구문으로 구성될 수도 있다.

둘째, 명사 표현과 함께 쓰인 경우, 서술어와 관형어로서의 '많다'와 '多'에 관하여 물량, 공간량, 시간량, 동작량, 등급량 등 양화 대상을 양화하는 때의 공통점과 차이점을 밝혔다.

셋째, 수사나 분류사와 함께 쓰인 경우에 대해서는 수사와 분류사가 모두 나타나는 경우, 그리고 수사가 나타나지 않고 분류사만 나타나는 경우로 나누어 '많다/많이'와 '多'의 대응을 밝혔다. 그리고 성질·상태 형용사와 함께 쓰인 경우에 대해서는 '많이'와 '多'가 성질·상태 형용사의 앞과 뒤에서 나타날 때 각각 무슨 의미를 표시하는지, 어떻게 대응하는지를 밝혔다.

'얼마'와 '多少'에 대한 대조 부분에서는 '얼마'와 '多少'가 모두 의문사로서의 용법과 비의문사로서의 용법이 있다는 결론을 도출하였다. 그리고 이 두 가지의 용법 안에서 '얼마'와 '多少'가 서로 대응되는 경우와 대응되지 않는 경우가 있음을 밝혔다. 의문사로서의 용법에서는 '명사/명사구+얼마'와 '명사/명사구+多少'의 대응 용법과 '얼마+명사/명사구'와 '多少+명사/명사구'의 대응 용법을 밝혔다. '명사/명사구+얼마'와 '명사/명사구+多少'의 대응 용법에서는 질문 대상이 물량, 공간량, 시간량 중의 기간량, 행위량인 경우에는 '명사/명사구+얼마+이다+의문 어미' 구문과 '명사/명사구+是+多少' 구문이 서로 대응한다. 하지만 시간량 중의 시점의 경우에는 '명사/명사구+몇 시+이다+의미 어미' 구문과 '명사/명사구+是+多少' 구문이 서로 대응한다. 그리고 정도량의 경우에는 '多少'가 구문에서 '얼마' 대신에 '얼마나'와 서로 대응한다. '얼마+명사/명사구'와 '多少+명사/명사구'의 대응 용법에서는 질문 대상이 개체인 경우에는 '개체 명사+몇+분류사' 구문과 '몇+분류사+의+개체 명사' 구문이 '多少+개체 명사' 구문이나 '多少+분류사+개체 명사' 구문 서로 대응한다. 질문 대상이 비개체나 공간량이나 시간량인 경우에는 '얼마+의+명사/명사구'가 '多少+명사/명사구'와 서로 대응한다. 하지만 질문 대상이 행위량이나 정도량인 경우에는 '多少'가 구문에서 '얼마' 대신에 '얼마나'와 서로 대응한다. 그리고 '명사/명사구'의 생략 용법은 '얼마' 구문이 가지는 특수한 용법이다.

비의문사로서의 용법을 분석함에 있어서는 주로 '얼마'와 '多少'의 용법과 '얼마' 구문과 '多少' 구문의 용법에 대해 분석하였다. '얼마'와 '多少'가 구체적인 수량을 대신하는 용법에서는 둘 다 구체적 수량을 대신해서 모호량을 표현하는 용법이 있다는 사실을 밝혔다. 다만 '多少'가 중첩해서도 모호량을 표시하는 수 있다는 것은 '얼마'와 다른 용법이다. 또한 '얼마'는 다음과 같이 두 가지 특수한 용법을 가진다는 점에서 '多少'와 구분됨을 밝혔다. 하나는 긍정문에서 그 자체로 많지 않은 시간량과 공간량을 표시하는 용법이고 또 하나는 앞에 있는 명사의 '많지 않은 수량'을 표시하는 용법이다. '얼마' 구문과 '多少' 구문이 표시하는 의미에는 주로 '수량이 적음', '수량이 많음', '수량이 불확정함'이 있는데 그 중에서 '수량이 적음'을 표시할 때는 '얼마'와 '多少'가 모두 부정 표현과 함께 쓰여서 서로 대응하는 구문을 형성할 수 있다. 하지만 '수량이 많음' 표시할 때는 '多少'는 '多多'의 의미로 쓰일 수 있지만 '얼마'는 쓰일 수 없다. '수량이 불확정함'을 표시할 때는 주로 '얼마'와 '多少'가 같은 양보 표현을 취해도 문맥에 따라서 의미가 달라지는 흥미로운 현상이 관찰되었다.

중국어와 한국어의 상대량 표현 중의 동사 은유 표현에 대하여 대조 연구를 할 때 주로 인지언어학의 '몸과 관련된 운동'에 기초하고 '원점-경로-목적지 모식'에 따라서 분석하였다. 한중 언어에서 '참조 수치에 달하는 동사 은유 표현'과 '참조 수치에 미달하거나 초과하는 동사 은유 표현' 중의 '인간 자신의 동작에 기초하는 표현'과 '다른 것을 통해 감지하는 동작에 기초하는 표현'에는 각각 무슨 표현이 있는지를 밝혔다. '인간 자신의 동작에 기초하는 표현' 중에서 주로 운동 방향, 속도, 방식, 결과 등 요소에 따라서 중국어와 한국어의 같은 표현과 특유한 표현을 밝혔다. '다른 것을 통해 감지하는 동작에 기초하는 표현' 중에서 주로 원래 사용 영역과 동작 방식 등에 따라서 한국어와 중국어의 같은 표현과 특유한 표현을 밝혔다. 그리고 중국 사람과 한국 사람의 인지적 선택과 언어 접속 두 방면에서 이런 같은 표현과 특유한 표현이 생기는 원인도 분석하였다.

　상대량 표현 중 공간 은유 표현을 주로 그릇 도식 표현과 방향 도식 표현으로 나눴다. 그리고 '기준 수량보다 많거나 적은 경우'와 '기준 수량보다 많든 적든 불확정한 경우'의 그릇 도식 표현과 방향 도식 표현의 공통점과 차이점을 제시하였다. '기준 수량보다 많거나 적은 경우'와 관련된 그릇 도식 표현은 그릇 외부와 내부와 관련된 표현과 그릇 경계에 미치거나 못 미치는 경우와 관련된 표현으로 나눌 수 있었다. 그릇 외부와 내부와 관련된 표현은 주로 '이외/이내'와 '以外/以內', '밖/안', '외/내'와 '內/外', '开外' 등이 있었다. 그리고 이 책에서는 이러한 공간 은유 표현들과 함께 쓰일 수 있는 수량 범주는 어떤 것인지도 탐구해 보았다. 결과적으로는 '이내'와 '以內'는 모두 물량, 공간량, 시간량, 행위량 표현과 함께 쓰일 수 있었지만 '이외'와 '以外'는 이러한 수량 표현들과 함께 쓰일 수 없었다. 또 '내'와 '內'가 물량, 시간량, 등급량 표현과 함께 쓰일 수 있지만 공간량, 동작량 표현과 함께 쓰일 수 없다. 그중에서 '내'와 함께 쓰인 시간량 표현은 기간량 표현과 한자어 연령 표현이다. '안'은 물량, 시간량(기간량과 고유어 연령 표현), 등급량 표현과 함께 쓰일 수 있고 '밖'과 '外'는 등급량 표현과만 쓰일 수 있다. 하지만 '외'는 그 어느 표현과도 함께 쓰일 수 없었다. 그리고 중국어에는 '开外'라는 단어가 있었는데 '开外'에는 공간어 '外'라는 형태소가 있어 물량, 공간량, 시간량, 행위량, 등급량 표현과 모두 함께 쓰일 수 있었다. 그릇 경계에 미치거나 못 미치는 경우와 관련된 표현은 주로 한국어의 '만'과 '미만', 중국어의 '满'과 '未满'이 있었다. 이 책에서는 '만'과 '满', '미만'과 '未满'을 서로 대조해 보았다. '满'은 물량, 공간량, 시간량, 행위량 표현과 함께 쓰일 수 있었지만 '만'은 시간량 표현과만 쓰일 수 있었다. 시간 표현과 함께 쓰여도 '만'은 기간 표현과 함께 쓰이느냐 연령 표현과 함께 쓰이느냐에 따라 중국어의 '整整'이나 '周(岁)'와 대응되었다. 그리고 '미만'과 '未满/不满'은 모두 물량, 공간량, 시간량, 행위량 표현과 함께 쓰일 수 있었지만 등급량 표현에는 차이가 있었다. 즉 '미만'은 등급량 표현과 함께 쓰일 수 있지만 '未满/不满'은 등급량 표현과 함께 쓰일 수 없었다. 또 '未满/不满'과 '미만'은 모두 물량, 공간량, 시간량, 행위량 표현과 함께 쓰일 수 있었지만 표시하는 구체적인 의미에 있어 차이점이 있었다. '未满/不满'은 어떤 조건에 미달하는 것을 강조하는 데 비해 '미만'은 단순히 일정한 수량에 미달하는 것을 표시한다. 그 수량 표현은 기준 수량 표현일 수도 있고 일반 수량 표현일 수도 있었다. 그 외에 이 책에서는 '만'과 '미만'의 비대칭적(非对称) 용법도 밝혔다. 첫째, '만'은 시간량 표현과만 쓰일 수 있었지만 '미만'은 물량, 공간량, 시간량, 행위량 표현과 모두 쓰일 수 있었다. 둘째, '미만'은 수량 표현 뒤에 쓰이는 데 반해 '만'은 수량 표현 앞에서 쓰였다. 셋째, '미만'은 '이상'과 대칭적으로 쓰였고 '이하'와 비슷한 의미와 용법을 지녔다. 방향 도식 표현 대조 부분에서는 '이상/이하'와 '以上/以下', '위/아래'와 '上/下'가 있었다. '이상/이하'와 '以上/以下'가 모두 물량, 공간량, 시간량, 행위량, 등급량 표현과 함께 쓰일 수 있는데 반해 '위/아래'와 '上/下'는 물량, 기간량, 시간량, 행위량, 등급량 표현과 함께 쓰일 수 없었다. 그리고 '위/아래'는 주로 어떤 연령보다 나이가 더 많은 것을 표시하였다.

기준 수량보다 많든 적든 불확정한 경우에서의 대조 부분에서는 한국어에서 주로 '내외'와 '안팎'을 쓰는 데 반해 중국어에서는 이러한 그릇 도식 표현이 없었다. 그리고 '안팎'은 물량, 공간량, 시간량, 등급량 표현과 함께 쓰일 수 있었지만 '내외'는 물량, 공간량, 시간량 표현과 쓰일 수 있었고 등급량 표현과 함께 쓰일 수는 없었다. 그리고 기준 수량보다 많든 적든 불확정한 경우를 표현할 때 한국어와 중국어에서는 각각 다른 방향 도식 표현을 썼다. 한국어에서는 주로 '앞'과 '뒤'를 표시하는 한자어 명사 '전후'를 썼지만 중국어에서는 주로 '위'와 '아래'를 표시하는 '上下'와 '좌측'과 '우측'을 표시하는 '左右'를 썼다. '전후'는 모두 물량, 공간량, 시간량 표현과 함께 쓰일 수 있었지만 행위량 표현이나 등급량 표현과 함께 쓰일 수는 없었다. '左右'와 '上下'는 물량, 공간량, 시간량, 행위량, 등급량 표현과 모두 함께 쓰일 수 있었다.

임의적 전량 표현 대조 부분에서는 실제 언어 자료에 대한 분석을 바탕으로 '아무'의 다섯 가지 구문과 '任何'의 세 가지 구문을 제시하였다. '任何' 구문에는 '任何+名词/名词短语+也……'와 '任何+名词/名词短语+都……', 그리고 '任何+名词/名词短语'가 있었으며 '아무' 구문에는 '아무+N', '아무+N+(이)나/ 아무나', '아무+N+도/아무도', '아무+N+

라도/아무라도', '아무+N+든지/아무든지'가 있었다. 그리고 구문 분석을 한 후에는 각 구문과 Haspelmath(1997)에서 제시한 개념 공간에서의 분포를 비교 분석하여 의미 지도를 그려 보았다. 대조를 통해, 먼저 '任何+名词/名词短语+也……'와 '아무+N+도/아무도'는 형식적으로는 대응하지만 가지는 기능이 다르다는 결론을 도출하였다. 즉 '아무+N+도/아무도'는 직접 부정과 간접 부정의 기능을 가지고 있지만 '任何+名词/名词短语+也……'는 비현실-불특정, 의문문, 조건절, 비교문, 간접 부정, 직접 부정, 자유 선택의 기능을 모두 가질 수 있다. 그리고 한국어 '아무'는 '任何'와 달리 '자리 채우기'라는 기능을 가진다는 결론도 도출하였다. 또 '아무+N+라도/아무라도' 구문과 '아무+N+든지/아무든지' 구문은 '任何' 구문과 달리, 개념 공간에서 서로 연결되지 않은 비현실-불특정, 의문문, 조건절, 자유 선택의 기능만을 가지고 있었다.

한편 '任何+名词/名词短语' 구문과 '아무+N+(이)나/아무나' 구문은 같은 기능을 가지고 있지만 각 기능에서는 '任何'와 '아무'의 기본적인 의미가 달랐다. 즉 '任何'는 주로 '모든 임의적 대상'과 '임의적 대상 중의 어느 하나'의 의미를 가지고 있고 '아무'는 주로 '주관적으로 구분하지 않음'과 '객관적으로 구분하지 않음'의 의미를 가지고 있다.

이 책에서 '任何'와 '아무'의 각 기능에서의 의미적 공통점과 차이점을 분석함으로써 각 기능 간의 의미적 연관성을 도출하였다. '任何' 구문의 경우에는 '모든 임의적 대상'과 '임의적 대상 중의 어느 하나'의 의미를 표시하는 의문문, 조건절, 간접 부정, 자유 선택의 네 가지 기능이 직접 연관된다. 그리고 '모든 임의적 대상'의 의미만 표시하는 비교문과 간접 부정은 별도로 연결이 되어야 한다고 본다. 이와 마찬가지로 '아무나/아무+N+나' 구문의 경우에는 '주관적으로 구분하지 않음'과 '객관적으로 구분하지 않음'이라는 의미를 표시하는 의문문, 조건문, 간접 부정과 자유 선택의 네 가지 기능이 개념 공간에서 서로 연결되어 있어야 본다.

한국어의 '아무'와 중국어의 '任何' 구문 분석을 통해, Haspelmath(1997)에서 제시한 개념 공간의 구성에 의문을 제기하고, 한중의 실제 언어 자료를 분석한 결과를 바탕으로 개념 공간을 재구성하였다는 데 그 의의가 있을 것이다. 또 이 책은 이러한 대조 연구를 통해 한국어 교육에 도움을 줄 수 있는 이론적인 틀을 제시하는데 그 목적이 있었다. '아무'와 '任何'의 언어학적 차이를 과학적으로 인지하고, 보다 체계적인 교수와 습득에 일조할 수 있기를 기대한다.

'각'과 '各'에 대한 대조 부분에서는 주로 '각'과 '各'가 명사와 함께 쓰인 경우에서의 대조와 수사나 분류사와 함께 쓰인 경우에서의 대조, 그리고 동사와 함께 쓰인 경우에서의 대조로 나눴다. '각'과 '各'가 명사와 함께 쓰인 경우에는 그 명사 뒤에 조사나 접미사의 출연 여부에 큰 차이가 있고 동사나 형용사와 함께 쓰인 경우에는 '각'은 쓰일 수 있지만 '各'는 쓰일 수 없다. '매/-마다'와 '每'의 대조를 할 때 주로 '매/-마다'와 '每'가 명사와 함께 쓰인 경우에서의 대조와 수사나 분류사와 함께 쓰인 경우에서의 대조, 그리고 동사와 함께 쓰인 경우에서의 대조로 나누었다. '매/-마다'와 '每'가 명사와 함께 쓰인 경우와 동사와 함께 쓰인 경우에 뚜렷한 차이점이 있다는 결론을 도출하였다.

'다/모두'와 '都/全'에 대한 대조 부분에서는 '다/모두'와 '都/全'이 명사 표현, 대명사 표현, 부사 표현, 부정 표현과 함께 쓰인 경우에서의 대조를 하였다. 명사 표현과 함께 쓰인 경우에는 '다/모두'나 '都/全'이 명사 표현의 앞과 뒤에서 쓰일 수 있다. '다/모두'와 '都/全'이 명사 표현의 뒤에 나타나서 '명사 표현+다/모두'와 '명사 표현+都/全'으로 구성된다. 이들 구문에서 물량, 시간량, 공간량, 행위량, 정도량 등 다양한 양 범주의 양화 대상이 하나의 개체인지, 분산적 개체인지, 임의적 개체인지, 하나의 집합인지에 따라 '다/모두'와 '都/全'의 사용 가능성이 다르다는 결론을 도출하였다. '다/모두'와 '都/全'이 명사 표현의 앞에 나타나서 '다/모두+명사 표현'와 '都/全+명사 표현'이라는 구문으로 구성된다. 이런 경우에는 '모두'는 '공히'(总共)라는 뜻을 표시하고 '都/全' 뒤의 명사 표현이 주로 의문대명사이다. 부사 표현과 함께 쓰인 경우에는 '다/모두'나 '都/全'이 부사 표현의 앞과 뒤에서 쓰일 수 있다. '다/모두'와 '都/全'이 부사 표현의 뒤에 나타나서 '부사 표현+다/모두'와 '부사 표현+都/全'으로 구성된다. '부사 표현+다/모두'와 '부사 표현+都/全'이라는 구문에서는 부사 표현이 그 자신이 물량, 시간량, 공간량, 행위량, 정도량을 표시하는지에 따라 '다/모두'와 '都/全'의 사용 가능성이 다르다는 결론을 도출하였다. 그리고 '다/모두+부사 표현'와 '都/全+부사 표현'이라는 구문에서 '모두/다'와 '都/全'이 집합적 의미가 강한 '같이'와 분산적 의미가 강한 '제각기'와 함께 쓰일 때 그 들의 사용 여부가 다르다는 결론도 도출하였다. '모두/다'와 '都/全'이 부정 표현과 같은 절에 있지 않은지에 따라서 표시하는 의미가 완전 부정인지 부분 부정인지 판단할 수 있다는 결론도 도출하였다.

앞으로 한·중 언어의 수량 한정 표현에 대한 대조 연구가 축적된다면 한국어와 중국어에 대한 이해를 깊이 하고, 중국어권 학습자를 위한 한국어 교육이나 한국어권 학습자를 위한 중국어 교육과 한중 기계 번역이나 중한 기계 번역에도 기여할 수 있을 것으로 생각한다. 아울러 이런 연구가 지속적으로 진행되어 한국인과 중국인의 사유 방식이나 언어적 습관의 차이, 나아가서 한·중 두 나라의 부동한 문화적 관습을 이해하는 데 조금이라도 기여할 수 있기를 희망한다.

참고문헌

1. 사전

강은국 등, 『신편 한・중사전』[M], 世界图书出版公司, 2010.

고려대학교 민족문화연구원, 『고려대 한국어 대사전』[M], 창작마을, 2009.

고려대학교 민족문화연구원, 『중한대사전』[M], 문우사, 1995.

고려대학교 민족문화연구원, 『한중대사전』[M], 문우사, 2004.

국립국어연구원, 『표준국어대사전』[M], 두산동아, 1999.

민중서림 편집부, 『엣센스 한영사전』[M], 민중서림, 2015.

연세대학교 언어정보개발연구원, 『연세 한국어사전』[M], 두산, 1998.

李瑢默(韩), 『한・중 대사전』[M], 辽宁民族出版社, 2007.

刘沛霖 등, 『한・중 대사전』[M], 商务出版馆, 2004.

刘月华,潘文娛, 『实用现代汉语语法(增订本)』[M], 商务印书馆, 2001.

康寔鎮,南德铉,李相度,张皓得, 『中韩词典』[M], 黑龙江朝鲜民族出版社, 2001.

吕叔湘, 『现代汉语八百词』[M], 商务印书馆, 1980.

吕叔湘. 『中国文法要略』[A].吕叔湘全集[C]. 辽宁教育出版社, 2002.

吕叔湘著,江蓝生补, 『近代汉语指代词』[M], 学林出版社, 1985.

韩作黎, 『新华词典』[M], 商务出版社, 2013.

中国大辞典编纂处編, 『汉語詞典』[M], 商务印書館, 1937.

中国社会科学院语言研究所, 『现代汉语词典』[M], 商务出版馆, 2012.

[英] 朱丽, 于海江 编, 『牛津・外研社英汉汉英词典』[M], 外语教学与研究出版社, 2010.

2. 저서

고영근·구본관, 『우리말 문법론』[M], 집문당, 2008.

김영근, 『국어 수량사 연구』[M], 문창사, 2000.

김영희, 『한국어 셈숱화 구문의 통사론』[M], 탑출판사, 1989.

김충실, 『한·중 문법대조연구』[M], 부산외국어대학교출판사, 2006.

서정수, 『한국어의 부사』[M], 서울대학교출판사, 2005.

이익섭, 『국어학 개론』[M], 학연사, 1994.

이성하, 『문법화의 이해』[M], 한국문화사, 1998.

임지룡, 『인지의미론』[M], 탑출판사, 1997.

임지룡, 『국어의미론』[M], 탑출판사, 1999.

曹秀玲, 『现代汉语量限研究』[M], 延边大学出版社, 2005.

陈宗明, 『汉语逻辑概论』[M], 人民出版社, 1992.

李宇明, 『汉语量范畴研究』[M], 华中师范大学出版社, 2000.

陆丙甫, 金立鑫, 『语言类型学教程』[M], 北京大学出版社, 2015.

徐颂列, 『现代汉语总括表达式研究』[M], 浙江教育出版社, 1998.

许余龙, 『对比语言学』[M], 上海外语教育出版社, 2010.

王菊泉, 『什么是对比语言学』[M], 上海外语教育出版社, 2011.

Adele E. Goldberg, 『Constructions: A Construction Grammar Approach to Argument Structure』[M], The University of Chicago Press, 1995.

Adele E. Goldberg, 『Constructions at Work : the Nature of Generalization in Language』[M], Oxford University Press, 2006.

Haspelmath, Martin, 『Indefinite Pronouns』[M], Clarendon, 1997.

Lakoff, George & Johnson, Mark. 『Metaphors We Live by』[M], The University of Chicago Press, 2003.

Lakoff, George & Johnson, Mark, 『Philosophy in the Flesh: The Embodied Mind and Its Challenge to Western Thought』[M], Basic Book, 1999.

Peters, Stanley, 『Quantifiers in Language and Logic』[M], Oxford University Press, 2006.

3. 논문

강령훼, 한국어 '무엇'과 중국어 '甚麼'의 형태·통사적 대조 연구[J], 『언어학연구』, 2015(4).

김광해, 國語의 疑問詞에 대한 硏究[J], 『국어학』, 1983(2).

김해연, 국어 문어 말뭉치에 나타난 '안팎'과 '내외'의 의미와 용법의 비교 연구 [J], 『언어와 언어학』, 한국외국어대학교 언어연구소, 2013(3).

김현주·정연주, 양화사 '다'의 형성과 의미 확장[J], 『Journal of Korean Culture』, 2011(3).

김영희, 셈숱말 '각각'의 문법[J], 외솔최현배선생 20주기추모논총 71, 72합본, 동방학지, 연세대학교 국어연구원. 1991.

구경숙·최성은, '일점아'와 한국어 '조금', '좀'의 비교[J], 『중국언어연구』2011(2).

구일민, 양화사 '다'의 의미와 과장법 원리로서의 화용론적 해석 경향성 [J], 『한국어 의미학』, 2007(3).

구종남, 담화표지 '다'에 대하여[J], 『한국어 언어문학』, 2008(4).

구종남, '아무'의 지시적 성격과 출현 형태 및 의미적 해석[J], 『한국언어문학』, 2011(3).

남승호, 한국어 부정극어의 유형과 그 허가조건[J], 『언어학』,1998(2).

노대규, 한국어 수양사구의 문법[J], 『국어 의미론 연구』, 국학자료원, 1988(1).

모해연, 漢韓語中全稱量化詞的對比: 以'都'和'모두/다'的對比爲中心[J], 『중국어문학논집』, 2006(3).

목정수, '좀'의 기능과 문법화[J], 『언어학』, 2001(2).

朴庸鎭, 중국어 교육을 위한 현대중국어 의문사의 순서배열 연구-의문사 '多少 哪 哪裡 哪兒'의 일반 의문 용법을 중심으로[J], 『중국어문학논집』, 2008(3).

박철우·남승호, 형용사 논항 의미분류 표준화를 위한 기초 연구-'크다, 작다, 많다, 적다'를 중심으로- [J], 『언어학』, 한국언어학회, 2004(3).

박진호, 유형론적 관점에서 본 한국어 대명사 체계의 특징[J], 『국어학』, 2007(2).

손평효, 공간말 '위', '아래'의 의미[J], 『한국어 의미학』, 한국어 의미학회, 2012(1).

시정곤a, 국어의 부정극어에 대한 연구[J], 『국어국문학』, 1997(3).

시정곤b, 국어의 부정극어 허가조건[J], 『언어』, 1997(2).

최기용, 한국어의 부정극어 '아무'에 대하여[J], 『생성문법연구』, 1998(2).

엄정호, 전량 양화 부사의 의미[J], 『배달말』, 배달말학회, 1996(1).

이금희, 국어 부정칭(不定稱) 표현 '아무' 계의 통사적 제약과 의미 변화[J], 『한민족어문학』, 2013(2).

이광호, '얼마'류의 형태와 의미 특성[J], 『어문학』, 2010(4).

이성범, 양화 표현 '다'의 의미 처리 연구[J], 『언어와 정보 사회』, 2005(1).

이세영, '조금, 좀, 약간'의 통사·의미적 특성[J], 『국어국문학』, 1998(2).

이홍매, '이상', '이하'의 의미 연구: 범위 한정의 뜻을 중심으로[J], 『한국어의미학』, 한국어의미학회, 2010(3).

林娫炫, 의문, 감탄, 반어 맥락에서 의문사의 해석[J], 『중국어문학논집』2012(4).

임지룡, 영상 도식의 인지적 의미 특성[J], 『어문학』, 한국어문학회, 1997(2).

임칠성, 미래 부정의 '다-{았}-' 연구[J], 『國語國文學』, 1990(5).

임유종, '좀/조금'에 대하여[J], 『한국언어문화』, 1995(3).

왕혜경, 한국어 '많다(많이)'의 중국어 표현을 둘러싸고[J], 『중국어문논총』, 중국어문연구회, 2011(6).

유성은, 중국어와 한국어의 개념 공간 은유에 관한 고찰[J], 『동아인문학』, 동아인문학회, 2006(3).

유위·신미경, 중·한 전량양화사 대조 연구[J], 『중국학연구』, 2015(2).

유현경, 조사 '마다'의 의미와 분포[J], 『국어학』, 한국언어학회, 2007(3) .

유현경, 품사 통용어 '조금'의 사전적 처리--용례 분석을 중심으로[J], 『한국사전학』, 2014(2).

정주연, 의문사의 비의문용법 연구: '哪', '哪儿', '哪里'를 중심으로[J], 『중국학』, 2009(3).

조민정, '좀'의 의미와 기능 변화 양상 연구[J], 『한국어 의미학』, 2015(1).

주경희, '좀'과 '조금'[J], 『국어학』, 국어학회, 2000(2).

진설매, 한국어 '어디'와 중국어 '那兒/那裡'의 대조 연구[J], 『한국어 교육』, 2014(3).

채옥자, 한국어의 수량범주와 그 표현 양상[J], 『국어학』, 2013(2).

채완, 수사와 수양사구의 유형적 고찰[J], 『어학여구』, 1983(4).

채완, 특수조사[J], 『국어생활 5』, 국어연구소, 1986(2).

최재희, 한국어 전량양화사 구문의 구조와 의미 해석[J], 『한글』, 2005(1).

최홍렬, '조금' 유의어의 통사·의미론적 고찰[J], 『어문연구』, 1999(3).

줴이펑훼이, 공간 은유의 구조에 대한 한·중 비교 연구[J], 『한국어의미학』, 한국어 의미학회, 2012(4).

侯文玉·金鉉哲, 한·중 의문사 '誰'와 '누구'의 비의문 지칭 기능 대조 연구[J], 『중국어문학논집』, 2015(6).

후효단·구본관, 한·중 수량 표현 중의 공간 은유 표현 대조[J], 『국어교육연구』, 2016(2).

후효단·김기석, 개념 공간 이론으로 본 한국어 '아무'계열과 중국어 '任何'계열의 특징 연구[J], 『중국어문학논집』, 2016(4).

후효단·구본관, 한국어 '얼마'와 중국어 '多少'의 용법 대조 연구[J], 『중국어문논총』, 2016(4).

후효단·김현철, 한·중 소량(小量) 표현 '조금'과 '一点儿'의 대응[J], 『중국어문학논집』, 2017(2).

후효단·김현철·최송호, 한·중 대량(大量) 표현 '많다/많이'와 '多'의 대응[J], 『외국어교육』, 2017(2).

후효단, 전량량화사 '다'의 의미 확장에 대한 연구[J], 『중국조선어문』, 2014(6)

후효단, 한국어 체언 중첩어의 형태적 특징에 대한 통계 분석[J], 『동방학술논단』, 2016(2).

후효단, 한·중 배분적 전량 표현에 대한 대조 연구-'각/매'와 '各/每'를 중심으로-[J], 『동방학술논단』, 2015(3).

후효단, 한국어 체언 중첩어 형태적 특징에 대한 분석[J], 『동방학술논단』, 2015(1).

후효단, 한·중 전량 양화 부사 '다'와 '都'의 대조 연구, 上海外国语大学硕士学位论文, 2013

巴丹, '连…都…'和'连…也…'的句法、语义及语用差异[J], 『汉语学习』, 2012(3).

毕永峨, 不定量词词义与构式的互动[J], 『中国语文』, 2007(3).

曹晋, 语义地图理论及方法[J], 『语文研究』, 2012(2).

曹秀玲, 再议'连…都/也…'句式[J], 『语文研究』, 2005(1).

陈昌来・占云芬, '多少'的词汇化、虚化及其主观量[J], 『汉语学报』, 2009(3).

陈子骄, 总括副词'都'的语义指向以及与'全'的比较[J], 『蒲峪学刊』, 1995(3).

陈小荷, 主观量问题初探——兼谈副词'就'、'才'、'都'[J], 『世界汉语教学』, 1994(4).

程美珍, 表示总括全部的'都'[J], 『语言教学与研究』, 1987(2).

储泽祥, '满+N'与'全+N'对比[J], 『中国语文』, 1996(5).

崔希亮, 试论关联形式'连…也/都…'的多重语言信息[J], 『世界汉语教学』, 1990(3).

邓林川, '总'字句的量级让步用法[J], 『世界汉语教学』, 2012(2).

丁雪欢, 从认知视角看'整(个+N)'和'全+N'[J], 『中南民族大学学报』, 2007(3).

董为光, 副词'都'的'逐一看待'特性[J], 『语言研究』, 2003(3).

董秀芳, '都'的指向目标及相关问题[J], 『中国语文』, 2002(4).

方经民, 现代汉语方位参照聚合类型[J], 『语言研究』, 1987(3).

方一新・曾丹, '多少'的语法化过程及其认知分析[J], 『语言研究』, 2007(2).

高顺全, '都''也''又'主观化用法的异同[J], 『淮海工学院学报』, 2009(3).

葛建民・赵芳芳, 论动作型动词的概念隐喻类型及机制[J], 『外语学刊』, 2010(3).

郭春贵, 时间副词'已经'和都的异同[J], 『世界汉语教学』, 1997(2).

郭锐, 概念空间和语义图:语言变异和演变的限制和路径[J], 『对外汉语研究』, 2012(3).

郭姝慧, 试析副词'稍微'和'有点'[J], 『山西师大学报』, 2001(2).

侯晓丹, 汉韩语全称量化副词'都'和'다'的句法特征对比[J], 『东方学术论坛』, 2014(1).

侯晓丹, 韩语体词重叠词的语义特点[J], 『韩国语教育与研究』, 2015(2).

侯晓丹・金忠实, 汉韩语相对量范畴中的动词隐喻表达对比[J], 『东疆学刊』, 2016(4).

侯晓丹, 语义图模型视角下的汉韩语不定表达对比——以'任何'和'아무'为例[J], 『汉语学习』, 2017(1).

洪波, '连'字句续貂[J], 『语言教学与研究』, 2001(2).

洪森, '多+N'格式中N的选择制约[J], 『南京师范大学文学院学报』, 2001(2).

黄文枫, '都'量化时间副词现象研究[J], 『世界汉语教学』, 2010(4).

黄晓红, '多+V'和'V+多'[J], 『语言教学与研究』, 2001(3).

黄瓒辉·石定栩, 量化事件的'每'结构[J], 『世界汉语教学』, 2013(3).

蒋严, 语用推理与'都'的句法、语义特征[J], 『现代外语』, 1998(4).

金基石, 论语言符号的论证性特征[J], 『延边大学学报』, 1991(3).

金基石, 语言符号的层次性与语义分析[J], 『延边大学学报』, 1996(2).

金基石, 关于中韩语言对比的视角与方法[J], 『东北亚外语研究』, 2013(3).

金铉哲·李知恩, '小量义'格式的汉韩对比研究[J], 『汉语学报』, 2015(2).

兰宾汉, 副词'都'的语义及其对后面动词的限制作用 [J], 『语言教学与研究』, 1988 (3).

李宝伦·张蕾·潘海华, 汉语全称量化副词/分配算子的共现和语义分工——以'都' '各' '全'的共现为例[J], 『汉语学报』, 2009(3).

李宝伦·张蕾·潘海华, 分配算子'各'及相关问题[J], 『语言暨语言学』, 2009 (2).

李得春·金基石, 关于朝鲜语词汇发展中的若干问题[J], 『东疆学刊』, 2002(2).

李茉娜·李茉莉, '每隔+数量1+VP+数量2'的语法意义和句法功能[J], 『云南师范大学学报』, 2010(6).

李思旭, 全称量化和部分量化的类型学研究[J], 『外国语』, 2010(3).

李文浩, '满+NP'与'全+NP'的突显差异及其隐喻模式[J], 『语言科学』, 2009(4).

李文浩, 凸显观参照下'每'和'各'的语义差别及其句法验证[J], 『汉语学习』, 2016(2).

李文浩, 量词重叠与构式的互动[J], 『世界汉语教学』, 2010(3).

李艳, 与范围副词'都'相关的一个问题[J], 『语言文字应用』, 2000(3).

李莺, 也说'一点儿'和'有点儿'[J], 『语文研究』, 2001(2).

李珠, '多(V十N)'的语义关系[J], 『世界汉语教学』, 1988(1).

刘辰杰, 对韩国留学生'一点儿'和'有点儿'的偏误分析[J], 『齐齐哈尔大学学报』, 2002 (6).

刘承峰, 现代汉语'全量否定'研究[J], 『语言科学』, 2007(1).

刘丹青, 作为典型构式句的非典型'连'字句[J], 『语言教学与研究』, 2005(4).

刘丹青, 重新分析的无标化解释[J], 『世界汉语教学』, 2008(1).

刘丹青·徐烈炯, 焦点与背景、话题及汉语'连'字句[J], 『中国语文』, 1998(4).

卢华岩, 句末'点儿'的语法功能和认知模式分析[J], 『语言文字应用』, 2007(1).

罗天华, 现代汉语中的两类全量表达成分[J], 『汉语学习』, 2016(2).

吕为光, '所谓'的功能及主观化[J], 『当代修辞学』, 2011(5).

陆俭明, 修辞的基础——语义和谐律[J], 『当代修辞学』, 2010(1).

马叔俊, 谈'多少'[J], 『汉字文化』, 1999(4).

马明艳, '每隔+数量+VP'的语用歧义认知研究[J], 『汉语学习』, 2008(2).

马真, 关于'都'、'全'所总括的对象的位置[J], 『汉语学习』, 1983(1).

马真, '稍微'和'多少'[J], 『语言教学与研究』, 1985(2).

马真, 说副词'有一点儿'[J], 『世界汉语教学』, 1989(4).

麦涛, 汉语'全'的双重句法地位与浮游量化[J], 『现代外语』, 2015(5).

牛长伟·潘海华, 关于'每+Num+CL+NP+都/各'中数词受限的解释[J], 『汉语学习』, 2015(6).

彭利贞, 说'很有N/NP'[J], 『语文研究』, 1995(2).

彭睿, '临界环境-语法化项'关系刍议论[J], 『语言科学』, 2008(3).

阮绪和, 指示代词'每'与'各'[J], 『江西教育学院学报』, 2001(4).

邵敬敏, '连A也/都B'框式结构及其框式化特点[J], 『语言科学』, 2008(7).

沈家煊, 语言的'主观性'和'主观化'[J], 『外语教学与研究』, 2001(1).

史锡尧, 副词'都'的语义语用综合考察[J], 『汉语学习』, 1990(2).

王国璋, '许多'、'不少'、'多少'词义、语法特点的分析和比较[J], 『语言教学与研究』, 1980(6).

王红, 副词'都'的语法意义试析[J], 『汉语学习』, 1999(3).

王江, 关于指示代词'每'和'各'[J], 『沈阳师范大学学报』, 2008(3).

王楠, 基于语料库的汉语二语习得研究——以表疑问的'几'和'多少'为例[J], 『现代语文』, 2010(5).

王永祥, 缘何'多少'而非'*多多'？——从标记理论视角看多/少的对立和不对称性[J], 『外语与外语教学』, 2008(3).

吴福祥·张定, 语义图模型：语言类型学的新视角[J], 『当代语言学』, 2011(2).

武振玉, 试论副词'全'的产生与发展[J], 『贵州大学学报』, 2005(3).

夏群, 特殊指代词'每'与'各'搭配功能之比较[J], 『济宁师范专科学校学报』, 2003(1).

相原茂, '几'的后面怎么没有量词？[J], 『汉语学习』, 1993(1).

辛永芬, '多+V'和'V+多'语序的认知解释[J], 『汉语学习』, 2006(5).

邢福义, 'X以上'格式在现代汉语中的演进[J], 『语言研究』, 2010(2).

邢福义, 词典的词类标注:'各'字词性辨[J], 『语言研究』, 2013(1).

熊仲儒, '都'的右向语义关联[J], 『现代外语』, 2005(1).

徐杰, '都'类副词的总括对象及其隐现位序[J], 『汉语学习』, 1985(2).

徐颂列, 总括副词'全'和其他总括词共现探析[J], 『浙江外国语学院学报』, 2012(3).

徐以中·杨亦鸣, 副词'都'的主观性、客观性及语用歧义[J], 『语言研究』, 2005(4).

杨从杰, 不定量词'点'以及'一点'、'有点'的用法[J], 『语言教学与研究』, 1988(3).

于康, 语义扩展模式与汉日语对比研究[J], 『语言科学』, 2005(4).

袁毓林, '都'的语义功能和关联方向新解, 『中国语文』, 2005(4).

袁毓林, '都'的加合性语义功能及其分配性效应[J], 『当代语言学』, 2005(4).

袁毓林, 试析'连'字句的信息结构特点[J], 『语言科学』, 2006(5).

曾传禄, '里、中、内、外'方位隐喻的认知分析[J], 『贵州师范大学学报(社会科学版)』, 2005(3).

张爱民, 范围副词'都'字的句法语义分析[J], 『徐州师范学院学报』, 1987(2).

张保胜, 'A一点儿'和'A了一点儿'[J], 『语言研究』, 1988(2).

张定, 汉语疑问词任指用法的来源——兼谈'任何'的形成[J], 『中国语文』, 2013(3).

张恒兰, 谈'每'的用法[J], 『镇江师专学报』, 1997(1).

张静静, '每P'后'都'的隐没情况考察[J], 『宁夏大学学报(人文社会科学版)』, 2009(4).

张蕾·李宝伦·潘海华, '都'的语义要求和特征——从它的右向关联谈起[J], 『语言研究』, 2012(2).

张延成, 也谈'多少'[J], 『汉字文化』, 2000(2).

张邵滔, 词义引申方式初探[J], 『厦门大学学报』, 1985(2).

张谊生, 范围副词'都'的选择限制[J], 『中国语文』, 2003(3).

张谊生, 副词'都'的语法化与主观化——兼论'都'的表达功用和内部分类[J], 『徐州师范大学学报』, 2005(2).

张豫峰, 'X+前后/左右/上下'的分析[J], 『语言教学与研究』, 2004(3).

周韧, '全'的整体性语义特征及其句法后果[J], 『中国语文』, 2011(2).

周小兵, 与范围副词'都'有关的偏误分析[J], 『汉语学习』, 2007(3).

Adele E. Goldberg, Constructions: a new theoretical approach to language

[J], 『Trends in Cognitive Sciences』, 2003(5).

Adele E. Goldberg & Suttle, Laura, Construction grammar[J], 『Wiley Interdisciplinary Reviews: Cognitive Science』, 2010(4).

Adele E. Goldberg, Argument Structure Constructions versus Lexical Rules or Derivational Verb Templates[J], 『Mind & Language』, 2013(4).

Adele E. Goldberg, Explanation and Constructions: Response to Adger[J], 『Mind & Language』, 2013(4).

Bencini, Giulia M.L & Adele E. Goldberg, The Contribution of Argument Structure Constructions to Sentence Meaning[J], 『Journal of Memory and Language』, 2000(4).

Cheng, Lisa L. on Dou-quantification[J], 『Journal of East Asian Linguistics』, 1995(4).

Croft, William& Keith T. Poole, Inferring Universals from Grammatical Variation: Multidimensional Scaling for Typological Analysis[J]. 『Theoretical Linguistics』, 2008(2).

Gibb, Tara, Literacy and Language Education: The Quantification of Learning [J], 『New Directions for Adult and Continuing Education』, 2015(2).

Greer, Kristen, Extensionality in natural language quantification: the case of many and few[J], 『Linguistics and Philosophy』, 2014(4).

Haspelmath, Martin, The geometry of grammatical meaning: semantic maps and cross-linguistic comparison[J], 『The New Psychology of Language』, 2003(3).

Hornstein, Norbert, Interpreting Quantification in Natural Language[J], 『Synthese』, 1984(2).

Johnson, Mark, Metaphor[J], 『Isis』, 1989(2).

Johnson, Mark, Conceptual Metaphor and Embodied Structures of Meaning: A Reply to Kennedy and Vervaeke[J], 『Philosophical Psychology』, 1993(4).

Korman, Daniel Z. Fundamental Quantification and the Language of the

Ontology Room[J], 『Noûs』, June 2015(2).

Kusumoto, Kiyomi, On the Quantification over Times in Natural Language[J], 『Natural Language Semantics』, 2005(5).

Lakoff, George & Johnson, Mark, Conceptual Metaphor in Everyday Language[J], 『The Journal of Philosophy』, 1980(8).

Lakoff, George, Image Metaphors[J], 『Metaphor and Symbolic Activity』, 1987(3).

Lakoff, George, Explaining Embodied Cognition Results[J], 『Topics in Cognitive Science』, 2012(4).

Lakoff, George, Mapping the brain's metaphor circuitry: metaphorical thought in everyday reason[J], 『Frontiers in Human Neuroscience』, 2014(2).

May, R. Ambiguities of Quantification and WH: a Reply to Williams[J], 『Linguistic Inquiry』, 1988(3).

Perek, Florent & Goldberg, Adele E, Generalizing beyond the input: The functions of the constructions matter[J], 『Journal of Memory and Language』, 2015(4).

Robert, Iljik, Quantification in Mandarin Chinese: Two Markers of Plurality[J]. 『Linguistics』, 1994(2).

Scha, R. Distributive, Collective and Cumulative Quantification[J], 『Formal Methods in the Study of Language』, 1981(2).

Van Benthem, J., Questions about Quantifiers[J], 『Journal of symbol Logic』, 1984(1).

후효단侯曉丹

중국 노동대학교(鲁东大学, Ludong University) 한국어과 학부를 졸업하고 상해외국어대학교 (上海外国语大学, Shanghai International Studies University) 대학원에서 문학 석사와 문학 박사 학위를 받았다.

현재 곡부사범대학교(曲阜师范大学, Qufu Normal University) 번역 대학에서 전임 강사로 재직하고 있다. 논문으로는 「한중 상대량 표현에서의 동사 은유 표현 대조」(论汉韩语相对量范畴中的动词隐喻表达对比), 「한·중 상대량(相对量) 표현에서의 공간 은유 표현 대조」(论汉韩语相对量范畴中的空间隐喻表达对比) 등이 있다.

한·중 수량 한정(量限) 표현 대조

초판 1쇄 인쇄 2022년 7월 22일
초판 1쇄 발행 2022년 8월 12일

지 은 이 후효단(侯曉丹)
펴 낸 이 이대현
펴 낸 곳 도서출판 역락

책임편집 임애정
편   집 이태곤 권분옥 강윤경
디 자 인 안혜진 최선주 이경진
마 케 팅 박태훈 안현진

펴 낸 곳 도서출판 역락 / 서울시 서초구 동광로46길 6-6 문창빌딩 2층(우 06589)
전   화 02-3409-2058 FAX 02-3409-2059
이 메 일 youkrack@hanmail.net
홈페이지 www.youkrackbooks.com
등   록 1999년 4월 19일 제303-2002-000014호

ISBN 979-11-6742-234-7 93710

字數 185,971字